财务会计理论与应用创新探索

饶兴明　著

吉林科学技术出版社

图书在版编目（CIP）数据

财务会计理论与应用创新探索 / 饶兴明著. -- 长春：吉林科学技术出版社，2023.8

ISBN 978-7-5744-0920-0

①Ⅰ. ①财… Ⅱ. ①饶… Ⅲ. ①财务会计－研究 Ⅳ. F234.4

中国国家版本馆 CIP 数据核字（2023）第 197965 号

财务会计理论与应用创新探索

著　　者　饶兴明
出 版 人　宛　霞
责任编辑　王凌宇
封面设计　树人教育
制　　版　树人教育
幅面尺寸　185mm×260mm
开　　本　16
字　　数　270 千字
印　　张　12.25
印　　数　1-1500 册
版　　次　2023 年 8 月第 1 版
印　　次　2024 年 2 月第 1 次印刷

出　　版　吉林科学技术出版社
发　　行　吉林科学技术出版社
地　　址　长春市南关区福祉大路 5788 号出版大厦 A 座
邮　　编　130118
发行部电话 / 传真　0431—81629529　81629530　81629531
81629532　81629533　81629534
储运部电话　0431—86059116
编辑部电话　0431—81629520
印　　刷　三河市嵩川印刷有限公司

书　　号　ISBN 978-7-5744-0920-0
定　　价　75.00 元

前　言

随着我国信息技术的应用与发展，国内企业的信息化技术应用已经逐渐衍变成了一种全新的商业化运作模式，企业单位在运营过程中已经逐渐将触角延伸到了财务管理活动的各个领域，例如财务会计的存储方法已经逐渐朝着无纸化的方向发展，如何在网络环境下实现企业财务会计管理模式的最优化发展，已经逐渐成为我国当代企业需要重点关注的内容。

为了更好地促进企业单位的运营与发展，帮助企业适应市场环境，企业管理部门应当充分提高自身的安全防范能力，将网络环境下安全风险防备作为企业财务会计管理工作开展的重心。同时，企业单位还应在日常工作中对财务会计人员严格要求，使财务会计人员在实践工作中及时对各项重要数据信息进行备份，并且将纸质文件及时转换为信息化数据文件并加以保密储存，定期设置各类防护系统，以此降低安全风险问题对财务会计管理工作造成的影响。

总而言之，在信息技术运用及其他相关因素的影响下，我国现代会计在会计核算、会计管理、会计学等方面将会获得快速发展。在实际工作中，我们应该注重对信息的学习和使用，在财会相关工作中采取新方法，以确保会计各项工作的顺利进行。可以预见，在不久的将来，随着生产过程的日益复杂、企业管理水平的提高、信息技术的进一步升级和更新，企业生产经营将会对会计工作提出更高的要求，我国现代会计必将向更高层次发展。

本书主要研究财务会计方面的问题，涉及丰富的财务会计知识。主要内容包括财务会计基础知识、货币资金管理、财务会计管理、无形资产管理、财务会计报告、财务管理精细化、财务会计创新路径等。本书在内容选取上既兼顾到知识的系统性，又考虑到可接受性，同时强调财务会计技能的应用性。本书涉及面广，实用性强，使读者能理论结合实践，获得知识的同时掌握技能，理论与实践并重，并强调理论与实践相结合。本书兼具理论与实际应用价值，可供相关教育工作者参考和借鉴。

由于笔者水平有限，本书难免存在不妥甚至谬误之处，敬请广大学界同仁与读者朋友批评指正。

目　录

第一章　财务会计的基础理论

会计是随着人类社会生产实践活动的发展和经济管理的客观要求而产生和发展的。人类文明的不断进步、社会生产活动的不断革新、生产力的不断提高，以及与之相适应的生产关系的不断完善，使得会计的含义不断延伸，会计的核算基础、核算方法及内容都从简单的计量和记录行为，逐步衍生为社会经济发展管理活动的重要组成部分，并为社会经济又好又快地发展发挥了积极的促进作用。本章内容包括财务会计概述、会计要素与会计计量认知、财务会计的处理流程、财务会计的精细化管理思考、新经济对财务会计的影响。

第一节　财务会计概述

一、财务会计的基本假设

会计假设是会计核算的逻辑前提，它对会计核算的范围、内容、基本程序和方法做了合理的设定。会计的基本假设包括四项：会计主体、持续经营、会计分期和货币计量。

1. 会计主体

会计主体即会计核算的空间范围，是会计工作为其服务的特定单位。会计核算的范围被限定在某一个特定的会计主体内。会计主体可以是法人，如企业、事业单位，也可以是非法人，如个体或合伙企业；可以是一个企业，也可以是企业中的内部单位，如企业的分支机构。因此，法律主体一定是会计主体，但会计主体不一定是法律主体。

会计主体假设是持续经营、会计分期和其他会计核算的基础，只有划定了会计的空间范围，才可能进行会计核算工作。

2. 持续经营

持续经营是界定会计核算的时间范围。持续经营是指在正常的情况下，会计主体的生产经营活动将无限期地延续下去，在可以预见的将来，不会面临破产而进行清算。只有设定企业是持续经营的，才能选择会计程序和会计处理方法，进行正常的会计处理。采用历史成本计价、在历史成本的基础上进一步采用计提折旧的方法等，都是基于企业是持续经营的。

3. 会计分期

为了在持续不断的经营过程中对投资者、经营者的决策提供有用的信息，就要将持续不断的经营期间划分为一个个首尾相接、间距相等的会计期间，这就是会计分期。会计分期是指将企业持续不断的生产经营活动分割为较短而等距的期间，据以结算账目，编制会计报表，及时提供有关财务状况和经营成果等会计信息。会计分期通常包括会计年度和会计中期。我国的会计年度的划分以日历年度为准，即公历每年的 1 月 1 日到 12 月 31 日为一个会计年度。会计中期是指短于一个完整的会计年度的报告期间，包括月报、季报以及半年报。由于会计分期产生了当期与其他期间的差别，从而出现了权责发生制和收付实现制的区别，以及划分收益性支出和资本性支出、配比等要求，为准确地提供财务状况和经营成果提供了基础。

4. 货币计量

货币计量是指企业在会计核算过程中以货币为基本计量单位，记录、反映企业的经营情况。会计核算需要货币作为主要计量尺度。我国境内的企业，其会计核算通常以人民币为记账本位币。业务收支以人民币以外的货币为主的企业，可以选定某种外币作为记账本位币。

会计业务中常常将不同时点的货币金额进行汇总比较，这是以币值不变为前提的，但当货币币值出现严重不稳定，甚至出现了严重通货膨胀时，需要采用特殊的会计原则，如通货膨胀会计或物价变动会计来处理相关经济业务。

二、会计基础

企业会计的确认、计量和报告应当以权责发生制为基础。权责发生制基础要求，凡是当期已经实现的收入和已经发生或应当负担的费用，无论款项是否收付，都应当作为当期的收入和费用，计入利润表；凡是不属于当期的收入和费用，即使款项已在当期收付也不应当作为当期的收入和费用。

在实务中，企业交易或者事项的发生时间与相关货币收支时间有时并不完全一致。例如，款项已经收到，但销售并未实现；或者款项已经支付，但并不是为本期生产经营活动而发生的。为了更加真实、公允地反映特定会计期间的财务状况和经营成果，基本准则明确规定，企业在会计确认、计量和报告中应当以权责发生制为基础。

收付实现制是与权责发生制相对应的一种会计基础，它以收到或支付的现金作为确认收入和费用等的依据。目前，我国的行政事业单位财务会计采用收付实现制，预算会计也采用收付实现制。

三、财务会计信息质量

（一）财务会计信息的使用者分析

现代公司是通过一系列契约关系，将不同生产要素和利益集团组织在一起，进行生产经营活动的一种企业组织形式，是一个“契约关系”（或合同关系）的集合。在这个契约关系集合中，企业的所有者（股东）、债权人、经理、企业职工、供应商、客户以及政府、社会等不同利益集团都是利益相关者，也是财务会计信息的使用者。每一个利益集团均在企业中有不同的利益诉求，他们也从财务会计信息中取得各自所需要的决策依据。

股东要得到投资收益领取股利，债权人按时收回债权和利息，管理人员期望得到好的管理效果，职工要得到相对稳定的工作和劳动报酬，供应商要得到销售收入和利润，客户要得到满意的产品或服务，政府要得到税收，社会需要企业履行社会责任。财务会计通过确认、计量和记录经济业务，计算可分配利润，确定可供各方分配的利益。

（二）财务会计的信息质量要求

会计信息的质量要求是对企业财务会计报告中所提供会计信息质量的基本要求，是使财务报告中所提供的会计信息对投资者等使用者决策有用而应具备的基本特征。它包括可靠性、相关性、可比性、可理解性、实质重于形式、重要性、及时性和谨慎性八个方面。

1. 可靠性

可靠性要求企业应当以实际发生的交易或者事项为依据进行确认、计量和报告，如实反映符合确认和计量要求的各项会计要素及其他相关信息，保证会计信息真实可靠，内容完整中立。

企业应以实际发生的交易或者事项为依据进行确认、计量和报告，不得根据虚构的、没有发生的或者尚未发生的交易或事项进行确认、计量和报告；会计人员需要依靠自身扎实的专业文化素养，对会计信息进行可验证处理，并如实反映实际的交易和事项。

2. 相关性

相关性要求企业提供的会计信息应当与投资者等财务报告使用者的经济决策需要相关，要有助于投资者等财务报告使用者对企业过去、现在或者未来的情况做出评价或者预测。相关性的核心是对决策有用。

会计信息质量的相关性要求企业在确认、计量和报告会计信息的过程中，充分考虑使用者的决策模式和信息需要。相关的会计信息应当能够有助于使用者评价企业过去的决策，证实或者修正过去的有关预测，因而具有反馈价值；还应当具有预测价值，应有助于信息使用者根据财务报告所提供的会计信息预测企业未来的财务状况、经营成果和现金流量。

3. 可比性

可比性是指一个企业的会计信息与其他企业的同类会计信息尽量做到口径一致、相互可比。可比主要包括两方面可比，即纵向可比和横向可比。

纵向可比是指同一企业不同时期可比，即比较企业在不同时期的财务报告信息，全面、客观地评价过去、预测未来，从而作出决策。会计信息质量的可比性要求对同一企业不同时期发生的相同或者相似的交易或者事项，应当采用一致的会计政策，不得随意变更；如果确有必要变更的，则有关会计政策变更的情况应当在附注中予以说明。

横向可比是指不同企业相同会计期间可比。为了便于投资者等财务报告使用者评价不同企业的财务状况、经营成果和现金流量及其变动情况，会计信息质量的可比性要求对不同企业同一会计期间发生的相同或者相似的交易或事项，应当采用规定的会计政策，确保会计信息口径一致、相互可比，以使不同的企业能够按照一致的确认、计量和报告要求提供有关会计信息。

4. 可理解性

可理解性要求企业提供的会计信息清晰明了，便于投资者等财务报告使用者理解和使用。企业编制财务报告、提供会计信息的目的在于使用，而要使使用者有效使用会计信息，就应当让其了解会计信息的内涵，清楚会计信息的内容，这就要求财务报告所提供的会计信息清晰明了、易于理解。只有这样，才能提高会计信息的有用性，实现财务报告的目标，满足向投资者等财务报告使用者提供有用的决策信息的要求。

5. 实质重于形式

实质重于形式要求企业按照交易或者事项的经济实质进行会计确认、计量和报告，不应仅以交易或者事项的法律形式为依据。

在大多数情况下，企业发生的交易或事项的经济实质和法律形式是一致的。但在有些情况下，外在法律形式并不能反映经济实质的内容，所以实质重于形式就是要求在对会计要素进行确认和计量时，重视交易的实质，而不管其采用何种形式。例如，融资租入固定资产的确认，在租赁期未满前，法律形式上的所有权没有转移给承租企业，但从经济实质上讲，该项固定资产的相关收益和风险已转移给承租企业，因此承租企业应将融资租入固定资产作为本企业的固定资产进行处理。

除了融资租赁的核算体现实质重于形式外，还有长期股权投资后续计量成本法与权益法的选择、收入的确认、关联方交易的确定、合并报表的编制等会计处理，也都体现了实质重于形式的要求。

6. 重要性

重要性要求企业提供的会计信息反映与企业财务状况、经营成果和现金流量等有关的所有重要交易或事项。在会计确认、计量过程中，应当对交易或事项区别重要程度，采用不同的核算方式。对资产、负债、损益等有较大影响，并进而影响财务会计报告使用者据以作出合理判断的重要会计事项，必须按照规定的会计方法和程序予以处理，并在财务会计报告中予以充分、准确的披露；对于次要的会计事项，在不影响会计信息真实性和不导致财务会计报告使用者作出错误判断的前提下，可适当简化处理。

如果财务报告中提供的会计信息省略或者错报会影响投资者等信息使用者据此作出决策，则该信息就具有重要性。重要性的应用需要依赖职业判断，企业应当根据自身所处的环境和实际情况，从项目的质和量两个方面加以判断。从性质方面考虑，只要该会计事项对财务报告使用者的决策有重大影响，就应属于重要事项；从数量方面考虑，只要该会计事项达到总资产的一定比例，就应确认为重要事项。

7. 及时性

及时性要求企业对于已经发生的交易或事项，应当及时进行确认、计量和报告，不得提前或者延后。

会计信息的价值在于帮助所有者或者其他使用者作出经济决策，具有时效性。即使是可靠的、相关的会计信息，如果不及时提供，也会失去时效性，对使用者的效用就会大大降低，甚至不再具有实际意义。在会计确认、计量和报告过程中贯彻及时性，一是要求及时收集会计信息，即在经济交易或者事项发生后，及时收集、整理各种原始单据或者凭证；二是要求及时处理会计信息，即按照会计准则的规定，及时对经济交易或者事项进行确认或计量，并编制财务报告；三是要求及时传递会计信息，即按照国家规定的有关时限，及时地将编制的财务报告传递给财务报告使用者，便于其及时使用和决策。

8. 谨慎性

谨慎性要求企业对交易或者事项进行会计确认、计量和报告时应当保持应有的谨慎，不高估资产或者收益，不低估负债或者费用，不得计提秘密准备。

在市场经济环境下，企业的生产经营活动面临着许多风险和不确定因素。会计信息质量的谨慎性要求企业在面临不确定因素的情况下作出职业判断时，应当保持应有的谨慎，充分估计各种风险和损耗，既不高估资产或收益，也不低估负债或费用。谨慎性在会计中的应用包括对应收账款提取坏账准备、对存货提取存货跌价准备、固定资产加速折旧、企业内部研究开发项目阶段支出计入当期损益、预计负债的确认等。

但是，谨慎性的应用并不允许企业设置秘密准备，即不能滥用谨慎性，如果企业故意低估资产或收入，或者故意高估负债或费用，则不符合会计信息的可靠性和相关性要求，会损害会计信息质量，扭曲企业实际的财务状况和经营成果，从而使使用者的决策产生误导，造成会计秩序的混乱，这是会计制度所不允许的。

第二节　会计要素与会计计量认知

一、财务会计要素

会计要素是根据交易或者事项的经济特征所确定的财务会计对象的基本分类。会计要素按照其性质分为资产、负债、所有者权益、收入、费用和利润，其中，资产、负债和所有者权益要素侧重于反映企业的财务状况，收入、费用和利润要素侧重于反映企业的经营成果。

（一）资产

资产是指企业过去的交易或者事项形成的、由企业拥有或者控制的、预期会给企业带来经济利益的资源。资产按流动性（能否在1年或超过1年的一个营业周期变现或耗用）进行分类，可分为流动资产和非流动资产。流动资产包括库存现金、银行存款、交易性金融资产、应收票据、应收账款、预付账款、存货、其他应收款等；非流动资产包括持有至到期投资、长期股权投资、可供出售金融资产、投资性房地产、固定资产、无形资产、商誉等。

1. 资产的特征

第一，资产预期会给企业带来经济利益。这是指资产直接或者间接导致现金和现金等价物流入企业的潜力。这种潜力可以来自企业日常的生产经营活动，也可以来自非日常经营活动。

第二，资产是企业拥有或者控制的资源。资产作为一项资源，应当由企业拥有或者控制，具体是指企业享有某项资源的所有权，或者虽然不享有某项资源的所有权，但该资源能被企业所控制。企业享有资产的所有权，通常表明企业能够排他性地从资产中获取经济利益。通常判断资产是否存在时，所有权是考虑的首要因素。在有些情况下，资产虽然不为企业所拥有，即企业并不享有其所有权，但企业控制了这些资产，同样表明企业能够从资产中获取经济利益，这符合会计学对资产的定义。如果企业既不拥有也不控制资产所带来的经济利益，就不能将其作为企业的资产予以确认。

第三，资产是由企业过去的交易或者事项形成的。过去的交易或者事项包括购买、生产、建造行为或者其他交易或事项。换句话说，只有过去的交易或者事项才能产生资产，企业预期在未来发生的交易或者事项不形成资产。例如，企业有购买某存货的意愿或者计划，但是购买行为尚未发生，这不符合资产的定义，因此不能确认存货资产。

2. 确认资产的条件

将一项资源确认为资产，除需要符合资产的定义外，还应同时满足以下两个条件：

其一，与该资源有关的经济利益很可能流入企业。从资产的定义可以看到，能否带来经济利益是资产的一个本质特征。但在现实生活中，由于经济环境瞬息万变，与资源有关的经济利益能否流入企业或者能够流入多少实际上带有不确定性。因此，资产的确认还应与经济利益流入的不确定性程度的判断结合起来。例如，某企业赊销一批商品给某一客户，形成了对该客户的应收账款，由于企业最终收到款项与销售实现之间有时间差，而且收款又在未来期间，因此其带有一定的不确定性。如果企业在销售时判断未来很可能收到款项或者能够确定收到款项，企业就应当将该应收账款确认为一项资产；如果企业判断在通常情况下很可能部分或者全部无法收回，表明该部分或者全部应收账款已经不符合资产的确认条件，应当计提坏账准备，减少资产的价值。

其二，该资源的成本或者价值能够可靠地计量。可计量性是所有会计要素确认的重要前提，资产的确认也是如此。只有当有关资源的成本或者价值能够可靠地计量时，资产才能予以确认。在实务中，企业取得的许多资产都是发生了实际成本的，如企业购买或者生产的存货、企业购置的厂房或者设备等。对于这些资产，只要实际发生的购买成本或者生产成本能够可靠计量，就视为符合资产确认的可计量条件。在某些情况下，企业取得的资产没有发生实际成本或者发生的实际成本很小，例如，企业持有的某些衍生金融工具形成的资产，对于这些资产，尽管它们没有实际成本或者发生的实际成本很小，但如果其公允价值能够可靠地计量，也认为其符合资产可计量性的确认条件。

（二）负债

负债是指企业过去的交易或者事项形成的、预期会导致经济利益流出企业的现时义务。负债按偿还期（是否超过 1 年或超过 1 年的一个营业周期）进行分类，可分为流动负债和非流动负债。流动负债包括短期借款、交易性金融负债、应付票据、应付账款、应付职工薪酬、应交税费、应付股利、应付利息等；非流动负债包括长期借款、应付债券、长期应付款等。

1. 负债的特征

第一，负债是企业承担的现时义务。现时义务是指企业在现行条件下已承担的义务。未来发生的交易或者事项形成的义务不属于现时义务，不应当确认为负债。这里所指的义务可以是法定义务，也可以是推定义务。其中，法定义务是指具有约束力的合同或者法律法规规定的义务，通常在法律意义上需要强制执行。例如，企业购买原材料形成应付账款，企业向银行贷入款项形成借款，企业按照税法规定应当交纳的税款等，均属于企业承担的法定义务，需要依法予以偿还。推定义务是指根据企业多年来的习惯做法、公开的承诺或者公开宣布的政策而导致企业将承担的责任，这些责任使有关各方形成了企业将履行义务解脱责任的合理预期。例如，某企业多年来制定有一项销售政策，对售出商品提供一定期限内的售后保修服务，预期将为售出商品提供的保修服务就属于推定义务，应当将其确认为一项负债。

第二，负债预期会导致经济利益流出企业。预期会导致经济利益流出企业是负债的一个本质特征，只有在企业履行义务时会导致经济利益流出企业的，才符合负债的定义；如果不会导致企业经济利益流出的，就不符合负债的定义。在履行现时义务清偿负债时，导致经济利益流出企业的形式多种多样。例如：用现金偿还或以实物资产形式偿还；以提供劳务形式偿还；部分转移资产，部分提供劳务形式偿还；将负债转为资本；等等。

第三，负债是由企业过去的交易或者事项形成的。只有过去的交易或者事项才能形成负债，企业在未来发生的承诺、签订的合同等交易或者事项不形成负债。

2. 确认负债的条件

将一项现时义务确认为负债，除需要符合负债的定义外，还需要同时满足以下两个条件：

第一，与该义务有关的经济利益很可能流出企业。从负债的定义可以看到，预期会导致经济利益流出企业是负债的一个本质特征。在实务中，履行义务所需流出的经济利益带有不确定性，尤其是与推定义务相关的经济利益通常需要依赖大量的估计，因此，负债的确认应当与经济利益流出的不确定性程度的判断结合起来。如果有确凿证据表明与现时义务有关的经济利益很可能流出企业，就应当将其作为负债予以确认；反之，如果企业承担了现时义务，但是会导致企业经济利益流出的可能性很小，就不符合负债的确认条件，不应将其作为负债予以确认。

第二，未来流出的经济利益的金额能够可靠地计量。负债的确认在考虑经济利益流出企业的同时，未来流出的经济利益的金额应当能够可靠地计量。

（三）所有者权益

所有者权益是指企业资产扣除负债后，由所有者享有的剩余权益。公司的所有者权益又称股东权益。所有者权益是所有者对企业资产的剩余索取权，是企业资产中扣除债权人权益后应由所有者享有的部分，既可反映所有者投入资本的保值增值情况，又体现了保护债权人权益的理念。

1. 所有者权益的来源

所有者权益的来源包括所有者投入的资本、直接计入所有者权益的利得和损失、留存收益等，通常由股本（或实收资本）、资本公积（含股本溢价或资本溢价、其他资本公积）、盈余公积和未分配利润构成。商业银行等金融企业在税后利润中提取的一般风险准备，也构成所有者权益。

（1）所有者投入的资本。它既包括构成企业注册资本或者股本部分的金额，也包括投入资本超过注册资本或者股本部分的金额，即资本溢价或者股本溢价，这部分投入资本在我国企业会计准则体系中被计入了资本公积，并在资产负债表的资本公积项目下反映。

（2）直接计入所有者权益的利得和损失。它是指不应计入当期损益的、会导致所有者权益发生增减变动的、与所有者投入资本或者向所有者分配利润无关的利得或者损失。其中，利得是指由企业非日常活动所形成的、会导致所有者权益增加的、与所有者投入资本无关的经济利益的流入；损失是指由企业非日常活动所发生的、会导致所有者权益减少的、与向所有者分配利润无关的经济利益的流出。直接计入所有者权益的利得和损失主要包括可供出售金融资产的公允价值变动额、现金流量套期中套期工具公允价值变动额（有效套期部分）等。

（3）留存收益。留存收益是指企业历年实现的净利润留存于企业的部分，主要包括累计计提的盈余公积和未分配利润。

2. 确认所有者权益的条件

所有者权益体现的是所有者在企业中的剩余权益，因此所有者权益的确认主要依赖于其他会计要素，尤其是资产和负债的确认。所有者权益金额的确定也主要取决于资产和负债的计量。例如，企业接受投资者投入的资产，当该资产符合企业资产确认条件时，其就相应地符合了所有者权益的确认条件；当该资产的价值能够可靠地计量时，所有者权益的金额也就可以确定。

（四）收入

收入是指企业在日常活动中形成的、会导致所有者权益增加的、与所有者投入资本无关的经济利益的总流入。按企业经营业务的主次，收入可以分为主营业务收入和其他业务收入。

1. 收入的特征

第一，收入是企业在日常活动中形成的。日常活动是指企业为完成其经营目标所从事的经常性活动及与之相关的活动。例如，工业企业制造并销售产品、商业企业销售商品、保险公司签发保单、咨询公司提供咨询服务、软件企业为客户开发软件、安装公司提供安装服务、商业银行对外贷款、租赁公司出租资产等，均属于企业的日常活动。明确界定日常活动是为了将收入与利得相区分，这是因为企业非日常活动所形成的经济利益的流入不能确认为收入，而应当计入利得。

第二，收入是与所有者投入资本无关的经济利益的总流入。收入应当导致经济利益的流入，从而导致资产的增加。例如，企业销售商品，应当收到现金或者在未来有权收到现金，表明该交易符合收入的定义。但是在实务中，经济利益的流入有时是所有者投入资本的增加所导致的，所有者投入资本的增加不应当确认为收入，而应确认为所有者权益。

第三，收入会导致所有者权益的增加。与收入相关的经济利益的流入应当会导致所有者权益的增加，不会导致所有者权益增加的经济利益的流入不符合收入的定义，不应确认为收入。例如，企业向银行借入款项，尽管导致了企业经济利益的流入，但该流入并不会导致所有者权益的增加，反而使企业承担了一项现时义务。企业因借入款项所导致的经济利益的增加，不应确认为收入，应当确认为一项负债。

2. 确认收入的条件

企业收入的来源多种多样，不同收入来源的特征有所不同，其收入确认条件往往存在差别，如销售商品、提供劳务、让渡资产使用权等。一般而言，收入只有在经济利益很可能流入从而导致企业资产增加或者负债减少且经济利益的流入额能够可靠计量时才能予以确认，即收入的确认至少应当符合三个条件：一是与收入相关的经济利益应当很可能流入企业；二是经济利益流入企业会导致资产的增加或者负债的减少；三是经济利益的流入金额能够可靠地计量。

（五）费用

费用是指企业在日常活动中发生的、会导致所有者权益减少的、与向所有者分配利润无关的经济利益的总流出。费用主要包括营业成本、期间费用、资产减值损失等。

1. 费用的特征表现

第一，费用是企业在日常活动中形成的。费用必须是企业在日常活动中所形成的，这些日常活动的界定与收入定义中涉及的日常活动的界定一致。日常活动所形成的费用通常包括销售成本（营业成本）、职工薪酬、折旧费、无形资产摊销费等。将费用界定为日常活动所形成的，目的是将其与损失相区分。企业非日常活动所形成的经济利益的流出不能确认为费用，而应当计入损失。

第二，费用是与向所有者分配利润无关的经济利益的总流出。费用的发生应当导致经济利益的流出，从而导致资产的减少或者负债的增加（最终会导致资产的减少），其表现形式包括现金或者现金等价物的流出，存货、固定资产和无形资产等的流出或者消耗等。企业向所有者分配利润也会导致经济利益的流出，但该经济利益的流出显然属于所有者权益的抵减项目，不应确认为费用。

第三，费用会导致所有者权益的减少。与费用相关的经济利益的流出应当会导致所有者权益的减少，不会导致所有者权益减少的经济利益的流出不符合费用的定义，不应确认为费用。

2. 确认费用的条件

费用的确认除了应当符合定义外，还应当满足严格的条件，即费用只有在经济利益很可能流出，从而导致企业资产减少或者负债增加且经济利益的流出额能够可靠计量时才能予以确认。因此，费用的确认至少应当符合三个条件：一是与费用相关的经济利益应当很可能流出企业；二是经济利益流出企业会导致资产的减少或者负债的增加；三是经济利益的流出额能够可靠地计量。

（六）利润

利润是指企业在一定会计期间的经营成果。通常情况下，如果企业实现了利润，则表明企业的所有者权益将增加，业绩得到了提升；如果企业发生了亏损（即利润为负数），则表明企业的所有者权益将减少，业绩下滑了。因此，利润往往是评价企业管理层业绩的一项重要指标，也是投资者等财务报告使用者进行决策时的重要参考。

1. 利润的来源

利润包括收入减去费用后的净额、直接计入当期利润的利得和损失等。其中，收入减去费用后的净额反映的是企业日常活动的业绩，直接计入当期利润的利得和损失反映的是企业非日常活动的业绩。直接计入当期利润的利得和损失是指应当计入当期损益的、最终会引起所有者权益发生增减变动的、与所有者投入资本或者向所有者分配利润无关的利得或者损失。企业应当严格区分收入和利得、费用和损失，以便更加全面地反映企业的经营业绩。

2. 确认利润的条件

利润反映的是收入减去费用、利得减去损失后的净额。因此，利润的确认主要依赖于收入和费用及利得和损失的确认，其金额的确定也主要取决于收入、费用、利得和损失金额的计量。

二、会计计量属性

在明确了企业经济活动所影响的会计要素之后，要进一步确定其影响程度，即对有关会计要素的数量增减变化产生多大的影响，这一过程通常称为会计计量。

计量属性是指所计量的某一要素的特性方面，如桌子的长度、铁矿的重量、楼房的高度等。从会计角度来看，计量属性反映的是会计要素金额的确定基础，主要包括历史成本、重置成本、可变现净值、现值和公允价值。

1. 历史成本

历史成本是指取得或制造某项财产物资时实际支付的现金或者其他等价物。在历史成本计量下，资产按照其购置时支付的现金或者现金等价物的金额，或者按照购置资产时所付出的代价的公允价值计量；负债按照其因承担现时义务而实际收到的款项或者资产的金额，或者承担现时义务的合同金额，或者按照日常活动中为偿还负债预期需要支付的现金或者现金等价物的金额计量。

2. 重置成本

重置成本又称为“现行成本”，是指按照当前市场条件，重新取得同样一项资产所需支付的现金或现金等价物金额。在重置成本计量下，资产按照现在购买相同或者相似资产所需支付的现金或者现金等价物的金额计量；负债按照现在偿付该项债务所需支付的现金或者现金等价物的金额计量。

3. 可变现净值

可变现净值是指在正常生产经营过程中，用预计售价减去进一步加工成本和销售所必需的预计税金、费用后的净值。在可变现净值计量下，资产按照其正常对外销售所能收到的现金或者现金等价物的金额扣减该资产至完工时估计将要发生的成本、估计的销售费用及相关税金后的金额计量。

4. 现值

现值是指对未来现金流量以恰当的折现率进行折现后的价值，是考虑货币时间价值因素等的一种计量属性。在现值计量下，资产按照预计从其持续使用和最终处置中所产生的未来净现金流入量的折现金额计量；负债按照预计期限内需要偿还的未来净现金流出量的折现金额计量。

5. 公允价值

在公允价值计量下，资产和负债按照市场参与者在计量日发生的有序交易中，出售资产所能收到或者转移负债所需支付的价格计量。

第三节　财务会计的处理流程

财务会计作为一个经济信息系统，是由确认、计量、记录和报告等一系列环节构成的。每一个环节都有其特定的职能、标准和方法，系统中的各个环节既各司其职又相互配合，形成一个有机的整体，共同履行财务会计的职能，实现财务会计的目标。

一、会计确认过程

对企业经济活动及所产生的经济数据进行分析、识别与判断，以明确它们是否对会计要素产生影响以及影响什么会计要素。这一过程通常被称为“会计确认”。

确认还可以根据其过程本身分为初始确认、后续确认和终止确认。

1. 初始确认是指一项交易或事项初始发生，每一个项目都符合确认的基本标准时，就按所确认的要素予以记录并计入财务报表。初始确认是指对任何项目的第一次确认。

2. 后续确认是指如果一个项目在初始确认后，其价值出现增加或减少的变动后应进行的确认。后续确认的含义一般与后续计量相似。例如，存货是在取得或购买时进行初始确认，但期末在资产负债表上所确认的存货价值是按成本与市价（通常指可变现净值）孰低规则进行的。这时，不仅要确认一项存货的价值，而且往往要同时确认一项存货的跌价损失。这对于原先在取得时所确认的存货而言，就属于后续确认。严格意义上的后续确认仅指初始确认后对价值变化的确认，而存货的耗用、出售等存货数量的减少不属于后续确认。固定资产的折旧也是如此（尽管折旧只反映固定资产的价值损耗，实际上实物也在变旧，也在磨损，只是这种实物的磨损尚未影响到其整个效能的发挥）。

3. 终止确认是指已确认的项目由于确认的标准已部分或全部丧失，不再符合确认的标准。例如，已确认的资产由于当作担保品不再由企业拥有和控制，某项已确认的资产由于遭受自然灾害，不再成为可提供未来经济利益的资源等，都应终止确认。负债也有终止确认问题，包括部分终止确认。例如，债权人同意债务重组，免于偿还部分债务，也会导致负债的部分或全部终止确认。

如前所述，广义的确认概念几乎包括确认、计量、记录和报告的全过程，但如何计量、记录和报告属于各自程序本身的技术，确认并不涉及。确认的重点即狭义的确认概念仅指：对记录来说是指应否记录，何时记录，当作哪一项要素来记录；对报告来说是指是否计入财务报表，何时计入财务报表，当作哪一项要素来报告。

二、会计计量过程

企业在对会计要素进行计量时，一般应采用历史成本。采用重置成本、可变现净值、现值、公允价值计量的，应当保证所确定的会计要素金额能够取得并可靠计量。

企业会计准则体系建设中适度、谨慎地引入公允价值这一计量属性，是因为随着我国资本市场的发展及股权分置改革的基本完成，越来越多的股票、债券、基金等金融产品在交易所挂牌上市，使得这类金融资产的交易已经形成较为活跃的市场。因此，我国已经具备了引入公允价值条件。在这种情况下，引入公允价值更能反映企业的现实情况，对投资者等财务报告使用者的决策更加有用，而且也只有如此，才能实现我国会计准则与国际财务报告准则的一致性。

在引用公允价值的过程中，我国充分考虑了国际财务报告准则中公允价值应用的三个级次：①存在活跃市场的资产或负债，活跃市场中的报价应当用于确定其公允价值；②不存在活跃市场的，参考熟悉情况并自愿交易的各方最近进行的市场交易中使用的价格，或者参照实质上相同的其他资产或负债的当前公允价值；③不存在活跃市场且不满足上述两个条件的，应当采用估值技术等确定资产或负债的公允价值。

通常认为，财务报告目标有受托责任观和决策有用观两种。在受托责任观下，会计信息更多地强调可靠性，会计计量主要采用历史成本；在决策有用观下，会计信息更多地强调相关性，采用其他计量属性能够提供更多相关信息的，会较多地采用除历史成本之外的其他计量属性。

三、会计记录过程

会计记录是将经过确认与计量的项目在账户中正式予以记载的过程。记录作为一个过程，由若干个程序组成，一般包括：

（1）根据对交易或事项确认与计量的结果编制会计分录。

（2）将会计分录记载的内容计入有关账户。

（3）期末按照权责发生制的要求编制调整分录，调整某些账户记录的内容。

（4）期末编制结账分录，将损益类账户的余额减至为0。

四、会计报告过程

企业财务会计的最终成果是财务会计报告。财务会计报告是指企业对外提供的反映某一特定日期的财务状况和某一会计期间的经营成果、现金流量等会计信息的文件。财务会计报告包括会计报表及其附注和其他应当在财务报告中披露的相关信息。会计报表至少应当包括资产负债表、利润表、现金流量表和所有者权益变动表。小企业编制的会计报表可以不包括现金流量表。

（1）资产负债表是反映企业在某一特定日期的财务状况的会计报表。

（2）利润表是反映企业在一定会计期间的经营成果的会计报表。

（3）现金流量表是反映企业在一定会计期间的现金和现金等价物流入和流出的会计报表。

（4）所有者权益变动表是反映企业在一定会计期间构成所有者权益的各组成部分

当期增减变动情况的会计报表。

（5）附注是指对在会计报表中列示项目所做的进一步说明以及对未能在这些报表中列示项目的说明等。

第四节 财务会计的精细化管理思考

随着经济全球化发展趋势和国内市场经济的发展，国际和国内市场竞争越来越激烈。作为企业日常管理的重要组成部分，财务会计管理是确保企业持续稳定发展的重要途径。但随着时代的不断进步，传统的财务会计管理已经难以满足社会发展的需要，财务会计精细化管理是提高企业运营效益的重要方法，在现代企业管理中占据着重要的地位。

一、企业财务会计精细化管理概述

与传统的财务会计管理相比，财务会计精细化管理的突出点在于“精”字，其解决了传统财务会计中“粗”的问题，利用先进的会计信息处理技术将企业生产中的每一个环节、步骤和每一个具体的业务计划都进行会计管理，并通过一系列的监督措施，充分体现会计的反映职能，最终达到财务会计管理“零死角”的目的。

企业财务会计精细化管理最早出现在日本的丰田公司，财务会计精细化管理的合理运用使丰田公司长期处于汽车市场的先导地位，为丰田公司的快速发展提供了重要基础。财务会计精细化管理关系到企业资金收益最大化和成本管理效益最大化目标的实现，对于促进企业整体效益的提高具有重要的推动作用。近年来，国家开展多边贸易的进程越来越快，企业财务会计精细化管理能够有效降低企业成本，提高企业整体效益，对于促进国家外贸交易的发展具有关键性意义。另外，随着现代信息技术不断发展，信息技术广泛应用于财务会计精细化管理工作中，信息技术的便捷性、快速性、分类性和丰富性为财务会计精细化管理效率的提高提供了重要条件。

二、企业财务会计精细化管理的特征

了解企业财务会计精细化管理的特征是进行财务会计精细化管理的重要前提，只有充分了解精细化管理的特征，才能够更好地进行精细化管理。企业财务会计精细化管理主要包含专业化、精细化、系统化和信息化四个特征。

1. 专业化

专业化是进行财务会计精细化管理的核心和基础，其主要表现在两个方面：一是财务软件的专业化。财务软件是进行财务会计精细化管理的重要条件，财务软件专业化的标准主要是财务软件应能够符合企业生产发展的需要和尽可能地与社会发展相协调。二是财务会计人员素质的专业化。专业的财务会计人员是进行财务会计精细化管理的重要前提。人员素质的专业化主要包含人员不仅应具备扎实的会计知识，还应该具备应用会计知识的实际能力。

2. 精细化

精细化是进行财务会计精细化管理的重要内容，如果没有精细的财务会计管理，财务会计精细化管理就失去了本质意义。精细化主要是指对企业财务会计的整个运营环节实行管理，做到整体“无死角”的财务会计管理。在这个过程中，注意对重要性不同的方面进行不同程度的管理，可以尽可能地减少过程中对重要程度不高部分的忽视，从而达到精细化管理的最终目的。

3. 系统化

系统化是进行财务会计精细化管理的保障。一体化的财务会计精细化管理系统可以达到明确分工的目的，减少过程中的冲突，对于精细化管理效率的提高发挥着重要作用。系统化是指工作人员、管理制度、会计处理设备的一体化，在这个过程中应注重三者之间的有效联系，并充分应用三方面之间的联系，最终达到财务会计精细化的系统化管理。

4. 信息化

信息化是促进财务会计精细化管理的有效手段。随着社会的不断进步，信息技术的发展越来越迅速，随着信息技术不断运用于财务会计精细化管理，信息化已经成为当前会计工作的重要特征。会计电算化就是信息技术的重要运用，其不仅可以为企业日常的会计处理提供条件，降低了以往手工做账的复杂性，还可以为会计的管理和决策提供重要基础，大大地提高了会计管理的丰富性和多样性。

三、企业财务会计精细化管理的发展与提高对策

（一）企业财务会计精细化管理的发展问题

随着经济的快速发展，财务会计精细化管理逐渐被运用到企业的财务会计管理中，财务会计精细化管理的优越性越来越高。虽然精细化管理促进了企业经济效益的提高，为企业的发展提供了重要条件，但是财务会计精细化管理仍然存在诸多问题，这些问题在很大程度上阻碍着市场经济的发展。

第一，财务会计精细化管理需要有效的制度支撑。有效的财务会计精细化管理制度是促进企业快速发展的重要途径。当前，由于许多企业缺乏有效的财务会计精细化管理制度，造成了企业材料、资金运用的不合理，企业发展受到严重阻碍。这主要表现在三个方面：首先，企业内部缺乏完善的管理标准和规则，导致精细化管理工作无法有效进行；其次，企业内部缺乏独立的会计监督控制部门，导致精细化管理工作缺乏基础，实行受到阻碍；最后，企业会计岗位分工不合理，导致许多企业内部控制不完善，精细化管理难以得到有效实行。

第二，财务会计人员对财务会计精细化管理的认识不足。正确的认识是有效进行工作的前提。当前，许多企业的财务会计人员对财务会计精细化管理的认识有待提高。这主要表现在三个方面：首先，大多数财务会计人员依然受到传统思维的限制，认为财务会计工作的重点在于会计处理，会计管理仅仅是辅助作用，这就导致财会人员对财务会计精细化管理概念的认识歪曲。其次，一些企业内部缺乏财务会计精细化管理的定期审核制度，导致财务会计精细化管理人员的工作责任心和积极性往往不高。最后，部分财会人员在传统理念的思维定式下，难以真正认识到财务会计精细化管理对企业的重要意义。

第三，财务会计精细化管理需要专业的高素质人才。高素质的专业财务会计人才是进行财务会计精细化管理的重要基础。财务会计精细化管理工作是一项理论性与实践性要求都比较高的工作，其复杂性需要财会人员具备极高的专业素质和丰富的工作经验。然而，许多企业内部缺乏高素质的财务会计人才，大部分会计人员的能力素质仅仅停留于做账和算账。当前，高素质人才少、中低层素质人员多的现象已经成为突出的社会问题，人员结构失衡现象亟待解决。

第四，财务会计精细化管理的信息化水平有待提升。信息化水平较低是财务会计精细化管理的突出问题。随着现代社会的不断发展，市场竞争越来越激烈，信息技术与财务会计精细化管理的结合是提高企业市场竞争力的重要手段。然而，当前许多企业缺乏有效的财务会计精细信息化管理，导致财务会计精细化管理的优越性不断降低。这主要表现在两个方面：首先，企业的信息技术设备问题是阻碍财务会计精细化管理的关键问题，其导致信息数据的收集、分析和运用受到阻碍。其次，企业缺乏对财务会计人员信息处理能力的培养和考核，导致财务会计人员的信息处理能力难以满足企业发展的需要。

（二）企业财务会计精细化管理有效性提高对策

1. 建立有效的财务会计精细化管理制度

有效的财务会计精细化管理制度是促进财务会计精细化管理的重要途径。首先，企业应建立完善的相关制度和规则，明确规定人员的权责。其次，企业应建立独立的内部控制监督部门，负责监督和控制财务会计的日常工作，从而为精细化管理提供基础。最后，企业应建立完善的岗位分工制度，结合各个岗位之间的联系加强相互之间的制约，从而提高精细化管理的效率。

2. 提高财务人员对财务会计精细化管理的认识

针对财务会计人员对财务会计精细化管理认识不足的问题，企业应及时向财务会计人员普及精细化管理的重要性，比如对成本、资金合理运用的重要程度等，从而纠正财务会计人员对精细化管理的错误认识，最终促进财务会计精细化管理有效性的提高。在这一过程中，企业可以从对比的角度，加强财务会计人员对精细化管理的意识。

3. 培养专业的高素质人才

针对财务会计精细化管理缺乏专业的高素质人才的问题，可以从三个方面进行改进：首先，国家应鼓励各大高校重点培养财务会计人才，并投入资金支持，从而为社会输送更多具备专业素质的财会人才；其次，企业在招聘财会人员时，应重点考核人员针对实际问题的处理能力，从而筛选出高素质财会人才；最后，企业应定期对内部财务会计人员进行精细化管理的培养，从而提高其精细化管理能力，最终为企业效益的不断提高提供条件。

4. 合理运用信息技术

随着社会的不断进步，信息已经成为社会发展的重要组成部分，企业应合理将信息技术运用于财务会计精细化管理，实现财务会计精细化管理的信息化。其中，企业应重点关注先进的信息技术设备的引进和对财务会计人员信息处理能力的培养。

综上所述，企业财务会计精细化管理对于促进市场经济的快速发展具有关键意义。在市场经济不断发展的今天，财务会计精细化管理为企业的资金管理、成本管理、会计管理提供了创新思路，为企业的全面发展作出了重要贡献。因此，当代企业应合理地将精细化管理运用到财务会计工作中，从而为提高企业的整体运营效益提供基础。

第五节　新经济对财务会计的影响

一、新经济的定义

尽管当前“新经济”一词炙手可热，但迄今仍缺乏公认的定义，对其内涵也存在多种不同的解读。

1983 年 5 月《时代》杂志刊登 Charles Alexander 撰写的封面文章《新经济》，用于解释以重工业为基础的经济向以新技术为基础的经济的根本转变。这是“新经济”（The New Economy）一词第一次出现，但当时互联网尚未普及，因此这一词语并不流行。1996 年 12 月《商业周刊》刊登 Michael Mandel 的文章《新经济的胜利：全球化和信息革命的强大回报》，其将发端于经济全球化和信息革命，由科技创新驱动的经济发展模式称为“新经济”。此后，这一术语开始频繁出现。得益于新闻媒体的一系列宣传，新经济现已成为脍炙人口的术语，但对于其定义，学术界和实务界见仁见智，莫衷一是，各自基于自己的视角和认知，给新经济下了很多不同的定义。通过梳理国内外的文献可以发现，新经济可以从不同维度进行定义。

从经济发展阶段的维度来看，新经济是相对于旧经济的一种经济形态，是指从工业经济进化、转型为信息经济的发展现象，尤其指美国 20 世纪 90 年代由信息技术革命和经济全球化推动的经济结构转型。《商业周刊》的定义就是基于这一维度。

从经济发展特征的维度来看，新经济是指“三高”（高经济增长率、高劳动生产率、高经济效益）与“三低”（低通货膨胀率、低失业率、低财政赤字）并存、无经济周期或经济周期不明显的经济发展模式。经济学家通常从这个维度定义新经济。

从经济增长动力的维度来看，新经济是指主要由研究开发、品牌信誉、人力资源、客户关系等无形投资驱动，而不是依靠有形投资拉动的经济发展方式。

从经济发展载体的维度来看，新经济是指建立在技术进步、知识获取、创新创业基础上的经济形态。例如，阿特金森和科尔特在《美国新经济：联邦与州》一书中，将新经济定义为信息经济、网络经济、知识经济、风险经济的总称。德国基尔世界经济研究所则将新经济定义为“中间产品和最终产品主要由信息构成的经济”。还有学者认为，新经济是以获取、处理、转化知识和信息作为核心活动的经济。美国信息技术与创新基金会（ITIF）将新经济定义为依靠知识和创新获得经济增长的发展模式。我国提出的“四新经济”，也可归于这一维度。“四新经济”是指“新技术、新产业、新业态、新模式”的经济形态，是在新一代信息技术革命、新工业革命以及制造业与服务业融合发展的背景下，以现代信息技术广泛嵌入和深化应用为基础，以市场需求为根本导向，以技术创新、应用创新、模式创新为内核并相互融合的新经济形态。

上述定义虽然视角不同，各有侧重，但都承认新经济是以知识、信息和创新等无形资源为主导的经济发展模式，其共识是“新经济是信息技术革命和经济全球化的产物”。本书认为，新经济本质上是一种知识经济，是以智力、研发、创意、创新等无形资源为主要驱动因素，依靠信息技术进步和商业模式创新推动经济全球化的智慧型经济形态。

二、新经济对会计基本假设产生的影响

会计基本假设构成了财务会计与报告的基础，高度概括了财务会计（会计核算）的环境特征。新经济时代的经营环境和技术环境发生了重大而深刻的变化，商业模式创新更是层出不穷。通过对会计主体假设、持续经营假设、会计分期假设和货币单位假设的逐一分析，本书认为，新经济的环境因素已经对会计基本假设造成了较大冲击和影响，有必要对其重新审视，并不断改革完善。

（一）对会计主体假设的影响

会计主体假设规定了财务会计的空间界限，界定了财务报告的内容和边界，将会计主体与市场、其他主体以及主体的所有者严格区分开来。在旧经济时代，企业信奉的是“单打独斗闯天下”的经营理念，经营相对独立，边界泾渭分明，有形资产占绝对主导地位，会计主体容易识别。而在新经济时代，“资源整合定成败”成为新的经营理念，企业基于供应链管理、价值链管理和生态网管理，普遍采用外包、众包和联盟等资源整合战略，企业之间的相互依存度显著提高，生产制造商、材料供应商、技术开发商、品牌代理商、产品经销商之间结成了利益共同体。刚性组织逐步被液态组织所取代，自由组合、自由流动成为新时尚。人才、技术、资本等要素可以借助数字化平台自由组合、自由流动，分工协作、优势互补，完成任务后随即解散或转手，造成企业内部与外部的边界日益模糊，会计主体的识别变得不易，甚至困难重重。

在新经济时代，协作协同是新经济企业获取市场竞争力、提升价值创造能力的关键因素。若离开芯片供应商、富士康等代加工工厂以及成千上万的 App 开发商，苹果公司的创意和研发就不可能转化为受消费者青睐的电子产品。组织的液态化和平台化导致企业的所有权与使用权加速分离，基于明晰产权和资产专用性的组织边界出现了松动。在组织活力日益依赖于协作协同的新经济时代，仅依据法律产权这一微观会计主体假设来界定财务报告的边界，所提供的财务信息显然不足以反映整个“利益共同体”的活力、实力和潜力。但这并不意味着微观会计主体假设在新经济时代没有用武之地，将微观会计主体假设弃之不用，会造成产权不明、权责不分。

新经济时代给人们的一个重要启示是：主体假设似乎有必要裂变为微观的会计主体假设和宏观的报告主体假设。会计主体假设与报告主体假设并行不悖，各有侧重：前者侧重于从法律产权的角度限定会计核算的边界，后者侧重于从协作协同的角度拓展财务报告的边界。主体假设裂变为会计主体假设和报告主体假设是环境使然，就像随着控股公司的出现，在个别报表之外又派生出合并报表，造成会计主体与报告主体的分离。将主体假设进一步细化为会计主体假设和报告主体假设，有助于新经济企业

在提供以法律产权和控制权为基础的个别财务报告和集团财务报告的同时，逐步向供应链财务报告、价值链财务报告和生态网财务报告的方向拓展和延伸，不断丰富财务报告的内容和形式，推动财务会计由微观向中观和宏观跃升。

（二）对持续经营假设的影响

持续经营假设对会计计量属性的选择至关重要。如果持续经营假设成立，则表明企业持有的资产将用于正常的生产经营活动，负债也将在日常经营活动中有序地逐步清偿，在这种情况下，历史成本成为资产和负债的首选计量属性。存货成本的分期结转、固定资产的定期折旧、无形资产的分期摊销，依据的就是持续经营假设。在旧经济时代，虽然企业歇业或破产时有发生，但持续经营假设高度概括出的环境特征在大多数情况下与企业相对稳定的外部环境相吻合。

在新经济时代，信息通信技术高频迭代，商业模式创新日新月异，市场竞争异常激烈，优胜劣汰十分残酷，VUCA（易变性、不确定性、复杂性和模糊性）无所不在，持续经营假设已经不再与变幻莫测的外部环境相契合。1995 年全球市值最大的 5 家互联网公司，如今只剩苹果公司依然存活。柯达胶卷被索尼数码相机所取代，索尼数码相机被诺基亚手机取代，诺基亚手机又被苹果手机颠覆，以及出租车行业受到网约车行业冲击、传统媒体广告被新媒体广告冲击等，均足以说明新经济时代下持续经营假设已不再是理所当然。

持续经营假设是否成立，对于无形资产密集型的新经济、新业态企业而言意义重大。相对于存货和固定资产等有形资产，研发、技术、专利、人才、客户关系、信息资源、智慧资本等无形资产，其价值更容易受到信息技术迭代和商业模式创新的影响，且企业一旦丧失持续经营能力，这些无形资产的清偿价值将远低于有形资产。新经济时代给我们的启示是：应当采用更加严苛的标准对持续经营假设是否成立进行评估，会计计量属性的选择不应过分拘泥于历史成本，只有通过更频繁的计提减值准备对历史成本进行修正，更多地利用现时价值计量无形资产，才能促使持续经营假设更好地反映新经济时代的易变性、不确定性、复杂性和模糊性的环境特征。

（三）对货币单位假设的影响

货币单位假设包含两层含义：一是会计以货币作为计量单位；二是作为计量尺度的货币保持价值不变。

从价值反映的角度来看，货币单位假设的第一层含义在新经济时代依然适用，即货币是价值唯一可以表现的能够量化的形式。新经济时代给我们的启示是：会计只以货币作为计量单位并不足取，会极大地限制新经济企业对价值创造的反映能力。在新经济时代，驱动企业创造价值的很多因素，如创意设计、品牌影响、信息资源、创新能力、团队合作、人力资本、结构资本和关系资本等无形资产，难以用货币计量，只有辅以非货币计量，这些价值创造驱动因素才能得到充分反映。对于无形资产富余、有形资产不足的新经济企业而言，货币计量与非货币披露并举才是破解大量无形资产被长期排除在财务报告之外的窘境的有效途径。而且，借助大数据、区块链、云计算、物联网和人工智能等信息技术的赋能，会计实现货币与实物双重计量，综合运用货币计量与非货币披露并非天方夜谭，而是具有一定的现实可行性。备受好评的可视化财务报告的出现，证明会计完全可以从单一的静态货币计量向多维的动态多重计量发展。

至于货币单位假设的第二层含义，即使在旧经济时代也与真实的环境特征相去甚远，遑论在新经济时代，币值稳定在 VUCA 时代根本就是一种奢望。此外，对历史成本会计至关重要的币值稳定假设，到了公允价值会计日趋普遍的新经济时代便显得无关紧要。

（四）对会计分期假设的影响

会计分期假设与持续经营假设相辅相成，如果持续经营假设不成立，会计分期的必要性将荡然无存。正因为将企业视为持续经营的主体，才有必要按月度、季度和年度等将企业的持续经营长河截取为若干财务报告期间，以便会计信息使用者及时了解企业在特定期间或时点的经营状况。会计分期的必要性除了与持续经营假设密切相关，还与会计信息化水平高度关联。在旧经济时代，企业的会计信息化水平不高，更谈不上智能化，会计分期假设高度概括了财务信息滞后性反映的环境特征。进入新经济时代，得益于信息通信技术突飞猛进的发展，企业会计信息化和智能化水平显著提升，实时会计指日可待。

在财务会计所处的技术环境发生颠覆性变化的情况下，学者们对于会计分期是否应继续作为会计基本假设存在着不同见解。一种观点认为，实时会计说明会计分期假设略显多余；另一种观点则认为，实时会计表明会计分期假设得到强化，会计期间的颗粒度有望进一步细化为日、时和分。笔者赞同第二种观点。新经济时代给我们的启示是：会计分期假设因信息通信技术的进步而得到强化，而非弱化。在大数据时代，会计信息使用者已不再满足于“雨后送伞式”的季报和年报，实时报告将促使会计分期进一步细化，零时滞的财务报告呼之欲出。

三、新经济对确认与计量产生的影响

新经济、新技术孕育出新业态、新业务。现有财务报告概念框架的确认标准和计量规则在面对蓬勃发展的新业态、新业务时，水土不服、疲态毕露。确认标准和计量规则若不进行与时俱进的改革和完善，可能成为阻碍新经济发展的桎梏。

（一）对资产定义的影响

符合报表要素定义是会计确认的重要标准之一。旧经济时代对报表要素特别是资产的定义，到了新经济时代是否合理，需要重新检视。譬如，在新经济时代发展得如火如荼的共享经济，不以拥有或控制资源为目的，资源的可接触、可获取和可使用才是关键所在。网约车平台既不拥有也不控制网约车和驾驶员，却可随时接触、获取和使用这些资源为用户提供出行服务，为股东创造价值。空中食宿在没有一间客房、一个服务员的情况下，发展成为世界上最大的酒店服务企业，依靠的就是其资源整合能力。美团、饿了么在未拥有或控制任何餐厅和服务员的情况下，发展成年营业额超过万亿元的餐饮外卖巨擘，同样说明了整合和分享资源的重要性一点也不亚于拥有或控制资源。

以资源整合和资源分享为特征的共享经济，对旧经济时代提出的资产要素定义造成了巨大冲击。在 2018 年国际会计准则理事会（IASB）发布新修订的《财务报告概念框架》之前，不同准则制定机构对资产的定义大同小异。例如，美国财务会计准则委员会（FASB）将资产定义为：特定的主体由于过去的交易或事项而拥有或控制的可能（Probable，概率大于 50%）的未来经济利益。该定义有两大特点：一是强调“拥有”或“控制”；二是将资产与成本分离，强调“未来经济利益”，淡化了为获取资产实际耗费的支出。IASB 在借鉴 FASB 定义的基础上指出，资产是指由主体控制的，由过去的事项形成、预期将为主体带来未来经济利益流入的资源。与 FASB 一样，IASB 对资产的定义也强调“控制”和“未来经济利益”，但不像 FASB 那样强调“拥有”。IASB 新修订的《财务报告概念框架》中对资产的定义做了重大修改：资产是主体由于过去事项而控制的现时经济资源，经济资源指有潜力产生经济利益的权利。其中，“有潜力”意味着权利所产生的经济利益不需要是确定的，甚至不需要是可能（Likely，概率小于 50%）的，即使产生经济利益的可能性较低，一项权利如果满足经济资源的定义，就可视为资产。

从资产的最新定义可以看出，权利、控制和经济资源是资产定义的三大关键要素。新的资产定义不像过去那样强调经济利益的确定性，有利于新经济企业将经济利益不确定的权利确认为资产，这无疑是一大进步。然而美中不足的是，新的资产定义依然保留了“控制”，这就限制了新经济企业特别是从事共享经济的企业对资产的确认。世界智慧资本 / 智慧资产行动组织（WICI）指出，智慧资本等无形资源之所以没有在会计上得到确认，与准则制定机构在定义资产时过分强调“拥有”或“控制”有关，建议将这两个术语改为“可获取”或“可使用”。这一观点不无道理，比如，共享经济企业主要是通过可获取或可使用的有形和无形资源来创造未来经济利益的，对资源的拥有或控制已经不再是资产的核心要义。鉴于此，笔者认为 IASB 最新资产定义中的“主体由于过去事项而控制的现时经济资源”，如果改为“主体由于过去事项而形成的现时经济资源”，就更加符合新经济企业整合资源的实际情况。从这个意义上来看，新经济给我们的一个启示是：报表要素的定义必须与时俱进，契合企业使用和整合资源方式的发展趋势。

（二）对平台资产处理方式的影响

数字平台在新经济中扮演的角色日益重要。网络效应是数字平台最显著的特征，带给我们的启示是：数字平台的价值与其用户量高度相关，使用数字平台的用户越多，数字平台的价值就越大；反之亦然。换言之，平台资产的价值取决于平台用户量及其使用频率。

为了支撑海量的用户，数字平台必须投入大量的人力和物力，从而形成价值不菲的平台资产。目前，这些平台资产仍然按旧经济时代的思维进行会计处理，折旧和摊销不是采用年限法，就是采用工作量法。这种会计处理方式与数字平台的网络效应背道而驰，是新经济遇到的新问题之一。

在旧经济时代，企业计提折旧和摊销，主要是为了弥补固定资产和无形资产的价值损耗。平台资产的具体组成项目，如电脑信息系统，可能会随着不断使用而发生价值减损，但平台资产的整体价值会随着用户的频繁使用而不断增值。那么，在对平台资产的具体组成项目计提折旧或摊销的同时，是否应当确认平台资产因网络效应带来的增值？这是值得会计界探讨的一个重大问题。如果不确认网络效应带来的增值，平台资产的实际价值与账面价值将渐行渐远，数字平台经营得越成功，二者的背离程度越严重。

（三）对收入确认的影响

新经济本质上是创新经济，技术创新和商业模式创新催生了新业务和新业态。对于提供网络出行、网络购物、网络游戏等新型服务的平台企业，其收入如何确认是新经济时代颇具挑战性的问题之一。虽然采用总额法和净额法不会对利润产生差别性的影响，但其对营业收入的影响重大。对于很多新经济企业而言，营业收入这个利润表的首行项目比末行项目更加重要，因为不少新经济企业是亏损的，资本市场不可能采用市盈率对其进行估值，市销率往往成为这类企业最重要的估值方法。此时，采用总额法还是净额法就有可能带来不同的经济后果。

虽然新的收入准则规定，企业应当根据其在向客户转让商品前是否拥有该商品的控制权，判断其从事交易时的身份是主要责任人还是代理人，并以此作为采用总额法还是净额法的依据，但这种原则导向型的规定在实际运用时往往不易判断。

至于网络游戏平台的收入确认，除了总额法和净额法的选择，还涉及时点法和时期法的问题，甚至还存在着销售返利、赠送等涉及代币券、道具的公允价值计量等特殊问题。新经济时代新业务、新业态的收入确认问题，不仅给新经济企业带来了重大挑战，也对准则制定机构提出了严峻考验。

（四）对财务分析的影响

在旧经济时代被广泛应用且行之有效的一些财务分析指标，如净资产收益率、市盈率和市净率，到了新经济时代开始失灵，甚至可能产生误导。

1903 年杜邦公司发明的净资产收益率和杜邦分析法，是旧经济时代评价企业管理层是否有效履行对股东财务责任最常用的财务指标。在新经济时代，继续使用净资产收益率评价新经济企业管理层的经营业绩，将造成以下两个后果：

第一，可能诱导管理层的短期行为，迫使其减少虽有利于提升企业核心竞争力和价值创造能力但会导致短期利润下降的无形投资，如研究开发、创意设计、人才培养、专利申请、网络更新、数据收集、市场开拓、客户维护、品牌建设、流程优化等方面的支出。尽管这些支出具有明显的资本支出属性，但现行会计准则认为这些支出能够带来的未来经济利益存在重大不确定性，一般都要求将其做费用化处理。

第二，可能导致业绩评价的不公平，除了将上述无形投资支出费用化从而导致低估新经济企业的真实营利能力外，现行会计准则对无形投资所形成的无形资产采用高于有形资产的确认标准，造成诸如数字资产和智慧资本等大量无形资产未在会计上得到确认，进而导致新经济企业的净资产被低估。在这两方面因素的共同作用下，新经济企业净资产收益率的分子和分母均严重失实，以此评价新经济企业管理层的经营业绩既不公平也不合理。

新经济企业的市盈率和市净率通常高于旧经济企业，可以用两个因素来解释：一是市场因素。投资者看好新经济企业的发展前景，或者投资者对新经济企业的非理性炒作，都可能推高其股价，从而造成企业的市盈率和市净率高企。二是会计因素。会计准则对支出资本化的严苛要求，导致新经济企业将大量具有资本支出属性的无形投资费用化，从而低估了其营利水平，导致其市盈率高企；同样地，会计准则对无形资源的确认标准过于严格，新经济企业大量的无形资产得不到确认，导致其市净率居高不下。新经济给我们的启示是：如果不剔除会计因素的影响，直接比较新经济企业与旧经济企业的市盈率和市净率，不仅没有任何意义，而且极易产生误导。

第二章　财务会计货币资金管理分析

第一节　货币资金概述

一、货币资金的内容

货币资金是企业经营过程中以货币形态存在的资产，是企业资产的重要组成部分，也是企业资产中流动性较强的一种资产。任何企业要进行生产经营活动都必须拥有货币资金，持有货币资金是进行生产经营活动的基本条件。货币资金作为支付手段，可用于支付各项费用、清偿各种债务及购买其他资产，因而具有普遍的可接受性。根据货币资金的存放地点及其用途的不同，货币资金分为现金、银行存款、其他货币资金。就会计核算而言，货币资金的核算并不复杂，但由于货币资金具有高度的流动性，因而在组织会计核算过程中，加强货币资金的管理和控制是至关重要的。

二、货币资金的控制

货币资金是企业资产中流动性较强的资产，加强对其管理和控制，对于保障企业资产安全完整、提高货币资金周转和使用效益具有重要的意义。加强对货币资金的控制，应当结合企业生产经营特点，制定相应的控制制度并监督实施。一般说来，货币资金的管理和控制应当遵循如下原则：

（1）严格职责分工。将涉及货币资金不相容的职责分由不同的人员担任，形成严密的内部牵制制度，以减少和降低货币资金管理上舞弊的可能性。

（2）实行交易分开。将现金支出业务和现金收入业务分开进行处理，防止将现金收入直接用于现金支出的坐支行为。

（3）实行内部稽核。设置内部稽核单位和人员，建立内部稽核制度，以加强对货币资金管理的监督，及时发现货币资金管理中存在的问题，改进对货币资金的管理控制。

（4）实施定期轮岗制度。对涉及货币资金管理和控制的业务人员实行定期轮换岗位。通过轮换岗位，减少货币资金管理和控制中产生舞弊的可能性，并及时发现有关人员的舞弊行为。

第二节　现金

一、现金的概念及范围

现金是货币资金的重要组成部分，作为通用的支付手段，也是对其他资产进行计量的一般尺度和会计处理的基础。它具有不受任何契约的限制、可以随时使用的特点。可以随时用其购买所需的物资，支付有关的费用，偿还债务，也可以随时存入银行。由于现金是流动性最强的一种货币资金，企业必须对现金进行严格的管理和控制，使现金能在经营过程中合理通畅地流转，提高现金使用效益，保护现金安全。

现金有狭义的概念和广义的概念之分。狭义的现金仅指库存现金，包括人民币现金和外币现金。我国会计实务中定义的现金即为狭义的现金，而很多西方国家较多地采用了广义的现金概念。广义的现金除库存现金外，还包括银行存款，也包括其他符合现金定义、可以普遍接受的流通中的票证，如个人支票、旅行支票、银行汇票、银行本票、邮政汇票等。但下列各项不应列为现金：

（1）企业为取得更高收益而持有的金融市场的各种基金、存款证以及其他类似的短期有价证券，这些项目应列为短期投资。

（2）企业出纳手中持有的邮票、远期支票、被退回或止付的支票、职工借条等。其中，邮票应作为库存办公用品或待摊费用；欠款客户出具的远期支票应作为应收票据；因出票人存款不足而被银行退回或出票人通知银行停止付款的支票，应转为应收账款；职工借条应作为其他应收款。

（3）其他不受企业控制、非日常经营使用的现金。例如，公司债券偿债基金、受托人的存款、专款专储等供特殊用途的现金。

二、现金的内部控制

由于现金是交换和流通手段，又可以当作财富来储蓄，其流动性又最强，因而最容易被挪用或侵占。因此，任何企业都应特别重视现金的管理。现金流动是否合理和恰当，对企业的资金周转和经营成败至关重要。为确保现金的安全与完整，企业必须建立健全现金内部控制制度。而且，由于现金是一项非生产性资产，除存款利息外不能为企业创造任何价值，因此企业的现金在保证日常开支需要的前提下不应持有过多，健全现金内部控制制度有助于企业保持合理的现金存量。

当然，现金内部控制的目的并不是发现差错，而是要减少发生差错、舞弊、欺诈的机会。一个有效的内部控制制度，不允许由单独一个人自始至终地操纵和处理一笔业务的全过程。必须在各自独立的部门之间有明确合理的分工，不允许一个人兼管现金的收入和支付，不允许经管现金的人员兼管现金的账册。内部控制制度在一定程度上起到保护现金资产安全的作用。此外，也可以利用电子计算机监管各项记录的正确性和提高现金收付的工作效率。

健全的现金内部控制制度包括现金收入控制、现金支出控制和库存现金控制三个部分。

（一）现金收入的内部控制

现金收入主要与销售产品或提供劳务的活动有关，所以应健全销售和应收账款的内部控制制度，作为现金收入内部控制制度的基础。

现金收入控制的目的是要保证全部现金收入都无一遗漏地入账。其基本内容有：

（1）签发现金收款凭证（即收据）与收款应由不同的经办人员负责办理。一般由销售部经办销售业务的人员填制销货发票和收款收据，会计部门出纳员据以收款，其他会计人员据以入账。处理现金收入业务的全过程由不同人员办理，可以确保销货发票金额、收据金额和入账金额完全一致，能达到防止由单独一个人经办可能发生弊端的目的，起到相互牵制的作用。

（2）一切现金收入必须当天入账，尽可能在当天存入银行，不能在当天存入银行的，应该于次日上午送存银行，防止将现金收入直接用于现金支出的“坐支”行为。

（3）一切现金收入都应无一例外地开具收款收据。对收入款有付款单位开给的凭证，会计部门在收到时，仍应开收据给交款人，以分清彼此责任。

（4）建立“收据销号”制度，监督收入款项的入账。即根据开出收据的存根与已入账的收据联，按编号、金额逐张核对，核对无误后予以注销。作废的收据应全联粘贴在存根上。“收据销号”的目的是确保已开出的收据无一遗漏地收到了款项，且现金收入全部入账。

（5）控制收款收据和销货发票的数量和编号。领用收据应由领用人签收领用数量和起讫编号。收据存根由收据保管人收回，回收时要签收，并负责保管。要定期查对尚未使用的空白收据，防止短缺遗失。已使用过的收据和发票应清点、登记、封存和保管，并按规定手续审批后销毁。

（6）对于邮政汇款，在收到时应由两人一同拆封，并专门登记有关来源、金额和收据情况。

（7）企业从开户银行提取现金，应当写明用途，加盖预留银行印签，经开户银行审核后，予以支付现金。

（二）现金支出的内部控制

现金支出控制的目的是要保证不支付任何未经有关主管认可批准付款的款项。现金支出要遵守国家规定的结算制度和现金管理办法。其基本内容有：

（1）支付现金要符合国家规定的现金使用范围。根据国务院颁发的《现金管理暂行条例》的规定，下列几种情况允许企业使用现金结算：

①支付职工的工资、津贴；

②个人劳务报酬；

③支付给个人的科学技术、文化艺术、体育等各项奖金；

④向个人收购农副产品或其他物资而支付的款项；

⑤各种劳保、福利费用以及国家规定的对个人的其他支出，如支付的各种抚恤金、退休金、社会保险和社会救济支出；

⑥出差人员必须随身携带的差旅费；

⑦转账结算起点以下（1 000 元）的零星开支；

⑧中国人民银行规定的其他使用现金的范围。

（2）与付款相关的授权、采购、出纳、记账工作应由不同的经办人员负责，不能职责不分，一人兼管。

（3）支票的签发至少要由两人签字或盖章，以相互牵制、互相监督。

（4）任何款项的支付都必须以原始凭证作为依据，由经办人员签字证明，分管主管人员审批，并经有关会计人员审核后，出纳人员方能据以办理付款。

（5）付讫的凭证要盖销“银行付讫”或“现金付讫”章，并定期装订成册，由专人保管，以防付款凭证遭盗窃、窜改和重复报销等情况的发生。

按照上述内部控制的内容，处理现金支出业务应遵照规定的程序进行。

（三）库存现金的内部控制

库存现金控制的目的是要确定合理的库存现金限额，并保证库存现金的安全、完整。其基本内容有：

（1）正确核定库存现金限额，超过限额的现金应及时送存银行。库存现金限额应由开户银行和企业共同根据企业的日常零星开支的数额及距离银行远近等因素确定。企业一般保留三到五天的零用现金，最多不得保留超过 15 天的零用现金。库存现金限额一经确定，超过部分必须在当天或次日上午由企业解交银行。未经银行许可，企业不得擅自坐支现金。确实情况特殊，需坐支现金的，应由企业向银行提交坐支申请，在银行批准的坐支额度内坐支，并按期向银行报告坐支情况。库存现金低于限额时企业可向银行提取现金，补充限额。

（2）出纳人员必须及时登记现金记账，做到日清月结，不得以不符合财务制度和会计凭证手续的“白条”和单据抵充库存现金；不准谎报用途套取现金；不准用银行账户代其他单位和个人存入或支取现金；不准将单位收入的现金以个人名义存储，即“公款私存”；不准保留账外公款，不得设置小金库等。每天营业终了后要核对库存现金和现金日记账的账面余额，发现账实不符，要及时查明原因并予以处理。

（3）内部审计或稽核人员要定期对库存现金进行核查，也可根据需要进行临时抽查。

在实务中，不同企业由于其业务性质、经营规模、人员数量、现金的来源渠道和支出用途等因素不同，其现金控制制度也不尽相同。然而，不同条件下设立内部控制制度应遵循的基本原则是相同的。其基本原则主要体现在两个方面：第一，实施处理现金业务的合理分工，即现金收支业务包括授权、付款、收款和记录等各个环节，应由不同的人员来完成，以便形成严密的内部牵制制度。第二，加强银行对现金收支的控制和监督，即企业应尽可能保持最少量的库存现金，绝大部分现金应存入银行，主要的现金支出都使用支票通过银行办理。这样，不仅可以减少保存大量库存现金的成本和风险，而且银行提供的对账单也为检查现金收支记录的正确性提供了依据。

三、现金业务的会计处理

为加强对现金的核算，企业应设置“现金”账。“现金”账户借方反映由于现销、提现等而增加的现金，贷方反映由于现购、现金送存银行、发放工资、支付其他费用等而减少的现金。该账户期末借方余额反映企业实际持有的库存现金。

另外，为随时掌握现金收付的动态和库存余额，保证现金的安全，企业必须设置“现金日记账”，按照业务发生的先后顺序逐笔登记。每日终了，应根据登记的“现金日记账”结余数与实际库存数进行核对，做到账实相符。月份终了，“现金日记账”的余额必须与“现金”总账的余额核对相符。

有外币现金收支业务的单位，应当按照人民币现金、外币现金的币种设置现金账户进行明细核算。

企业平时应经常由内部审计部门或稽核人员检查现金的收付存情况。另外，每日终了结算现金收支或财产清查等，发现有待查明原因的现金短缺或溢余，应及时进行账务处理。

发生的现金溢余或短缺通过“待处理财产损溢”科目核算。查明原因后，如为现金短缺，属于应由责任人赔偿的部分，由“待处理财产损溢”账户转入“其他应收款——××个人”；属于应由保险公司赔偿的部分，由“待处理财产损溢”账户转入“其他应收款——应收保险赔款”；属于无法查明的其他原因，根据管理权限，经批准后记入“管理费用”，确认为当期损益。如为现金溢余，属于应支付给有关人员或单位的，由“待处理财产损溢”账户转入“其他应付款——××个人或单位”；属于无法查明原因的现金溢余，经批准后，计入“营业外收入——现金溢余”。

第三节　银行存款

银行存款是企业存放在银行或其他金融机构的货币资金。依国家有关规定，凡是独立核算的单位都必须在当地银行开设账户。企业在银行开设账户以后，超过限额的现金必须存入银行；除按规定限额保留库存现金外，除了在规定的范围内可以用现金直接支付的款项外，在经营过程中所发生的一切货币收支业务，都必须通过银行存款账户进行结算。

一、银行存款账户的管理

（一）银行存款账户的类型

正确开立和使用银行账户是做好资金结算工作的基础，企业只有在银行开立了存款账户，才能通过银行同其他单位进行结算，办理资金的收付。

《银行账户管理办法》将企事业单位的存款账户划分为四类，即基本存款账户、一般存款账户、临时存款账户和专用存款账户。

一般企事业单位只能选择一家银行的一个营业机构开立一个基本存款账户，主要用于办理日常的转账结算和现金收付，企事业单位的工资、奖金等现金的支取只能通过该账户办理；企事业单位可在其他银行的一个营业机构开立一个一般存款户，该账户可办理转账结算和存入现金，但不能支取现金；临时存款账户是存款人因临时经营活动需要开立的账户，如临时采购资金等；专用存款账户是企事业单位因特定用途需要开立的账户，如基本建设项目专项资金。

（二）银行存款账户的管理

为了加强对基本存款账户的管理，企事业单位开立基本存款账户实行开户许可证制度，必须凭中国人民银行当地分支机构核发的开户许可证办理。对银行存款账户的管理规定如下：

（1）企事业单位不得为还贷、还债和套取现金而多头开立基本存款账户；

（2）不得出租、出借银行账户；

（3）不得违反规定在异地存款和贷款而开立账户；

（4）任何单位和个人不得将单位的资金以个人名义开立账户存储。

二、银行结算方式的种类

在我国，企业日常与其他企业或个人的大量的经济业务往来，都是通过银行结算的，银行是社会经济活动中各项资金流转结算的中心。为了保证银行结算业务的正常开展，使社会经济活动中各项资金得以通畅流转，根据《中华人民共和国票据法》和《票据管理实施办法》，中国人民银行总行对银行结算办法进行了全面的修改和完善，形成了《支付结算办法》，并于 1997 年 12 月 1 日正式施行。

《支付结算办法》规定，企业目前可以选择使用的票据结算工具主要包括银行汇票、商业汇票、银行本票和支票，可以选择使用的结算方式主要包括汇兑、托收承付和委托收款以及信用卡，另外还有一种国际贸易采用的结算方式，即信用证。

（一）银行汇票

银行汇票是由出票银行签发的，由其在见票时按照实际结算金额无条件支付给收款人或持票人的票据。银行汇票具有使用灵活、票随人到、兑现性强等特点，适用于先收款后发货或钱货两清的商品交易。单位和个人各种款项结算，均可使用银行汇票。

银行汇票可以用于转账，填明“现金”字样的银行汇票也可以用于支取现金。银行汇票的付款期为 1 个月。超过付款期限提示付款不获付款的，持票人须在票据权利时效内向出票银行做出说明，并提供本人身份证件或单位证明，持银行汇票和解讫通知向出票银行请求付款。丧失的银行汇票，失票人可凭人民法院出具的其享有票据权利的证明向出票银行请示付款或退款。

企业支付购货款等款项时，应向出票银行填写“银行汇票申请书”，填明收款人名称、支付人、申请人、申请日期等事项并签章，签章为其预留银行的印签。银行受理银行汇票申请书，收妥款项后签发银行汇票，并用压数机压印出票金额，然后将银行汇票和解讫通知一并交给汇款人。

申请人取得银行汇票后即可持银行汇票向填明的收款单位办理结算。银行汇票的收款人可以将银行汇票背书转让给他人。背书转让以不超过出票金额的实际结算金额为限，未填写实际结算金额或实际结算金额超过出票金额的银行汇票不得背书转让。

收款企业在收到付款单位送来的银行汇票时，应在出票金额以内，根据实际需要的款项办理结算，并将实际结算金额和多余金额准确清晰地填入银行汇票和解讫通知的有关栏内。银行汇票的实际结算金额低于出票金额的，其多余金额由出票银行退交申请人。收款企业还应填写进账单并在汇票背面“持票人向银行提示付款签章”处签章，签章应与预留银行的印鉴相同，然后，将银行汇票和解讫通知、进账单一并交开户银行办理结算，银行审核无误后，办理转账。

（二）银行本票

银行本票是由银行签发的、承诺自己在见票时无条件支付确定的金额给收款人或者持票人的票据。银行本票由银行签发并保证兑付，而且见票即付，具有信誉高、支付功能强等特点。用银行本票购买材料物资，销货方可以见票付货，购货方可以凭票提货，债权债务双方可以凭票清偿。收款人将本票交存银行，银行即可为其入账。无论单位或个人，在同一票据交换区域都可以使用银行本票支付各种款项。

银行本票分为定额本票和不定额本票：定额本票面值分别为 1000 元、5000 元、10000 元、50000 元。在票面划去转账字样的为现金本票。

银行本票的付款期限为自出票日起最长不超过 2 个月，在付款期内银行本票见票即付；超过提示付款期限不获付款的，在票据权利时效内向出票银行做出说明，并提供本人身份证或单位证明，可持银行本票向银行请求付款。

企业支付购货款等款项时，应向银行提交“银行本票申请书”，填明收款人名称、申请人名称、支付金额、申请日期等事项并签章。申请人或收款人为单位的，银行不予签发现金银行本票。出票银行受理银行本票申请书后，收妥款项签发银行本票。不定额银行本票用压数机压印出票金额，出票银行在银行本票上签章后交给申请人。

申请人取得银行本票后，即可向填明的收款单位办理结算。收款单位可以根据需要在票据交换区域内背书转让银行本票。

收款企业在收到银行本票时，应该在提示付款时在本票背面“持票人向银行提示付款签章”处加盖预留银行印鉴，同时填写进账单，连同银行本票一并交开户银行转账。

（三）商业汇票

商业汇票是出票人签发的、委托付款人在指定日期无条件支付确定的金额给收款人或者持票人的票据。在银行开立存款账户的法人以及其他组织之间须具有真实的交易关系或债权债务关系，才能使用商业汇票。商业汇票的付款期限由交易双方商定，但最长不得超过 6 个月。商业发票的提示付款期限自汇票到期日起 10 日内。

存款人领购商业汇票，必须填写“票据和结算凭证领用单”并加盖预留银行印鉴；存款账户结清时，必须将全部剩余空白商业汇票交回银行注销。

商业汇票可以由付款人签发并承兑，也可以由收款人签发交由付款人承兑。定日付款或者出票后定期付款的商业汇票，持票人应当在汇票到期日前向付款人提示承兑；见票后定期付款的汇票，持票人应当自出票日起1个月内向付款人提示承兑。汇票未按规定期限提示承兑的，持票人即丧失对其前手的追索权。付款人应当自收到提示承兑的汇票之日起3日内承兑或者拒绝承兑。付款人拒绝承兑的，必须出具拒绝承兑的证明。商业汇票可以背书转让。符合条件的商业承兑汇票的持票人可持未到期的商业承兑汇票连同贴现凭证，向银行申请贴现。

商业汇票按承兑人不同分为商业承兑汇票和银行承兑汇票两种。

1. 商业承兑汇票

商业承兑汇票是由银行以外的付款人承兑。商业承兑汇票按交易双方约定，由销货企业或购货企业签发，但由购货企业承兑。承兑时，购货企业应在汇票正面记载“承兑”字样和承兑日期并签章。承兑不得附有条件，否则视为拒绝承兑。汇票到期时，购货企业的开户银行凭票将票款划给销货企业或贴现银行。销货企业应在提示付款期限内通过开户银行委托收款或直接向付款人提示付款。对异地委托收款的，销货企业可匡算邮程，提前通过开户银行委托收款。汇票到期时，如果购货企业的存款不足支付票款，开户银行应将汇票退还销货企业，银行不负责付款，由购销双方自行处理。

2. 银行承兑汇票

银行承兑汇票由银行承兑，由在承兑银行开立存款账户的存款人签发。承兑银行按票面金额向出票人收取万分之五的手续费。

购货企业应于汇票到期前将票款足额交存其开户银行，以备由承兑银行在汇票到期日或到期日后的见票当日支付票款。销货企业应在汇票到期时将汇票连同进账单送交开户银行以便转账收款。承兑银行凭汇票将承兑款项无条件转给销货企业，如果购货企业于汇票到期日未能足额交存票款时，承兑银行除凭票向持票人无条件付款外，对出票人尚未支付的汇票金额按照每天万分之五计收罚息。

采用商业汇票结算方式，可以使企业之间的债权债务关系表现为外在的票据，使商业信用票据化，加强约束力，有利于维护和发展社会主义市场经济。对于购货企业来说，由于可以延期付款，可以在资金暂时不足的情况下及时购进材料物资，保证生产经营顺利进行。对于销货企业来说，可以疏通商品渠道，扩大销售，促进生产。汇票经过承兑，信用较高，可以按期收回货款，防止拖欠，在急需资金时，还可以向银行申请贴现，融通资金，比较灵活。销货企业应根据购货企业的资金和信用情况，选用商业承兑汇票或银行承兑汇票；购货企业应加强对资金的计划管理，调度好货币资金，在汇票到期以前，将票款送存开户银行，保证按期承付。

（四）支票

支票是单位或个人签发的、委托办理支票存款业务的银行在见票时无条件支付确定的金额给收款人或者持票人的票据。

支票结算方式是同城结算中应用比较广泛的一种结算方式。单位和个人在同一票据交换区域的各种款项结算，均可以使用支票。支票由银行统一印制，支票上印有“现金”字样的为现金支票。支票上印有“转账”字样的为转账支票，转账支票只能用于转账。未印有“现金”或“转账”字样的为普通支票，普通支票可以用于支取现金，也可以用于转账。在普通支票左上角划两条平行线的，为划线支票，划线支票只能用于转账，不得支取现金。

支票的提示付款期限为自出票日起 10 日内，中国人民银行另有规定的除外。超过提示付款期限的，持票人开户银行不予受理，付款人不予付款。转账支票可以根据需要在票据交换区域内背书转让。

存款人领购支票，必须填写“票据和结算凭证领用单”并加盖预留银行印鉴。存款账户结清时，必须将全部剩余空白支票交回银行注销。

企业财会部门在签发支票之前，出纳人员应该认真查明银行存款的账面结余数额，防止签发超过存款余额的空头支票。签发空头支票，银行除退票外，还按票面金额处以 5% 但不低于 1000 元的罚款。持票人有权要求出票人赔偿支票金额 2% 的赔偿金。签发支票时，应使用蓝黑墨水或炭素墨水，将支票上的各要素填写齐全，并在支票上加盖其预留的银行印鉴。出票人预留银行的印鉴是银行审核支票付款的依据。银行也可以与出票人约定使用支付密码，作为银行审核支付支票金额的条件。

（五）信用卡

信用卡是指商业银行向个人和单位发行的，凭以向特约单位购物、消费和向银行存取现金、且具有消费信用的特制载体卡片。

信用卡按使用对象分为单位卡和个人卡；按信誉等级分为金卡和普通卡。

凡在中国境内金融机构开立基本存款账户的单位可申领单位卡。单位卡可申领若干张，持卡人资格由申领单位法定代表人或其委托的代理人书面指定和注销，持卡人不得出租或转借信用卡。单位卡账户的资金一律从其基本存款账户转账存入，在使用过程中，需要向其账户续存资金的，也一律从其基本存款账户转账存入，不得交存现金，不得将销货收入的款项存入其账户。单位卡一律不得用于 10 万元以上的商品交易、劳务供应款项的结算，不得支取现金。

信用卡在规定的限额和期限内允许善意透支，关于透支额，金卡最高不得超过 10000 元，普通卡最高不得超过 5000 元。透支期限最长为 60 天。透支利息，自签单日或银行记账日起 15 日内按日息万分之五计算；超过 15 日，则按日息万分之十计算；

超过 30 日或透支金额超过规定限额的，按日息万分之十五计算。透支计算不分段，按最后期限或者最高透支额的最高利率档次计息。超过规定限额或规定期限，并且经发卡银行催收无效的透支行为称为恶意透支，持卡人使用信用卡不得发生恶意透支。严禁将单位的款项存入个人卡账户中。

单位或个人申领信用卡，应按规定填制申请表，连同有关资料一并送交发卡银行。符合条件并按银行要求交存一定金额的备用金后，银行为申领人开立信用卡存款账户，并发给信用卡。

（六）汇兑

汇兑是汇款人委托银行将其款项支付给收款人的结算方式。单位和个人的各种款项的结算，均可使用汇兑结算方式。

汇兑分为信汇、电汇两种。信汇是指汇款人委托银行通过邮寄方式将款项划转给收款人。电汇是指汇款人委托银行通过电报将款项划给收款人。这两种汇兑方式由汇款人根据需要选择使用。汇兑结算方式适用于异地之间的各种款项结算。这种结算方式划拨款项简便、灵活。

企业采用这一结算方式，付款单位汇出款项时，应填写银行印发的汇款凭证，列明收款单位名称、汇款金额及汇款的用途等项目，送达开户银行，委托银行将款项汇往收汇银行。收汇银行将汇款收进单位存款户后，向收款单位发出收款通知。

（七）委托收款

委托收款是收款人委托银行向付款人收取款项的结算方式。无论单位还是个人都可凭已承兑商业汇票、债券、存单等付款人债务证明办理同城或异地款项收取。委托收款还适用于收取电费、电话费等付款人众多且分散的公用事业费等有关款项。

委托收款结算款项划回的方式分为邮寄和电报两种。

企业委托开户银行收款时，应填写银行印制的委托收款凭证和有关的债务证明。在委托收款凭证中写明付款单位名称、收款单位名称、账号及开户银行，委托收款金额的大小写，款项内容，委托收款凭据名称及附寄单证张数等。企业的开户银行受理委托收款后，将委托收款凭证寄交付款单位开户银行，由付款单位开户银行审核，并通知付款单位。

付款单位收到银行交给的委托收款凭证及债务证明，应签收并在 3 天之内审查债务证明是否真实，是不是本单位的债务，确认之后通知银行付款。

付款单位应在收到委托收款通知的次日起 3 日内，主动通知银行是否付款。如果不通知银行，银行视同企业同意付款并在第 4 日，从单位账户中付出此笔委托收款款项。

付款人在 3 日内审查有关债务证明后，认为债务证明或与此有关的事项符合拒绝付款的规定，应出具拒绝付款理由书和委托收款凭证第五联及持有的债务证明，向银行提出拒绝付款。

（八）托收承付

托收承付是根据购销合同由收款人发货后委托银行向异地付款人收取款项，由付款人向银行承认付款的结算方式。使用托收承付结算方式的收款单位和付款单位，必须是国有企业、供销合作社以及经营管理较好，并经开户银行审查同意的城乡集体所有制工业企业。办理托收承付结算的款项，必须是商品交易，以及因商品交易而产生的劳务供应的款项。代销、寄销、赊销商品的款项，不得办理托收承付结算。

托收承付款项划回方式分为邮寄和电报两种，由收款人根据需要选择使用；收款单位办理托收承付，必须具有商品发出的证件或其他证明。托收承付结算每笔的金额起点为 10000 元，新华书店系统每笔金额起点为 1000 元。

采用托收承付结算方式时，购销双方必须签有符合《经济合同法》的购销合同，并在合同上订明使用托收承付结算方式。销货企业按照购销合同发货后，填写托收承付凭证，盖章后连同发运证件（包括铁路、航运、公路等运输部门签发的运单、运单副本和邮局包裹回执）或其他符合托收承付结算的有关证明和交易单证送交开户银行办理托收手续。

销货企业开户银行接受委托后，将托收结算凭证回联退给企业，作为企业进行账务处理的依据，并将其他结算凭证寄往购货单位开户银行，由购货单位开户银行通知购货单位承认付款。

购货企业收到托收承付结算凭证和所附单据后，应立即审核是否符合订货合同的规定。按照《支付结算办法》的规定，承付货款分为验单付款与验货付款两种，这在双方签订合同时约定。验单付款是购货企业根据经济合同对银行转来的托收结算凭证、发票账单、托运单及代垫运杂费等单据进行审查无误后，即可承认付款。为了便于购货企业对凭证的审核和筹措资金，结算办法规定承付期为 3 天，从付款人开户银行发出承付通知的次日算起（承付期内遇法定休假日顺延）。购货企业在承付期内，未向银行表示拒绝付款，银行即视作承付，并在承付期满的次日（法定休假日顺延）上午银行开始营业时，将款项主动从付款人的账户内付出，按照销货企业指定的划款方式，划给销货企业。验货付款是购货企业待货物运达企业，对其进行检验与合同完全相符后才承认付款。为了满足购货企业组织验货的需要，结算办法规定承付期为 10 天，从运输部门向购货企业发出提货通知的次日算起。承付期内购货企业未表示拒绝付款的，银行视为同意承付，于 10 天期满的次日上午银行开始营业时，将款项划给收款人。为满足购货企业组织验货的需要，对收付双方在合同中明确规定，并在托收凭证上注明验货付款期限的，银行从其规定。

对于下列情况，付款人可以在承付期内向银行提出全部或部分拒绝付款：(1) 没有签订购销合同或购销合同未订明托收承付结算方式的款项；(2) 未经双方事先达成协议，收款人提前交货或因逾期交货付款人不再需要该项货物的款项；(3) 未按合同规定的到货地址发货的款项；(4) 代销、寄销、赊销商品的款项；(5) 验单付款，发现所列货物的品种、规格、数量、价格与合同规定不符。或货物已到，经查验货物与合同规定或发货清单不符的款项；(6) 验货付款，经查验货物与合同规定或与发货清单不符的款项；(7) 货款已经支付或计算错误的款项。

不属于上述情况的，购货企业不得提出拒付。

购货企业提出拒绝付款时，必须填写“拒绝付款理由书”，注明拒绝付款理由，涉及合同的应引证合同上的有关条款。属于商品质量问题，需要提出质量问题的证明；属于外贸部门进口商品，应当提出国家商品检验或运输等部门出具的证明，向开户银行办理拒付手续。

银行同意部分或全部拒绝付款的，应在拒绝付款理由书上签注意见，并将拒绝付款理由书、拒付证明、拒付商品清单和有关单证邮寄收款人开户银行转交销货企业。

付款人开户银行对付款人逾期支付的款项，根据逾期付款金额和逾期天数，按每天万分之五计算逾期付款赔偿金。逾期付款天数从承付期满日算起。银行审查拒绝付款期间不算作付款人逾期付款，但对无理的拒绝付款而增加银行审查时间的，从承付期满日起计算逾期付款赔偿金。赔偿金实行定期扣付，每月计算一次，于次月 3 日内单独划给收款人。赔偿金的扣付列为企业销货收入扣款顺序的首位。付款人账户余额不足支付时，应排列在工资之前，并对该账户采取“只收不付”的控制办法，直至足额扣付赔偿金后才准予办理其他款项的支付，由此产生的经济后果由付款人自负。

(九) 信用证

信用证结算方式是国际结算的一种主要方式。经中国人民银行批准经营结算业务的商业银行总行以及经商业银行总行批准开办信用证结算业务的分支机构，也可以办理国内企业之间商品交易的信用证结算业务。

采用信用证结算方式的，收款单位收到信用证后，即备货装运，签发有关发票账单，连同运输单据和信用证，送交银行，根据退还的信用证等有关凭证编制收款凭证；付款单位在接到开证行的通知时，根据付款的有关单据编制付款凭证。

企业通过银行办理支付结算时应当认真执行国家各项管理办法和结算制度。中国人民银行颁布的《支付结算办法》规定：

(1) 单位和个人办理结算，不准签发没有资金保证的票据或远期支票，套取银行信用；

（2）不得签发、取得或转让没有真实交易和债权债务的票据，套取银行和他人的资金；

（3）不准无理由拒绝付款，任意占用他人资金；

（4）不准违反规定开立和使用账户。

三、银行存款业务的会计处理

为正确核算银行存款，企业应按开户银行和其他金融机构、存款种类等，分别设置“银行存款日记账”，由出纳人员根据收付款凭证，按照业务的发生顺序逐笔登记，每日终了应结出余额。该账户借方反映由于销售、收回款项、现金送存银行等而增加的银行存款，贷方反映由于购货、支付款项、提现等而减少的银行存款；期末借方余额，反映企业实际存在银行或其他金融机构的款项。月末“银行存款日记账”账面余额应与“银行存款”总账余额核对相符。

有外币存款的企业，应分别为人民币和各种外币设置“银行存款日记账”进行明细核算。

“银行存款日记账”应定期与“银行对账单”核对。至少每月核对一次。月度终了，企业银行存款日记账账面余额与银行对账单余额之间如有差额，必须逐笔查明原因进行处理。并按月编制“银行存款余额调节表”调节相符。

企业应加强对银行存款的管理，并定期对银行存款进行检查。如果有确凿证据表明存在银行或其他金融机构的款项已经部分不能收回，或者全部不能收回，如吸收存款的单位已宣告破产，其破产财产不足以清偿的部分，或者全部不能清偿的，应当作为当期损失，计入“营业外支出”科目。

四、银行存款余额的调节

企业每月应将银行存款日记账余额与银行对账单余额进行核对，以检查企业银行存款记录的正确性。

（一）银行存款余额差异的原因

企业银行存款日记账余额与银行对账单余额往往不一致，造成差异的原因是多方面的，主要有：

（1）银行或企业的某一方或双方漏记某一项或几项交易；

（2）银行或企业的某一方或双方记账错误；

（3）存在未达账项。

未达账项是指由于企业与银行取得凭证的时间不同，导致记账时间不一致发生的一方已取得结算凭证且登记入账，而另一方由于尚未取得结算凭证尚未入账的款项。未达账项一般有四种情况：

（1）企业已收款入账而银行尚未入账的款项，即企业已收，银行未收。如企业销售产品收到支票，送存银行后即可根据银行盖章退回的“进账单”回单联登记银行存款的增加，但由于银行尚未办妥兑收手续而未入账。在这种情况下，若不考虑其他因素，则企业“银行日记账”余额要大于“银行对账单”余额。

（2）企业已付款入账而银行尚未入账的款项，即企业已付，银行未付。如企业开出支票支付购料款，企业根据支票存根、发票等凭证登记银行存款的减少，而银行由于收款人尚未持票向银行兑取而未入账。在这种情况下，若不考虑其他因素，则企业“银行存款日记账”余额要小于“银行对账单”余额。

（3）银行已收款入账而企业尚未入账的款项，即银行已收，企业未收。如银行已收妥企业托收的款项，已登记企业银行存款增加，企业由于尚未收到银行的收款通知而未入账，或已收到银行的收账通知但未及时入账。在这种情况下，若不考虑其他因素，则企业“银行存款日记账”余额小于“银行对账单”余额。

（4）银行已付款入账而企业尚未入账的款项，即银行已付，企业未付。如银行代企业直接支付的各种费用，银行已作为企业存款的减少入账，但企业尚未接到凭证而未入账，或已收到凭证但尚未及时入账。在这种情况下，若不考虑其他因素，则企业“银行存款日记账”余额要大于“银行对账单”余额。

（二）银行存款余额调节表的编制

企业银行存款日记账余额与银行对账单余额的差异，可通过编制银行存款余额调节表进行调节，并通过核对调节后余额是否一致，进一步检查企业银行存款记录的正确性，保证账实相符。

银行存款余额调节表有两种格式：一种格式是以企业银行存款日记账余额（或银行对账单余额）为起点，加减调整项目，调整到银行对账单余额（或企业银行存款日记账余额）；另一种格式是分别以企业银行存款日记账余额和银行对账单余额为起点。加减各自的调整项目，分别得出两个调节后的余额。在会计实务中较多地采用了后一种格式。

如果调节后的银行存款日记账余额与银行对账单余额相符，一般表明双方记账正确（但也不排除存在差错的可能性，如两个差错刚好互相抵消，对余额没有影响）。如果调节后的余额还是有差异，则在已调整了全部未达账项情况下，表明记账有错误，应进一步查找并予以更正；否则，依然存在未调整的未达账项或记账错误。

（三）银行存款余额调节后的账务处理

对造成银行存款日记账与银行对账单余额差异的各项因素，应根据具体情况进行处理。

1. 记账错误的处理

企业通过编制银行存款余额调节表发现的银行记账错误，应及时通知银行，予以更正；对于发现的自身记账错误，应根据错误类型采用划线更正法、红字更正法或补充登记法及时编制调整分录并登记入账。

2. 未达账项的处理

按照国际惯例，对于银行已入账，企业未入账的未达账项，应编制调整分录并登记入账。如上例中的未达账项，企业应做会计分录。

这种做法的主要理由是：企业在月末不及时记录未达账项，可能会影响资产负债表对企业财务状况的恰当表达，使资产负债表上所表述的相关项目与银行存款余额将会同时不实。因此，企业应及时记录企业未记账的未达账项，以便公允地反映企业的财务状况。

我国现行会计实务对未达账项的处理与上述国际惯例完全不同。我国现行会计制度规定，对于未达账项不能以银行存款余额调节表作为原始凭证，据以调整银行存款账面记录。只有等到有关结算凭证到达企业时，才能据以进行相应的账务处理，且在下一月度应关注上月银行的未达账项是否及时入账。这一做法虽简化了会计核算，防止重复记账，但不利于财务状况的公允表达。因此，参照国际惯例，我国会计实务对未达账项的处理可做如下适当调整：

（1）月末不做账务处理，但对其中重大未达账项应在报表附注中加以披露；

（2）月末先将企业未记录的未达账项登记入账，下月初再将其转回，等收到有关凭证后再做正常处理。

第四节　其他货币资金

在企业的经营资金中，有些货币资金的存放地点和用途与库存现金和银行存款不同，如外埠存款、银行汇票存款、银行本票存款等，需要设置“其他货币资金”账户以集中反映这些资金，以示它与现金、银行存款的区别。在“其他货币资金”账户之下，可分设外埠存款、银行汇票存款、银行本票存款、信用卡存款、信用证保证金存款、存出投资款等明细账户。现分述如下：

一、外埠存款

外埠存款是指企业到外地进行临时或零星采购时，汇往采购地银行开立采购专户的款项。企业将款项委托当地银行汇往采购地开立专户时，记入“其他货币资金”，收到采购员交来供应单位发票账单等报销凭证时，贷记本科目。将多余的外埠存款转回当地银行时，根据银行的收账通知，借记“银行存款”，贷记“其他货币资金”。

二、银行汇票存款

银行汇票存款是指企业为取得银行汇票按规定存入银行的款项。企业在填送“银行汇票申请书”并将款项交存银行，取得银行汇票后，根据银行盖章退回的申请书存根联，借记本科目；企业使用银行汇票后，根据发票账单等有关凭证，贷记本科目；如有多余款或因汇票超过付款期等原因而退回款项，根据开户银行转来的银行汇票第四联（多余款收账通知）载明的金额，贷记本科目。

三、银行本票存款

银行本票存款是指企业为取得银行本票按规定存入银行的款项。企业向银行提交“银行本票申请书”并将款项交存银行，取得银行本票后，根据银行盖章退回的申请书存根联，借记本科目；企业使用银行本票后根据发票账单等有关凭证，贷记本科目；因本票超过付款期等原因而要求退款时，应当填制一式两联的进账单，连同本票一并送交银行，根据银行盖章退回的进账单第一联，贷记本科目。

四、信用卡存款

信用卡存款是指企业为取得信用卡按照规定存入银行的款项。企业应按照规定填制申请表，连同支票和有关资料一并送交发卡银行，根据银行盖章退回的进账单第一联，借记本科目；企业使用信用卡购物或支付有关费用，贷记本科目；企业信用卡在使用过程中需要向其账户续存资金的，其处理同申请时的处理。

五、信用证保证金存款

信用证保证金存款是指企业为取得信用证按规定存入银行的保证金。企业向银行申请开立信用证，应按规定向银行提交开证申请书、信用证申请人承诺书和购销合同。

企业向银行交纳保证金，根据银行盖章退回的进账单第一联，借记本科目；根据开证行交来的信用证来单通知书及有关单据列明的金额贷记本科目。

六、存出投资款

存出投资款是指企业已存入证券公司但尚未进行短期投资的现金。企业向证券公司划出资金时，按实际划出的金额借记本科目；购买股票、债券时，按实际发生的金额贷记本科目。

第五节　存货核算

一、存货的定义及确认

（一）存货的定义

存货，是指企业在日常活动中持有以备出售的产成品或商品、处在生产过程中的在产品、在生产过程或提供劳务过程中耗用的材料和物料等。存货属于企业的流动资产。具体来讲，存货包括各类原材料、委托加工物资、在产品、半成品、产成品、商品、包装物、低值易耗品等内容。

在不同行业的企业中，存货的内容有所不同。在工业企业中，存货主要包括各种原材料、包装物、低值易耗品、在产品、半成品和产品等；在商品流通企业中，存货主要包括各种商品。根据存货的定义，存货的范围主要包括三个方面：

1. 在日常活动中持有以备出售的存货。是指企业在日常生产经营过程中处于待销状态的各种物品，如工业企业的产成品、商品流通企业的库存商品等。

2. 处在生产过程中的存货。是指目前正处在生产加工过程中的各种物品，如委托加工物资、工业企业的在产品和自制半成品等。

3. 在生产过程或提供劳务过程中耗用的存货。是指企业为产品生产或提供劳务耗用而储存的各种物品，如工业企业为生产产品而储存的原材料、燃料、包装物、低值易耗品等。

（二）存货的确认

存货同时满足以下两个条件，才能加以确认：

1. 该存货包含的经济利益很可能流入企业。资产，是指过去的交易、事项形成并由企业拥有或者控制的资源，该资源预期会给企业带来经济利益。资产最重要的特征之一是预期会给企业带来经济利益，即可望给企业带来未来经济利益。流入的经济资源，预期不能给企业带来经济利益的，就不能确认为企业的资产。存货是企业的一项重要的流动资产，因此，对存货的确认，关键是要判断是否很可能给企业带来经济利益或所包含的经济利益是否很可能流入企业。

存货包含的经济利益能否流入企业，很重要的一点是判断其是否拥有存货的所有权。因此，实务中，企业对存货是否具有法定所有权是确定其存货范围的重要依据。对法定所有权属于企业的物品，不论其存储地点，都应确认为企业的存货，即所有在库、在耗、在用、在途的存货均应确认为企业的存货；反之，法定所有权不属于企业的物品，即使存放于企业，也不应确认为企业的存货。如依照销售合同已经售出，其所有权已经转让的物品，不论其是否已离开企业，均不应该包括在企业的存货中。

反之，若物品的所有权尚未转让给对方，即使物品已离开企业，仍属于企业的存货，如委托其他单位或个人代销、零售、代存及外出参展的商品或产品，以及租出、借出的包装物，只要其所有权仍属于企业，都应列入企业的存货之中。

2. 该存货的成本能够可靠地计量。成本能够可靠地计量是资产确认的一项基本条件。存货作为企业资产的组成部分，要予以确认必须能够对其成本进行可靠的计量。存货的成本能够可靠地计量必须以取得确凿、可靠的证据为依据，并且具有可验证性。如果存货成本不能可靠地计量，则不能确认为存货。

关于存货的确认，有几点需要说明：

（1）关于代销商品。代销商品（也称为托销商品）是指一方委托另一方代其销售商品。从商品所有权的转移来分析，代销商品在售出以前，所有权属于委托方，受托方只是代对方销售商品。因此，代销商品应作为委托方的存货处理。但为了使受托方加强对代销商品的核算和管理，企业会计制度也要求受托方将其受托代销商品纳入账内核算。

（2）关于在途商品。对于销售方按销售合同、协议规定已确认销售（如已收到货款等），而尚未发运给购货方的商品，应作为购货方的存货而不应再作为销货方的存货；对于购货方已收到商品但尚未收到销货方结算发票等的商品，购货方应作为其存货处理；对于购货方已经确认为购进（如已付款等）而尚未到达入库的在途商品，购货方应将其作为存货处理。

（3）关于购货约定。对于约定未来购入的商品，由于企业并没有实际的购货行为发生，因此，不作为企业的存货，也不确认有关的负债和费用。企业按照购货合同预付部分货款或预付购货定金，也不应包括在企业的存货内。

（4）关于工程物资。企业为建造固定资产等各项工程而储备的各种材料，虽然也具有存货的某些特征（如流动性），但它们并不符合存货的定义，因此不能作为企业的存货进行核算，而应作为工程物资处理。

（5）关于特种储备物资。企业的特种储备以及按国家指令专项储备的资产不符合存货的定义，因而也不属于企业的存货，而应作为企业特种储备物资处理。

二、存货的分类

存货的种类繁多，它们在企业生产经营过程中的用途各异，所起的作用也不尽相同。为了正确组织存货的核算，加强存货的管理，应对存货进行科学分类。根据不同的目的，可采用不同的标准对存货进行分类。

（一）存货按经济内容分类

按经济内容，存货可分为原材料、在产品、半成品、产成品、包装物、低值易耗品、商品等。

1. 原材料。是指企业在生产过程中经加工改变其形态或性质，并构成产品主要实体的各种原料及主要材料、辅助材料、外购半成品（外购件）、修理用备件（备品备件）、包装材料、燃料等。

2. 在产品。是指企业正在制造尚未完工的生产物，包括正在各个生产工序加工的产品和已加工完毕但尚未检验或已检验但尚未办理入库手续的产品。

3. 产成品。是指工业企业已经完成全部生产过程并验收入库，可以按照合同规定的条件送交订货单位，或者可以作为商品，对外销售的产品。企业接受外来原材料加工制造的代制品和为外单位加工修理的代修品，制造和修理完成验收入库后，应视同企业的产成品。

4. 包装物。是指为了包装本企业产品而储备的各种包装容器，如桶、箱、瓶、坛、袋等。其主要作用是盛装、装潢产品或商品。应注意的是各种包装材料，如纸、绳、铁丝、铁皮等应作为原材料进行核算。

5. 低值易耗品。是指不能作为固定资产的各种用具物品，如工具、管理用具、玻璃器皿、劳动保护用品，以及在经营过程中周转使用的容器等。其特点是单位价值较低，使用期限相对于固定资产较短，在使用过程中基本保持其原有实物形态不变。

6. 商品。是指商品流通企业的商品，包括外购或委托加工完成验收入库用于销售的各种商品。

（二）存货按存放地点分类

按存放地点，存货可分为库存存货、在途存货、加工中存货、委托代销存货等。

1. 库存存货。是指法定所有权属于企业且存放在本企业仓库的全部存货。

2. 在途存货。是指已支付货款取得其所有权，但物品尚未运达，处于运输途中的外购存货，以及在销售产品过程中，企业按合同规定已经发运，但其所有权尚未转移，销售收入尚未实现的发出存货。

3. 加工中存货。是指企业自行生产加工中以及委托其他单位加工中的各种存货。委托其他单位加工中的各种存货即委托加工物资，经过加工，其实物形态、性能发生变化，使用价值也随之发生变化，且在其加工过程中要消耗原材料，还要发生各种费用支出等，从而使价值相应增加。委托加工物资在工业企业称为委托加工材料，在商品流通企业称为委托加工商品。

4. 委托代销存货。是指存放在其他单位，并委托其代为销售的存货。

5. 出租、出借的存货。是指企业在销售过程中出租或出借给购买单位的包装容器，或企业附带经营某些租赁业务而出租的存货。

三、存货的计量

（一）存货的初始计量

企业会计准则规定，存货应当按照成本进行初始计量。存货成本包括采购成本、加工成本和其他成本。

1. 存货采购成本。存货的采购成本，一般包括购买价款、相关税费、运输费、装卸费、保险费以及其他可直接归属于存货采购成本的费用。对于采购过程中发生的物资毁损短缺等，合理损耗部分应作为存货采购费用计入存货的采购成本，其他损耗不得计入存货成本。购入的存货需要经过挑选整理才能使用的，在挑选整理过程中发生的工资、费用支出以及物资损耗的价值也应计入存货的成本。

2. 存货的加工成本。存货的加工成本，包括直接人工以及按照一定方法分配的制造费用。直接人工是指直接从事生产产品和提供劳务的生产工人工资及福利费。制造费用是指企业为生产产品和提供劳务而发生的各项间接费用。企业应当根据制造费用的性质，合理地选择制造费用分配方法。在同一生产过程中，同时生产两种或两种以上的产品，并且每种产品的加工成本不能直接区分的，其加工成本应当按照合理的方法在各种产品之间进行分配。

3. 存货的其他成本。存货的其他成本，是指除采购成本、加工成本以外的，使存货达到目前场所和状态所发生的其他支出，如为特定客户设计产品所发生的设计费用等。应注意的是企业发生的下列费用不应当包括在存货成本中，而应当在发生时确认为当期费用：

（1）非正常消耗的直接材料、直接人工和制造费用。（2）仓储费用，不包括在生产过程中为达到下一个生产阶段所必需的仓储费用。对于为达到下一生产阶段所必需的仓储费用，可以将其计入存货成本，如酿酒行业灌装的酒必须经过一定的窖藏才能上市销售的，此时发生的仓储费用可以计入酒的成本。（3）不能归属于使存货达到目前场所和状态的其他支出。

对于需要通过相当长时间的生产活动才能够达到可销售状态的存货，如造船厂的船舶等，其专门借款所发生的符合《企业会计准则第17号—借款费用》规定的资本化条件的借款费用，可以计入该存货成本中。企业取得的各项存货，应根据实际情况，正确核算其取得时所发生的采购成本、加工成本和其他成本，确认为该存货的初始成本。但下列几种方式取得的存货成本按以下方法计量：

（1）投资者投入的存货，按照投资合同或协议约定的价值确定，但合同或协议约定的价值不公允除外，此时，应以公允价值作为该项存货的成本，将合同或协议约定的价值与公允价值的差额计入资本公积。

（2）企业通过自行栽培、营造、繁殖或养殖而收获的农产品，按以下规定确定成本：

①自行栽培的大田作物和蔬菜的成本，包括在收获前耗用种子、肥料、农药等材料费、人工费用和应分摊的间接费用等必要支出。②自行营造的林木类的成本，包括郁闭前发生的造林费、抚育费、营林设施费、良种试验费、调查设计费和应分摊的间接费用等必要支出。③自行繁殖的育肥畜的成本，包括出售前发生的饲料费、人工费和应分摊的间接费用等必要支出。④水产养殖的动物和植物的成本，包括在出售或入库前耗用的苗种饲料、肥料等材料费、人工费和应分摊的间接费用等必要支出。

（3）非货币性资产交换交易取得的存货，按以下规定确定成本：

①当该项交换具有商业实质，且换入或换出资产的公允价值能够可靠地计量时，应当以公允价值加上应支付的相关税费作为换入资产的成本。当换入资产和换出资产公允价值均能够可靠计量时，则以换出资产的公允价值加上应支付的相关税费作为换入资产的成本，但当有确凿的证据表明换入资产的公允价值更加可靠时，则以换入资产的公允价值加上应支付的相关税费作为换入资产的成本。公允价值与换出资产账面价值的差额计入当期损益。

在交换中涉及补价的，应当分别按下列情况处理：支付补价的，应当以换出资产的公允价值加上支付的补价和应支付的相关税费作为换入资产的成本，换入资产成本与换出资产账面价值加支付的补价、应支付的相关税费之和的差额，应计入当期损益。收到补价的，应当以换出资产的公允价值减去补价加上应支付的相关税费，作为换入资产的成本；换入资产成本加收到的补价之和与换出资产账面价值加应支付的相关税费之和的差额，应计入当期损益。②当该项交换不具有商业实质，或者换入或换出资产的公允价值不能可靠计量时，应当以换出资产的账面价值，加上应支付的相关税费作为换入资产的成本，不确认损益。

（4）债务重组企业接受的债务人以非现金资产抵偿债务方式取得的存货，应按其公允价值入账，重组债权的账面价值与取得存货公允价值之间的差额，计入当期损益（营业外支出）。债权人已对债权计提减值准备的，应当先将该差额冲减减值准备，减值准备不足以冲减的部分，计入当期损益。

（二）存货领用、发出的计量

1. 领用、发出数量的计量。企业的存货，总是处于不断周转过程中的，既有存货的收入，又有存货的发出。期初存货与本期收入存货之和是一个确定的数额，与本期发出存货和期末存货成本之和相等。如果先确定本期发出存货，则期末存货为期初存货加上本期收入存货减去本期发出存货。如果先确定期末存货，则本期发出存货为期初存货加上本期收入存货减去期末存货。即：

期初存货 + 本期收入存货 − 本期发出存货 = 期末存货

期初存货 + 本期收入存货 − 期末存货 = 本期发出存货

由此，形成了永续盘存制和实地盘存制两种存货盘存制度。

（1）永续盘存制。永续盘存制，又称账面盘存制，是指对财产物资的收入和发出，都应根据各种原始凭证，在有关账簿中逐笔登记，并随时在账上结出结存数的一种方法。计算公式为：

期末结存 = 期初结存 + 本期收入 − 本期发出

采用永续盘存制财产物资的明细核算工作量较大，但财产物资的明细账可随时动态反映其增减变化情况，便于对财产物资进行监控和管理，加快资金周转。另外财产物资的账存数可以对其实存数起监督和控制作用。通过实地盘点可以发现账实差异，更有利于财产物资的安全完整。

因此，各单位的财产物资一般应采用永续盘存制。在永续盘存制下，为了保证账实相符，需定期对财产物资进行清查，清查的目的是检查账实是否相符，若账实不符，则应根据实存数调整账存数，以保证账实相符。此外，要进一步查明账实不符的原因，并采取相应措施，以保证财产物资的安全完整。

（2）实地盘存制。实地盘存制是指平时根据会计凭证在账簿中只登记财产物资的增加数，不登记减少数，月末根据实地盘点来确定财产物资的实际结存数量，作为期末账面结存数记入账簿，倒轧出本期减少数的一种方法。计算公式为：

本期减少数 = 期初结存数 + 本期增加数 − 本期结存数

采用实地盘存制，财产物资的明细账平时只登记购进成本，对减少及结存不作记录，明细核算工作较简单。但财产物资的明细账不能随时反映财产物资的增减变化情况，不利于及时提供核算资料，不能随时结转成本。另外，由于根据实际结存来倒轧本期发出成本，凡未包含在期末实际结存中的减少都被视为销售或耗用，从而掩盖了盗窃、浪费等非正常损耗，削弱了账簿记录对实物的控制作用，不利于财产物资的安全有效管理。因此，实地盘存制般只适用于单位价值较低、自然损耗大、数量不稳定、进出频繁的财产物资，特别是对易腐烂变质的鲜活商品等可以采用。企业可根据存货类别和管理要求选用存货盘存制度，也可以对一些存货实行永续盘存制，而对另一些存货实行实地盘存制。但不论采用何种办法，前后各期应保持一致。

2. 领用、发出成本的计量。由于各种存货是分次购入或分批生产形成的，同一存货往往存在多个不同的成本，要确定领用、发出存货的成本，就需采用一定的发出存货计价方法。根据企业会计准则的规定，企业可以采用的发出存货计价方法包括先进先出法、加权平均法、个别计价法。对于性质和用途相似的存货，应当采用相同的成本计算方法计算发出存货的成本。

（1）先进先出法。先进先出法，是依照“先入库的存货先发出”的假定确定成本流转顺序，并据以对发出存货进行计价的方法。采用先进先出法，在收入存货时，按照收入存货的先后顺序，逐笔登记每批存货的数量、单价和金额，并逐笔按存货入库顺序登记结存的各批存货的数量、单价、金额；发出存货时按照先进先出的原则计价，依次确定发出存货的实际成本，逐笔登记发出存货的金额并逐笔按存货入库顺序登记结存的各批存货的数量、单价、金额。

先进先出法中期末存货成本是按最近购货确定的，比较接近现行的市场价值，能较准确地反映存货资金的占用情况，而且能随时结转发出存货的实际成本。但存货明细核算比较烦琐，工作量较大，明细账记录较复杂；在物价持续上涨时，会高估期末存货价值，低估发出存货成本，从而高估企业当期利润，不符合稳健性原则；会低估期末存货价值、高估发出存货成本，从而低估企业当期利润。

（2）移动加权平均法。移动加权平均法，是指每次收入存货时，即将当时结存存货成本和本次收入存货成本，以当时结存存货数量和本次收入存货数量之和作为权数，计算出新的加权平均单位成本，并对发出存货进行计价的一种方法。其计算公式为：

pagenumber_ebook=46,pagenumber_book=39

采用移动平均法，在收入存货时，要逐笔登记每批收入存货的数量、单价、金额，并计算移动加权平均单位成本，登记结存存货的数量、单价（即移动加权平均单位成本）金额；发出存货时，按移动加权平均单位成本计算发出存货成本，登记发出存货数量、单价、金额，并登记结存存货的数量、单价、金额。

移动加权平均法可以将不同批次、不同单价的存货成本差异均衡化，有利于存货成本的客观计算，能随时结出发出存货、结存存货的成本，便于对存货的日常管理。

但每次收入存货后都要计算加权平均单位成本，工作量较大，对收发存货较频繁的企业不适用。

（3）全月一次加权平均法。全月一次加权平均法，是指将期初结存存货成本和本期收入存货成本，以期初存货数量和本期收入存货数量之和作为权数，于月末一次计算存货单位加权平均成本，并据以确定本期发出存货成本与期末存货成本的一种计价方法。

采用加权平均法，在收入存货时，逐笔登记每一批存货的数量、单价、金额，并结记结存存货的数量；发出存货时，只登记发出存货数量，并结记结存存货的数量；月末根据计算出的加权平均单位成本确定、登记本月发出存货成本和期末结存存货成本。

采用加权平均法，只在月末一次计算加权平均单价，比较简单，且在物价波动时，对存货成本的分摊较为折中。但由于要到月末计算出存货的加权平均单位成本后，才能确定发出存货成本与期末存货成本，所以平时无法从账上提供发出和结存存货的单价和金额，不利于对存货的日常管理。

（4）个别计价法。个别计价法，也称“个别认定法”“具体辨认法”“分批实际法”，是假设存货的实物流转与成本流转相一致，逐一辨认各批发出存货和期末存货所属的购进批别或生产批别，分别按其购入或生产时所确定的单位成本作为计算各批发出存货和期末存货成本的方法。

采用个别计价法，在存货明细分类账中，逐笔登记每一批次入库存货的数量、单价、金额，按实际辨认的发出存货批次的成本逐笔分批次登记发出存货的数量、单价、金额，随时结记并按存货批次成本登记结存的各批存货的数量、单价、金额。

采用个别计价法，反映发出存货的实际成本最为准确，且可以随时结转发出存货的成本。但这种方法需要对发出和结存的存货批次进行具体认定，以辨别其所属的收入批次，工作量比较大，应用成本高。在一些材料种类多、存货量大、收发较频繁的企业，很难应用。对于不能替代使用的存货、为特定项目专门购入或制造的存货，以及提供劳务的成本，应采用个别计价法。

（三）期末存货的计价

存货在取得时是按照成本入账，由于市场价格的变动、市场供需情况的变化等原因，存货的价值可能发生变动。为了客观地反映企业期末存货的实际价值，企业在会计期末编制资产负债表时，要确定期末存货的价值。

1. 成本与可变现净值孰低法的含义。成本与可变现净值孰低法，是指对期末存货按照成本与可变现净值两者中较低者计价的方法。即：当成本低于可变现净值时，存货按成本计价；当可变现净值低于成本时，存货按可变现净值计价。

成本，是指存货的历史成本。即按以历史成本为基础的存货计价方法计算得出的期末存货价值。若企业在存货成本的核算中采用的是简化核算办法，成本为经调整后的实际成本。

可变现净值，是指企业在日常活动中，存货的估计售价减去至完工时估计将要发生的成本、估计的销售费用以及相关税费后的金额。

2. 成本与可变现净值孰低法的运用。企业会计准则规定，资产负债表日存货应当按照成本与可变现净值孰低计量。存货成本高于可变现净值的，应当计提存货跌价准备，计入当期损益。企业通常应当按照单个存货项目计提存货跌价准备。对于数量繁多、单价较低的存货，可以按照存货类别计提。存货跌价准备：与在同一地区生产和销售的产品系列相关、具有相同或类似最终用途和目的、且难以与其他项目分开计量的存货，可以合并计提存货跌价准备。

第三章　财务会计固定资产管理分析

第一节　固定资产概述

一、固定资产的概念及特征

固定资产是指使用期限较长、单位价值较高，并且在使用过程中保持原有实物形态的资产。固定资产具有以下基本特征：(1）预计使用年限超过一年或长于一年的一个经营周期，且在使用过程中保持原来的物质形态不变；(2）用于生产经营活动而不是为了出售；(3）价值补偿与实物更新相分离。在固定资产的使用过程中，其价值通过折旧逐渐转移出去，但其物质实体却通常并不同时减损，只有在其不能或不宜继续使用时，才对其进行更新处置。

《国际会计准则第 16 号——不动产、厂场和设备》对固定资产做出定义：固定资产指符合下列各项规定的有形资产：(1）企业所有的用于生产或供应产品和劳务的有形资产，包括为了出租给他人，或为了管理上使用的，还包括为了维修这些资产而持有的其他项目；(2）为可连续使用而购置或建造的；(3）不打算在正常营业过程中出售的。对符合上述标准的资产的租用权，在某些情况下也可以作为固定资产处理。

新修订的《国际会计准则第 16 号》对固定资产的定义是：固定资产，指具有下列特征的有形资产：(1）预计用于生产、提供商品或劳务、出租或为了行政管理目的而拥有的；(2）预计使用期限超过一个会计期间。

我国的《企业会计准则——固定资产》对固定资产做出定义：固定资产是指同时具有以下特征的有形资产：(1）为生产商品、提供劳务、出租或经营管理而持有的；(2）使用年限超过一年；(3）单位价值较高。

企业中固定资产的判定标准通常有两项：(1）使用期限在一年以上；(2）单位价值在一定标准以上。我国企业会计制度规定："固定资产是指使用期限超过一年的房屋、建筑物、机器、机械、运输工具以及其他与生产、经营有关的设备、器具、工具等。不属于生产、经营主要设备的物品，单位价值在2000元以上，并且使用期限超过2年的，也应当作为固定资产。企业应当根据企业会计制度及有关规定，结合本单位的具体情况，如经营规模、业务范围的不同，制定适合于本企业的固定资产目录、分类方法、每类或每项固定资产的折旧年限、折旧方法，作为进行固定资产核算的依据。企业制定的固定资产目录、分类方法、每类或每项固定资产的预计使用年限、预计净残值、折旧方法等，应当编制成册，并按照管理权限，经股东大会或董事会，或经理（厂长）会议或类似机构批准，按照法律、行政法规的规定报送有关各方备案，同时备置于企业所在地，以供投资者等有关各方查阅。

我国《企业会计准则——固定资产》规定：固定资产在同时满足以下两个条件时，才能加以确认：（1）该固定资产包含的经济利益很可能流入企业；（2）该固定资产的成本能够可靠地计量。企业在对固定资产进行确认时，应当按照固定资产的定义和确认条件，考虑企业的具体情形加以判断。企业的环保设备和安全设备等资产，虽然不能直接为企业带来经济利益，却有助于企业从相关资产获得经济利益，也应当确认为固定资产，但这类资产与相关资产的账面价值之和不能超过这两类资产可收回金额总额。固定资产的各组成部分，如果各自具有不同的使用寿命或者以不同的方式为企业提供经济利益，从而适用不同的折旧率或折旧方法的，应当单独确认为固定资产。

二、固定资产的分类

企业的固定资产种类繁多，用途各异，在经营活动中起着不同的作用。对固定资产进行合理的分类，有利于加强对固定资产的管理，并提高其使用效率；有利于正确核算固定资产的价值，合理计算折旧及相关费用。

（一）按经济用途分类

生产经营用固定资产，指直接参与企业生产过程或直接为生产服务的固定资产，如机器、厂房、设备、工具、器具等。

非生产经营用固定资产，指不直接在生产中使用的固定资产，如食堂、宿舍、文教卫生等职工福利方面的建筑物、设备等。

按经济用途分类有利于反映和监督企业各类固定资产之间的组成和变化情况，便于考核固定资产的利用现状，更合理地进行固定资产的配备，充分发挥其效用。

（二）按所有权分类

自有固定资产：企业对该类固定资产享有占有权、处置权，可供长期使用，是企业全部资产的重要构成部分。

租入固定资产：企业通过支付租金取得使用权的固定资产，其租入方式又分为经营性租入和融资性租入两类。经营性租入的固定资产一般在备查簿中登记，而融资租入的固定资产应作为资产入账，在日常使用中为与自有资产相区别，需单独设立明细账进行核算。

（三）按使用情况分类

（1）使用中的固定资产，指处于使用过程中的经营性和非经营性固定资产，包括在使用或因季节性生产和修理等原因暂时停止使用的固定资产，以及供替换使用的机器设备等。

（2）未使用固定资产，指尚未使用的新增固定资产，调入尚待安装的固定资产，进行改建、扩建的固定资产以及批准停止使用的固定资产。

（3）不需用固定资产，指不适用于本企业，准备处理的固定资产。

（4）租出固定资产，指企业以收取租金的方式租给外单位使用的固定资产。租出固定资产也属于使用中的固定资产。

（四）按固定资产的经济用途和使用情况综合分类

（1）生产经营用固定资产。

（2）非生产经营用固定资产。

（3）出租固定资产，指在经营性租赁方式下租给外单位使用的固定资产。

（4）不需用固定资产。

（5）未使用固定资产。

（6）土地，是指过去已经估价单独入账的土地。因征地而支付的补偿费，应计入与土地有关的房屋、建筑物的价值内，不单独作为土地价值入账。企业取得的土地使用权不能作为固定资产管理。

（7）融资租入固定资产，指企业以融资租赁方式租入的固定资产，在租赁期内，应视同自有固定资产进行管理。

不同企业应根据实际需要选择适合本单位的分类标准，对固定资产进行分类，制定固定资产目录。

三、固定资产的计价

（一）固定资产的计价方法

固定资产的计价主要有以下三种方法：

1. 按原始价值计价

又称按历史成本计价，是指按购建某项固定资产达到可使用状态前所发生的一切合理必要的支出作为入账价值。由于这种计价方法有相应的凭证，具有客观性和可验证性的特点，因此成为固定资产的基本计价标准。当然，这种方法具有不可避免的缺点，当会计环境尤其是通货膨胀率和资本成本率较大时，这种方法无法真实反映资产的价值。正因为如此，有人主张以现时重置成本来代替历史成本作为固定资产的计价依据。但是，由于现时重置成本也是经常变化的，具体操作也相当复杂，因此，我国会计制度仍然采用历史成本来对固定资产进行计价。

2. 按重置价值计价

又称按重置完全价值计价，按现时重置成本计价，即按现有的生产能力、技术标准，重新购置同样的固定资产所需要付出的代价作为资产的入账价值。

3. 按折余价值计价

是指按固定资产原始价值或重置完全价值减去已计提折旧后的净额作为入账价值。它可以反映企业占用在固定资产上的资金数量和固定资产的新旧程度。

（二）固定资产价值的构成

固定资产在取得时，应按取得时的成本入账。取得时的成本包括买价、进口关税、运输和保险等相关费用，以及为使固定资产达到预定可使用状态前所必要的支出。《国际会计准则第 16 号——不动产、厂场和设备》规定：固定资产项目的成本包括其买价、进口关税和不能返还的购货税款以及为使这项资产达到预定使用状态所需要支付的直接可归属成本。计算买价时，应扣除一切商业折扣和回扣。直接可归属成本的项目有以下各项：（1）场地整理费；（2）初始运输和装卸费；（3）安装费用；（4）专业人员（如建筑师、工程师）服务费；（5）估计资产拆卸搬移费及场地清理费，这些费用的确认应以《国际会计准则第 23 号——准备、或有负债和或有资产》所确认的准备为限。

固定资产取得时的成本应当根据具体情况分别确定：

1. 购入的不需要经过建造过程即可使用的固定资产，按实际支付的买价、包装费、运输费、安装成本、交纳的有关税金等，作为入账价值。从国外进口的固定资产，其原始成本还应包括按规定支付的关税等。

外商投资企业因采购国产设备而收到税务机关退还的增值税款，冲减固定资产的入账价值。

2. 自行建造的固定资产，按建造该项资产达到预定可使用状态前所发生的全部支出，作为入账价值。包括资本化的借款费用。

3. 投资者投入的固定资产，按投资各方确认的价值，作为入账价值。

4. 融资租入的固定资产，按租赁开始日租赁资产的原账面价值与最低租赁付款额的现值两者中较低者，作为入账价值。如果融资租赁资产占企业资产总额比例等于或小于 30% 的，在租赁开始日，企业也可按最低租赁付款额，作为固定资产的入账价值。最低租赁付款额，是指在租赁期内，承租人应支付或可能要求支付的各种款项（不包括或有租金和履约成本），加上由承租人或与其有关的第三方担保的资产余值；若预计承租人将会在租赁期满以某价格购买此固定资产，则还包括该买价。

5. 在原有固定资产的基础上进行改建、扩建的，按原固定资产的账面价值，加上由于改建、扩建而使该项资产达到预定可使用状态前发生的支出，减去改建、扩建过程中发生的变价收入，作为入账价值。

6. 企业接受的债务人以非现金资产抵偿债务方式取得的固定资产，或以应收债权换入固定资产的，按应收债权的账面价值加上应支付的相关税费，作为入账价值。涉及补价的，按以下规定确定受让的固定资产的入账价值：

（1）收到补价的，按应收债权的账面价值减去补价，加上应支付的相关税费，作为入账价值。

（2）支付补价的，按应收债权的账面价值加上支付的补价和应支付的相关税费，作为入账价值。

7. 以非货币性交易换入的固定资产，按换出资产的账面价值加上应支付的相关税费，作为入账价值。涉及补价的，按以下规定确定换入固定资产的入账价值：

（1）收到补价的，按换出资产的账面价值加上应确认的收益和应支付的相关税费减去补价后的余额，作为入账价值；

应确认的收益 = 补价 ×（换出资产的公允价值 – 换出资产的账面价值）÷ 换出资产的公允价值

（2）支付补价的，按换出资产的账面价值加上应支付的相关税费和补价，作为入账价值。

8. 接受捐赠的固定资产，应按以下规定确定其入账价值：

（1）捐赠方提供了有关凭据的，按凭据上标明的金额加上应支付的相关税费，作为入账价值。

（2）捐赠方没有提供有关凭据的，按如下顺序确定其入账价值：同类或类似固定资产存在活跃市场的，按同类或类似固定资产的市场价格估计的金额，加上应支付的相关税费，作为入账价值；同类或类似固定资产不存在活跃市场的，按该接受捐赠的固定资产的预计未来现金流量现值，作为入账价值。

（3）如受赠的系旧的固定资产，按照上述方法确定的价值，减去按该项资产的新旧程度估计的价值损耗后的余额，作为入账价值。

9. 盘盈的固定资产，按同类或类似固定资产的市场价格，减去按该项资产的新旧程度估计的价值损耗后的余额，作为入账价值。

10. 经批准无偿调入的固定资产，按调出单位的账面价值加上发生的运输费、安装费等相关费用，作为入账价值。

此外，还要注意以下四点：

（1）固定资产的入账价值中，应当包括企业为取得固定资产而缴纳的契税、耕地占用税、车辆购置税等相关税费；

（2）企业为购进固定资产所支付的增值税不能作为进项税额予以抵扣，应将所支付的增值税额计入所购进固定资产的成本之中；

（3）企业购置计算机硬件所附带的、未单独计价的软件，与所购置的计算机硬件一并作为固定资产管理；

（4）已达到预定可使用状态但尚未办理竣工决算手续的固定资产，可先按估计价值记账，待确定实际价值后再进行调整。

（三）有关固定资产计价的两个问题

1. 关于固定资产借款费用的处理

专为购建固定资产而借入的款项所发生的借款费用（包括利息、折价或溢价的摊销和辅助费用以及因外币借款而发生的汇兑差额）是否应计入固定资产成本，是固定资产计价的重要问题。《企业会计准则——借款费用》做了如下规定：

（1）以下三个条件同时具备时，因专门借款而发生的利息折价或溢价的摊销和汇兑差额应当开始资本化：①资本支出已经发生；②借款费用已经发生；③为使资产达到预定可使用状态所必要的构建活动已经开始。

资本支出只包括购建固定资产而以支付现金、转移非现金资产或者承担带息债务形式发生的支出。

（2）如果固定资产的购建活动发生正常中断，并且中断时间连续超过 3 个月，应当暂停借款费用的资本化，将其确认为当期费用，直至资产的购建活动重新开始。但如果中断是使购建的固定资产达到预定可使用状态所必要的程序，则借款费用的资本化应当继续进行。

（3）当所购建固定资产达到预定可使用状态时，应当停止其借款费用的资本化；以后发生的借款费用应当于发生当期确认为费用。

2. 关于固定资产价值的调整

固定资产的价值确定并入账以后，一般不得进行调整，但是在一些特殊情况下对已入账的固定资产的价值也可进行调整。这些情况包括：

（1）根据国家规定对固定资产价值重新估价；

（2）增加补充设备或改良装置；

（3）将固定资产的一部分拆除；

（4）根据实际价值调整原来的暂估价值；

（5）发现原记固定资产价值有错误。

第二节　固定资产的取得

企业拥有固定资产规模和质量，直接影响其生产能力及盈利能力。固定资产所占用的资金在企业总资金中占有的比例较大，且周转期长，合理有效地控制固定资产占用的资金对整个企业资金的周转、使用具有重要意义。企业对固定资产的需求量，取决于现有的生产规模、生产能力、企业产品在市场上的竞争能力和现代化程度等因素，特别是直接参与生产的机器设备，更应随生产任务、使用效率等的变化而做相应的调整。所以，企业是否要新增固定资产，采用何种方式增加，应权衡投资效益再做选择，以确保固定资产发挥最佳的效用。企业一旦决定增加固定资产投资，就面临选择何种投资方法的问题。

固定资产增加的方式多种多样，主要有购入、自建自制、接受投资、无偿调入、接受捐赠、融资租入、接受抵债、非货币性交易换入、盘盈、改建扩建等方式。

为核算企业的固定资产，设置“固定资产”账户，该账户反映企业固定资产的原价。其借方发生额，反映企业增加的固定资产的原价；其贷方发生额，反映企业减少的固定资产的原价；期末借方余额，反映企业期末固定资产的账面原价。企业应当设置“固定资产登记簿”和“固定资产卡片”，按固定资产类别、使用部门和每项固定资产进行明细核算。临时租入的固定资产。应当另设备查簿进行登记，不在本科目核算。

一、购入固定资产

购入不需要安装的固定资产，借记“固定资产”，按实际支付（含应支付，下同）

的价款，贷记“银行存款”等；购入需要安装的固定资产，先记入“在建工程”，安装完毕交付使用时再转入“固定资产”科目。

二、投资者投入固定资产

企业对接受投资者作价投入的固定资产，按投资各方确认的价值，借记“固定资产”科目;按投资方拥有被投资方的股权，贷记“实收资本”科目;按其差额，贷记“资本公积”科目。

三、无偿调入固定资产

企业按照有关规定并报经有关部门批准无偿调入的固定资产，按调出单位的账面价值加上新的安装成本、包装费、运杂费等，作为调入固定资产的入账价值。企业调入需要安装的固定资产，按调入固定资产的原账面价值以及发生的包装费、运杂费等，借记“在建工程”等科目；按调入固定资产的原账面价值，贷记“资本公积——无偿调入固定资产”科目；按所发生的支出，贷记“银行存款”等科目；发生的安装费用，借记“在建工程”等科目，贷记“银行存款”“应付工资”等科目。工程达到可使用状态时，按工程的实际成本，借记“固定资产”科目，贷记“在建工程”科目。

四、接受捐赠固定资产

接受捐赠的固定资产，按确定的入账价值，借记“固定资产”科目；按未来应交的所得税，贷记“递延税款”科目；按确定的入账价值减去未来应交所得税后的余额，贷记“资本公积”科目；按应支付的相关税费，贷记“银行存款”等科目。

外商投资企业接受捐赠的固定资产，按确定的入账价值，借记“固定资产”科目；按应计入待转资产价值的金额，贷记“待转资产价值”科目；按应支付的相关税费，贷记“银行存款”等科目。

五、租入固定资产

企业在生产经营过程中，由于生产经营的临时性或季节性需要，或出于融资等方面的考虑，对于生产经营所需的固定资产可以采用租赁的方式取得。租赁按其性质和形式的不同可分为经营租赁和融资租赁两种。融资租赁，是指实质上转移与资产所有权有关的全部风险和报酬的租赁。经营租赁，是指融资租赁以外的租赁。

（一）以经营租赁方式租入

采用经营租赁方式租入的资产，主要是为了解决生产经营的季节性、临时性的需要，并不是长期拥有，租赁期限相对较短；资产的所有权与租赁资产相关的风险和报酬仍归属出租方，企业只是在租赁期内拥有资产的使用权；租赁期满，企业将资产退还给出租方。

企业对以经营租赁方式租入的固定资产，不作为本企业的资产入账，当然也无需计提折旧。

（二）融资租入

融资租入的固定资产，应当单设明细科目进行核算。企业应在租赁开始日，按租赁开始日租赁资产的原账面价值与最低租赁付款额的现值两者中较低者作为入账价值，借记“固定资产”科目；按最低租赁付款额，贷记“长期应付款——应付融资租赁款”科目；按其差额，借记“未确认融资费用”科目。租赁期满，如合同规定将设备所有权转归承租企业，应进行转账，将固定资产从“融资租入固定资产”明细科目转入有关明细科目。

六、接受抵债固定资产

企业接受的债务人以非现金资产抵偿债务方式取得的固定资产，或以应收债权换入固定资产的，按应收债权的账面余额，贷记“应收账款”等科目，按该项应收债权已计提的坏账准备，借记“坏账准备”科目，按应支付的相关税费，贷记“银行存款”“应交税金”等科目，按下式计算的固定资产入账价值，借记“固定资产”科目：

收到补价的，固定资产入账价值 = 应收债权的账面价值 + 应支付的相关税费 − 补价

支付补价的，固定资产入账价值 = 应收债权的账面价值 + 应支付的相关税费 + 补价

按收到（或支付）的补价，借记（或贷记）“银行存款”等科目。

第三节　固定资产的自建与自制

自建、自制固定资产，是指企业自己建造房屋、其他建筑物及各种机器设备等。当企业有能力建造，或者当某项资产的建造成本明显低于其外构成本时，企业往往会选择自己施工筹建的方式取得该资产，以减少相应的费用开支，如自行建造房屋、自

制特殊需要的车床等。自行建造固定资产按是否由本企业组织施工人员施工，分为自营工程和出包工程；前者由本企业组织施工人员进行施工，而后者则是将工程项目发包给建造商，由建造商组织施工。

一、自营工程

（一）自行建造固定资产入账价值的确定

企业自行建造的固定资产（亦称在建工程），应按建造过程中所发生的全部支出确定其价值，包括所消耗的材料、人工、其他费用和缴纳的有关税金等，作为入账价值。设备安装工程，应把设备的价值包括在内。

工程达到预定可使用状态前因进行试运转所发生的净支出，计入工程成本。企业的在建工程项目在达到预定可使用状态前所取得的试运转过程中形成的能够对外销售的产品，其发生的成本，计入在建工程成本，销售或转为库存商品时，按实际销售收入或按预计售价冲减工程成本。

盘盈、盘亏、报废、毁损的工程物资，减去保险公司过失人赔偿部分后的差额，工程项目尚未完工的，计入或冲减所建工程项目的成本；工程已经完工的，计入当期营业外收支。在建工程发生单项或单位工程报废或毁损，减去残料价值和过失人或保险公司等赔款后的净损失，计入继续施工的工程成本；如为非常原因造成的报废或毁损，或在建工程项目全部报废或毁损，应将净损失直接计入当期营业外支出。

企业应当定期或者至少于每年年度终了，对在建工程进行全面检查，如果有证据表明在建工程已经发生了减值，应当计提减值准备。存在下列一项或若干项情况的，应当计提在建工程减值准备:（1）长期停建并且预计在未来3年内不会重新开工的在建工程;（2）所建项目无论在性能上，还是在技术上已经落后，并且给企业带来的经济利益具有很大的不确定性;（3）其他足以证明在建工程已经发生减值的情形。

所建造的固定资产已达到预定可使用状态，但尚未办理竣工决算的，应当自达到预定可使用状态之日起，根据工程预算造价或者工程实际成本等，按估计的价值转入固定资产，并按本制度关于计提固定资产折旧的规定，计提固定资产的折旧。待办理了竣工决算手续后再做调整。

（二）会计处理

为了对企业自行建造固定资产进行全面准确的核算，设置“工程物资”“在建工程”“在建工程减值准备”账户。

1. 工程物资

企业为在建工程准备的各种物资，应当按照实际支付的买价、增值税额、运输费、保险费等相关费用，作为实际成本，并按照各种专项物资的种类进行明细核算。企业的工程物资，包括为工程准备的材料、尚未交付安装的需要安装设备的实际成本，以及预付大型设备款和基本建设期间根据项目概算购入为生产准备的工具及器具等的实际成本。企业购入不需要安装的设备，应当在“固定资产”科目核算，不在本科目核算。

本科目应当设置以下明细科目：（1）专用材料；（2）专用设备；（3）预付大型设备款；（4）为生产准备的工具及器具。

企业购入为工程准备的物资，应按实际成本和专用发票上注明的增值税额，借记本科目（专用材料、专用设备），贷记“银行存款”“应付账款”“应付票据”等。企业为购置大型设备而预付款时，借记本科目（预付大型设备款），贷记“银行存款”：收到设备并补付设备价款时，按设备的实际成本，借记本科目（专用设备），按预付的价款，贷记本科目（预付大型设备款），按补付的价款，贷记“银行存款”等。工程领用工程物资，借记“在建工程”，贷记本科目（专用材料等）；工程完工后对领出的剩余工程物资应当办理退库手续，并做相反的账务处理。工程完工，将为生产准备的工具及器具交付生产使用时，应按实际成本，借记“低值易耗品”，贷记本科目（为生产准备的工具及器具）。工程完工后剩余的工程物资，如转作本企业存货的，按原材料的实际成本或计划成本，借记“原材料”，按可抵扣的增值税进项税额，借记“应交税金——应交增值税（进项税额）”，按转入存货的剩余工程物资的账面余额，贷记本科目；如工程完工后剩余的工程物资对外出售的，应先结转工程物资的进项税额，借记“应交税金——应交增值税（进项税额）”，贷记本科目，出售时，应确认收入并结转相应的成本。

2. 在建工程

本科目核算企业进行基建工程、安装工程、技术改造工程、大修理工程等发生的实际支出，包括需要安装设备的价值。企业根据项目概算购入不需要安装的固定资产、为生产准备的工具器具、购入的无形资产及发生的不属于工程支出的其他费用等，不在本科目核算。本科目的期末借方余额，反映企业尚未完工的基建工程发生的各项实际支出。

本科目应当设置以下明细科目：（1）建筑工程；（2）安装工程；（3）在安装设备；（4）技术改造工程；（5）大修理工程；（6）其他支出。

企业自营的基建工程，领用工程用材料物资时，应按实际成本，借记本科目（建筑工程、安装工程等——××工程），贷记“工程物资”；基建工程领用本企业原材料的，应按原材料的实际成本加上不能抵扣的增值税进项税额，借记本科目（建筑工程、安装工程等——××工程），按原材料的实际成本或计划成本，贷记“原材料”，按不能抵扣的增值税进项税额，贷记“应交税金——应交增值税（进项税额转出）”。采用计划成本进行材料日常核算的企业，还应当分摊材料成本差异。基建工程领用本企业的商品产品时，按商品产品的实际成本（或进价）或计划成本（或售价）加上应交的相关税费，借记本科目（建筑工程、安装工程——××工程），按应交的相关税费，贷记“应交税金——应交增值税（销项税额）”等，按库存商品的实际成本（或进价）或计划成本（或售价），贷记“库存商品”。库存商品采用计划成本或售价的企业，还应当分摊成本差异或商品进销差价。基建工程应负担的职工工资，借记本科目（建筑工程、安装工程——××工程），贷记“应付工资”。企业的辅助生产部门为工程提供的水、电、设备安装、修理、运输等劳务，应按月根据实际成本，借记本科目（建筑工程、安装工程等——××工程），贷记“生产成本——辅助生产成本”等。

基建工程发生的工程管理费、征地费、可行性研究费、临时设施费、公证费、监理费等，借记本科目（其他支出），贷记“银行存款”等；基建工程应负担的税金，借记本科目（其他支出），贷记“银行存款”等。

由于自然灾害等原因造成的单项工程或单位工程报废或毁损，减去残料价值和过失人或保险公司等赔款后的净损失，报经批准后计入继续施工的工程成本，借记本科目（其他支出）科目，贷记本科目（建筑工程、安装工程等——××工程）；如为非正常原因造成的报废或毁损，或在建工程项目全部报废或毁损，应将其净损失直接计入当期营业外支出。工程物资在建设期间发生的盘亏、报废及毁损，其处置损失，报经批准后，借记本科目，贷记“工程物资”；盘盈的工程物资或处置收益，做相反的账务处理。

基建工程达到预定可使用状态前进行负荷联合试车发生的费用，借记本科目（其他支出），贷记“银行存款”“库存商品”等；获得的试车收入或按预计售价将能对外销售的产品转为库存商品的，做相反的账务处理。

基建工程完工后应当进行清理，已领出的剩余材料应当办理退库手续，借记“工程物资”，贷记本科目。

基建工程完工交付使用时，企业应当计算各项交付使用固定资产的成本，编制交付使用固定资产明细表。

企业应当设置“在建工程其他支出备查簿”，专门登记基建项目发生的构成项目概算内容但不通过“在建工程”科目核算的其他支出，包括按照建设项目概算内容购置的不需要安装设备、现成房屋、无形资产以及发生的递延费用等。企业在发生上述支出时，应当通过“固定资产”“无形资产”和“长期待摊费用”科目核算。但同时应在“在建工程——其他支出备查簿”中登记。

3. 在建工程减值准备

为核算企业的在建工程减值准备，设置“在建工程减值准备”科目。企业发生在建工程减值时，借记“营业外支出——计提的在建工程减值准备”，贷记本科目；如已计提减值准备的在建工程价值又得以恢复，应在原已提减值准备的范围内转回，借记本科目，贷记“营业外支出——计提的在建工程减值准备”。本科目期末贷方余额，反映企业已提取的在建工程减值准备。

二、出包工程

企业采用出包方式进行的自制、自建固定资产工程，“在建工程”账户实际上成为企业与承包单位的结算账户，企业将与承包单位结算的工程价款作为工程成本，通过“在建工程”账户进行核算。

企业发包的基建工程，应于按合同规定向承包企业预付工程款、备料款时，按实际支付的价款，借记“在建工程”科目（建筑工程、安装工程等——××工程），贷记“银行存款”科目；以拨付给承包企业的材料抵作预付备料款的，应按工程物资的实际成本，借记“在建工程”科目（建筑工程、安装工程等——×工程），贷记“工程物资”科目；将需要安装设备交付承包企业进行安装时，应按设备的成本，借记“在建工程”科目（在安装设备），贷记“工程物资”科目；与承包企业办理工程价款结算时，补付的工程款，借记“在建工程”科目（建筑工程、安装工程等——××工程），贷记“银行存款”等科目。

第四节　固定资产的折旧

固定资产折旧，是指固定资产在使用过程中，逐渐损耗而消失的那部分价值。固定资产损耗的这部分价值，应当在固定资产的有效使用年限内进行分摊，形成折旧费用，计入各期成本。

一、折旧的性质及计提范围

（一）折旧的性质

固定资产在长期使用过程中，实物形态保持不变，但因使用、磨损及陈旧等原因会发生各种有形和无形的损耗。有形损耗对使用中的固定资产而言，产生于物质磨损；不使用的固定资产也可能发生损耗，如自然气候条件的侵蚀及意外毁损造成的损耗。无形损耗是因技术进步、市场变化、企业规模改变等原因引起的。有的资产因陈旧、不适应大规模生产发展的需要，而导致在其耐用年限届满前退废。

固定资产的服务能力随着时间的推移逐步消逝，其价值也随之发生损耗，企业应采用系统合理的方法，将其损耗分摊到各经营期，记作每期的费用，并与当期营业收入相配比。固定资产的成本随着逐期分摊，转移到它所生产的产品或提供的劳务中去，这个过程即为计提折旧，每期分摊的成本称为折旧费用。

企业应当根据固定资产的性质和消耗方式，合理地确定固定资产的预计使用年限和预计净残值，并根据科技发展、环境及其他因素，选择合理的固定资产折旧方法，按照管理权限，经股东大会或董事会，或经理（厂长）会议或类似机构批准，作为计提折旧的依据。按照法律、行政法规的规定报送有关各方备案，并备置于企业所在地，以供投资者等有关各方查阅。企业已经确定并报送，或备置于企业所在地的有关固定资产预计使用年限和预计净残值、折旧方法等，一经确定不得随意变更；如需变更，仍然应当按照上述程序，经批准后报送有关各方备案，并在会计报表附注中予以说明。

《国际会计准则第 16 号——不动产、厂场和设备》规定：固定资产项目的应折旧金额应当在其使用寿命内系统地摊销，所使用的折旧方法应能反映企业消耗该资产所含经济利益的方式。每期的折旧额应确认为费用，除非将其计入另一项资产的账面金额。

我国《企业会计准则——固定资产》规定：折旧是指在固定资产的使用寿命内，按照确定的方法对应计折旧额进行的系统分摊。其中，应计折旧额，是指应当计提折旧的固定资产的原价扣除其预计净残值后的余额；如果已对固定资产计提减值准备，还应当扣除已计提的固定资产减值准备累计金额。使用寿命，是指固定资产预期使用的期限。有些固定资产的使用寿命也可以用该资产所能生产的产品或提供的服务的数量来表示。

（二）折旧的范围

固定资产因使用会发生实物磨损，所以使用中的固定资产（如机器设备）均需计提折旧；考虑到无形损耗的原因，对一些未使用、不需用的固定资产，仍应计提折旧，房屋和建筑物不管是否使用均计提折旧；以融资租赁方式租入的固定资产，应当比照自有固定资产进行会计处理，故亦要计提折旧。

具体来讲，企业的下列固定资产应当计提折旧：

（1）房屋和建筑物；

（2）在用的机器设备、仪器仪表、运输工具、工具器具；

（3）季节性停用、大修理停用的固定资产；

（4）融资租入和以经营租赁方式租出的固定资产。

下列固定资产不计提折旧：

（1）房屋、建筑物以外的未使用、不需用固定资产；

（2）以经营租赁方式租入的固定资产；

（3）已提足折旧继续使用的固定资产；

（4）按规定单独估价作为固定资产入账的土地。

已达到预定可使用状态的固定资产，尚未办理竣工决算的，应按估计价值暂估入账，并计提折旧；待办理了竣工决算手续后，再按照实际成本调整原来的暂估价值，同时调整原已计提的折旧额。

已提足折旧的固定资产，如可继续使用，不再计提折旧；提前报废的固定资产，未提足的折旧不再补提折旧。所谓提足折旧，是指已经提足该项固定资产应提的折旧总额。应提的折旧总额为固定资产原价减去预计残值加上预计清理费用。

我国《企业会计准则——固定资产》规定：除以下两种情况外，企业应对所有固定资产计提折旧：（1）已提足折旧可继续使用的固定资产；（2）按规定单独估价作为固定资产入账的土地。

二、影响折旧的因素

固定资产折旧的计算，涉及固定资产原值、预计净残值、估计使用年限和折旧方法四个要素。

1. 固定资产原值

是固定资产取得时的实际成本，其价值的确定在第二节中已述。

2. 预计净残值

指固定资产在报废时，预计残料变价收入扣除清算时清算费用后的净值，也称预计净残值。实物中常用固定资产原值的一定百分比估算。在计算折旧时，把固定资产原值减去估计残值后的余额称为折旧基数或折旧总额。

3. 估计使用年限

在估计时应同时考虑有形损耗和无形损耗，即实物的使用寿命和与经济效用等有关的技术寿命。在科学技术飞速发展的今天，技术密集型企业应更多地考虑无形损耗，合理估计使用年限。

《国际会计准则第 16 号——不动产、厂场和设备》规定：固定资产项目的使用寿命应定期地进行复核，如果预期数与原先的估计数相差很大，则应对本期和将来各期的折旧金额进行调整。

我国《企业会计准则——固定资产》规定：企业在确定固定资产的使用寿命时，主要应当考虑下列因素：（1）该资产的预计生产能力或实物产量；（2）该资产的有形损耗，如设备使用中发生磨损、房屋建筑物受到自然侵蚀等；（3）该资产的无形损耗，如因新技术的出现而使现有的资产技术水平相对陈旧、市场需求变化使产品过时等；

（4）有关资产使用的法律或者类似的限制。

我国《企业会计准则——固定资产》规定：企业应当根据固定资产的性质和使用情况，合理确定固定资产的使用寿命和预计净残值。除下述定期复核引起使用寿命改变外，固定资产的使用寿命、预计净残值一经选定，不得随意调整。企业应当定期对固定资产的使用寿命进行复核。如果固定资产使用寿命的预期数与原先的估计数有重大差异，则应当相应调整固定资产折旧年限。

4. 折旧方法

不同经营规模，不同性质的企业可根据各自的特点选择相应的折旧方法，比较合理地分摊固定资产的应计折旧总额，反映本单位固定资产的实际使用现状。企业一旦选定了某种折旧方法，应该在相当一段时间内保持不变，除非折旧方法的改变能够提供更可靠的会计信息。在特定会计期，折旧方法的变更应在报表附注中加以说明。

《国际会计准则第 16 号——不动产、厂场和设备》规定：应用于固定资产的折旧方法，应该定期地加以复核。如果资产经济利益的预期实现方式有重大改变，折旧方法也应相应地改变以反映这种方式的改变。如果这种折旧方法的改变是必要的，这种改变应作为会计估计变更进行会计处理，本期和未来期间的折旧金额应加以调整。

我国《企业会计准则——固定资产》规定：企业应当根据固定资产所含经济利益预期实现方式选择折旧方法，可选用的折旧方法包括年限平均法、工作量法、双倍余额递减法或者年数总和法。除下述定期复核引起折旧方法改变外，折旧方法一经选定，不得随意调整。企业应当定期对固定资产的折旧方法进行复核。如果固定资产包含的经济利益的预期实现方式有重大改变，则应当相应改变固定资产折旧方法。

计算折旧的四大要素中，除原始成本比较容易确定外，残值和使用年限为估计数，又受到折旧方法选择的影响，其计算结果难免不够精确。

三、折旧方法

固定资产的折旧方法有很多种，如直线法、加速折旧法等，我国会计制度规定，企业可以采用直线法计提折旧，在有关部门批准的前提下，也可以采用加速折旧法。

（一）直线法

直线法，具体又有年限平均法和工作量法两种。

1. 年限平均法

是各种折旧方法中最简单的一种。固定资产折旧总额在使用年限内平均分摊，每期的折旧额相等。

计算公式表示如下：

年折旧额 =(固定资产原值 − 预计净残值) ÷ 估计使用年限

年折旧率 =(1 − 预计净残值率) ÷ 估计使用年限

其中，预计净残值率 = 预计净残值 ÷ 固定资产原值

月折旧率 = 年折旧率 ÷ 12

月折旧额 = 固定资产原值 × 月折旧率

我国固定资产折旧一般采用年限平均法，这种方法最大的优点是计算简便。但是，它只考虑固定资产的估计使用时间，而忽略了实际使用的现状。固定资产使用早期，其工作效率相对较高，发生的维修保养费少；后期固定资产工作效率相对较低，发生的维修保养费逐步增加。在整个使用期内，各期费用总额分布均匀，呈递增趋势，而固定资产工作效率呈递减趋势。在其他因素不变的情况下，利润逐年递减。采用年限平均法，不能反映资产的实际使用情况，从而影响到决策者对财务信息的分析判断。

2. 工作量法

是将固定资产的总折旧额按其估计工作总量（如总生产量、总工作小时等）平均分摊，以求得单位工作量应负担折旧额。

采用年限平均法尽管在实际操作中比较简单，但由于无形损耗的存在，固定资产可能在估计使用年限届满前甚至早期即遭淘汰，导致大部分成本无法通过折旧收回，企业将面临一定的损失。

（二）加速折旧法

加速折旧法是在固定资产使用早期多提折旧，在使用后期少提折旧的一种方法。这种处理的理论依据是，固定资产在使用早期，提供的服务多，为企业创造的效益高；后期随着实物磨损程度加剧，提供的服务量减少，而修理费用增加。如果在资产使用过程中折旧的计提逐年递减，可使固定资产在各年承担的总费用接近，利润平稳。这也弥补了年限平均法的局限。在加速折旧法下，由于早期计提了较多的折旧，即使固定资产提前报废，其成本于前期基本已收回，也不会造成过多损失。加速折旧法主要有双倍余额递减法和年数总和法两种。下面分述。

1. 双倍余额递减法

这一方法下，固定资产的折旧率为年限平均法折旧率的 2 倍，账面价值同样随着每期计提的折旧而减少。每期应计提的折旧计算为：

年折旧额 = 递减的账面价值 × 年折旧率 = 递减的账面价值 ×2 ÷ 折旧年限

其中，第一年的账面价值为固定资产的原始成本（不减估计残值）。

值得注意的是，在固定资产使用的后期，如果期末账面价值扣除预计净残值后的余额，采用直线法在剩余年限内的计提的折旧额，比继续使用双倍余额递减法计提的

折旧额大，从该会计期开始必须改用直线法。

2. 年限积数法

也称年数总和法，是将固定资产应计提的折旧总额按递减的折旧率计算每期的折旧额。

用公式可表示为：

年折旧额 =(固定资产原值 – 估计残值)× 递减的折旧率

折旧率为分数，分母是根据固定资产估计使用年限计算的积数，分子是固定资产尚可使用的年数，即从使用年限起依次递减的自然数。用公式表示为：

年折旧率 = 尚可使用年数 ÷ 预计使用年限的年数总和

=(预计使用年限 – 已使用年限) ÷ [预计使用年限 ×(预计使用年限 +1) ÷ 2]

企业一般是按月提取折旧。当月增加的固定资产，当月不提折旧；从下月起计提折旧；当月减少的固定资产，当月照提折旧，从下月起不提折旧。实际中常用的计算公式是：

固定资产月折旧额 = 上月计提的固定资产折旧额 + 上月增加固定资产应计提折旧额 – 上月减少固定资产应计提折旧额

为核算企业固定资产的累计折旧，设置“累计折旧”账户。本科目期末贷方余额，反映企业提取的固定资产折旧累计数。企业按月计提的固定资产折旧，借记“制造费用”“营业费用”“管理费用”“其他业务支出”等科目，贷记“累计折旧”科目。

借：制造费用（生产用固定资产计提的折旧）

营业费用（销售等用固定资产计提的折旧）

管理费用（管理部门用固定资产计提的折旧）

其他业务支出（出租等用固定资产计提的折旧）

应付福利费（福利部门用固定资产计提的折旧）

外商投资企业采购的国产设备退还的增值税款，在设备达到预定可使用状态前收到的，冲减设备的成本，借记“银行存款”科目，贷记“在建工程”等科目；如果采购的国产设备已达到预定可使用状态，应调整设备的账面原价和已提的折旧，借记“银行存款”科目，贷记“固定资产”科目；同时，冲减多提的折旧，借记“累计折旧”科目，贷记“制造费用”“管理费用”等科目。如果采购的国产设备已达到预定可使用状态，但税务机关跨年度退还增值税，则应相应调整设备的账面原价和已提的折旧，借记“银行存款”科目，贷记“固定资产”科目；同时，冲减多提的折旧，借记“累计折旧”科目，贷记“以前年度损益调整”科目。

第五节　固定资产使用中的支出

固定资产在使用过程中会发生各种支出，如为了恢复、改进固定资产的性能发生的维修费、保养费支出，固定资产因改建、扩建、增建等原因增加的支出，为了发挥固定资产潜力增加的支出等。这些开支发生时，关键要区分支出的性质，即资本性支出还是收益性支出，进而做出不同的账务处理。

一、影响固定资产数量方面的支出

固定资产因数量增加发生的支出，主要是用于增加企业固定资产实体及在原有基础上的扩建，如房屋加层、增设电子监控设备等。对新增的资产，因其受益期一般与估计使用年限相近，在一年以上，所以要把有关支出资本化。购建新固定资产时。把全部支出列为固定资产的成本，账务处理参照第二节有关内容。扩建时，把所付出的代价全部计入原资产的成本，在扩建过程中如涉及拆除一部分旧设施，在会计处理上通常不减去拆除旧资产的成本，扩建成本先在“在建工程”账户中归集，完工后一次转入原“固定资产”账户。

二、影响固定资产质量方面的支出

（一）换新

固定资产换新指调换原资产上陈旧或受损的项目，以恢复其应有的性能和生产能力，包括整个资产项目的换新和非经常性的大部件换新。换新后的资产并不提高质量或功能。由于换新项目大小不等，发生的费用在处理上也应有所区别。大型项目，非经常性大部件的更换，作为资本性支出处理，中、小项目的换新，可视同经常性修理，作为收益性支出处理。

（二）维修保养

为了使固定资产保持良好的使用状态，应进行日常的维护保养，如更换螺丝、弹簧，定期添加润滑剂等，这种支出费用较低，发生比较频繁，一般视为收益性支出，记为当期费用。

固定资产随着不断使用，实物磨损加剧，往往会发生局部的损坏，影响其使用效率。为恢复原有的性能，必须对固定资产定期或不定期地加以修理，使之处于正常运转状态。固定资产的修理，按范围的大小和间隔时间长短可分为大修理和中小修理两种。

大修理，是对固定资产进行局部更新，通常修理的范围大，间隔时间长，修理次数少，一次修理所花的费用较大。由于大修理费用发生不均匀，企业可采用预提或待摊的方法均衡成本。

中小修理，又称经常性修理，是为了维护和保持固定资产正常工作状态进行的修理工作，如更换零部件、排除故障等。其特点是修理范围小，间隔时间短，修理次数多，每次的修理费用少。一般将经常性修理作为收益性支出处理，在支出发生时计入当期费用。即按实际发生数额借记有关成本费用账户，贷记“银行存款”等科目。为了平衡各会计期的费用，或当中小修理费用较大时，也可采用摊销的方法。

值得注意的是，在实际操作上，中小修理、维护保养、换新等很难严格区分，企业应根据规模大小、资产的重要程度等实际情况区别对待。

（三）改良和改善

改良和改善支出主要用于改进固定资产的质量和功能。改良支出较大，能使固定资产的质量或功能有显著的提高，如安装中央空调以取代原有的取暖设施。固定资产改良工程上的所有支出均应作为资本性支出处理，计入资产的成本。在工程进程中，如有被替换的旧资产，则旧资产的成本应从原资产账户中转出。

固定资产改善一般支出较小，质量改进不显著，如一般照明设备的改进。凡属于这种支出的应视为收益性支出，计入本期损益。

我国《企业会计准则——固定资产》规定：与固定资产有关的后续支出，如果使可能流入企业的经济利益超过了原先的估计，如延长了固定资产的使用寿命，或者使产品质量实质性提高，或者使产品成本实质性降低，则应当计入固定资产账面价值，其增计金额不应超过该固定资产的可收回金额；否则，应当确认为费用。

第六节 固定资产减值

固定资产发生损坏、技术陈旧或其他经济原因，导致其可收回金额低于其账面净值，这种情况称之为固定资产减值。

企业应当在期末或者至少在每年年度终了，对固定资产逐项进行检查，如果由于市价持续下跌，或技术陈旧、损坏、长期闲置等原因导致其可收回金额低于账面价值的，应当将可收回金额低于其账面价值的差额作为固定资产减值准备。

固定资产减值准备应按单项资产计提。在资产负债表中，固定资产减值准备应当作为固定资产净值的减项反映。

如果企业的固定资产实质上已经发生了减值，应当计提减值准备。当固定资产存在下列情况之一时，应当按照该项固定资产的账面价值全额计提固定资产减值准备：

（1）长期闲置不用，在可预见的未来不会再使用，且已无转让价值；

（2）由于技术进步等原因，已不可使用；

（3）虽然固定资产尚可使用，但使用后产生大量不合格品；

（4）已遭毁损，以至于不再具有使用价值和转让价值；

（5）其他实质上已经不能再给企业带来经济利益的情况。

已全额计提减值准备的固定资产，不再计提折旧。

《国际会计准则第 36 号——资产减值》规定：在每一个资产负债表日，企业应评估是否存在资产可能已经减值的迹象。如果存在这种迹象，企业应估计资产的可收回金额。在估计资产是否存在减值的迹象时，企业至少应考虑下述迹象：

外部信息来源：

（1）资产的市价在当期大幅下跌，其跌幅大大高于因时间推移或正常使用而预计的下跌；

（2）技术、市场、经济或法律等企业经营环境，或是资产的营销市场，在当期发生或在近期将发生重大变化，对企业产生负面影响；

（3）市场利率或市场的其他投资回报率在当期已经提高，从而很可能影响企业计算资产使用价值时采用的折现率，并大幅度降低资产的可收回金额；

（4）报告企业的净资产账面金额大于其市场资本化金额。

内部信息来源：

（1）有证据表明资产已经陈旧过时或实体损坏；

（2）资产的使用或预计使用方式或程度已在当期发生或在近期将发生重大变化，对企业产生负面影响。这些变化包括计划终止或重组该资产所属的经营业务，或计划在以前的预定日期之前处置该资产；

（3）内部报告提供的证据表明，资产的经济绩效已经或将要比预期的差。

当资产的可收回金额小于其账面价值时，资产的账面价值应减记至可收回金额，减记的价值即为资产减值损失。

我国《企业会计准则——固定资产》规定：固定资产的减值是指，固定资产的可收回金额低于其账面价值。可收回金额，是指资产的销售净价与预期从该资产的持续使用和使用寿命结束时的处置中形成的现金流量的现值两者之中的较高者。其中销售净价是指，资产的销售价格减去处置资产所发生的相关税费后的余额。企业应当于期末对固定资产进行检查，如发现存在下列情况，应当计算固定资产的可收回金额，以确定资产是否已经发生减值:（1）固定资产市价大幅度下跌，其跌幅大大高于因时间推移或正常使用而预计的下跌，并且预计在近期内不可能恢复;（2）企业所处经营环境，如技术、市场、经济或法律环境，或者产品营销市场在当期发生或在近期将发生重大变化，并对企业产生负面影响;（3）同期市场利率等大幅度提高，进而很可能影响企业计算固定资产可收回金额的折现率，并导致固定资产可收回金额大幅度降低;（4）固定资产陈旧过时或发生实体损坏等;（5）固定资产预计使用方式发生重大不利变化，如企业计划终止或重组该资产所属的经营业务、提前处置资产等情形，从而对企业产生负面影响;（6）其他有可能表明资产已发生减值的情况。

如果固定资产的可收回金额低于其账面价值，企业应当按可收回金额低于账面价值的差额计提固定资产减值准备，并计入当期损益。已计提减值准备的固定资产，应当按照该固定资产的账面价值以及尚可使用寿命重新计算确定折旧率和折旧额；如果已计提减值准备的固定资产价值又得以恢复，应当按照固定资产价值恢复后的账面价值，以及尚可使用寿命重新计算确定折旧率和折旧额。因固定资产减值准备而调整固定资产折旧额时，对此前已计提的累计折旧不做调整。如果有迹象表明以前期间据以计提固定资产减值的各种因素发生变化，使得固定资产的可收回金额大于其账面价值，则以前期间已计提的减值损失应当转回，但转回的金额不应超过原已计提的固定资产减值准备。

为核算企业提取的固定资产减值准备，设置“固定资产减值准备”账户。本账户按固定资产项目设置明细账。本账户期末贷记“余额”，反映企业已提取的固定资产减值准备。企业发生固定资产减值时，借记“营业外支出——计提的固定资产减值准备”科目，贷记本科目；如已计提减值准备的固定资产价值又得以恢复，应在原已提减值准备的范围内转回，借记本科目，贷记“营业外支出——计提的固定资产减值准备”科目。

第四章　财务会计无形资产管理分析

第一节　无形资产概述

一、无形资产的定义及其特点

无形资产，是指企业为生产商品或者提供劳务、出租给他人、或为管理目的持有的没有实物形态的非货币性长期资产。无形资产包括专利权、非专利技术、商标权、著作权、土地使用权、商誉等，它们或者表明企业所拥有的一种特殊权力，或者直接体现为帮助企业取得高于一般水平的收益。

《企业会计准则——无形资产》规定：无形资产可分为可辨认无形资产和不可辨认无形资产。可辨认无形资产包括专利权、非专利技术、商标权、著作权、土地使用权、特许权等，不可辨认无形资产是指商誉。

目前，国际上对无形资产的界定不完全一致。《国际会计准则第38号——无形资产》规定，无形资产指为用于商品或劳务的生产或供应、出租给其他单位、或为管理目的而持有的没有实物形态的可辨认无形资产。英国《财务报告准则第10号——商誉和无形资产》认为，无形资产指不具实物形态、可辨认、企业可控制的非金融性长期资产。美国正在对无形资产会计处理准则进行修订，所公布的征求意见稿认为，无形资产是指无实物形态的非流动资产（不包括金融资产），包括商誉。不难看出我国的无形资产概念与国际会计准则和英国会计准则中的无形资产概念存在一定差别，表现在我国的无形资产概念包括商誉。与美国征求意见稿中的无形资产概念相比，我国的无形资产概念与之基本一致。

无形资产具有下列特点：

1. 无实体性

无形资产一般是由法律或契约关系所赋予的权利，它没有实物形态，看不见摸不着，但其作用可以感觉得到。在某些高科技领域，无形资产往往显得更为重要。没有实物形态的资产不一定都是无形资产，如应收账款，所以不能单靠有无物质实体作为判断是不是无形资产的唯一标志，但无形资产一定是没有实物形态的。

需要指出的是，某些无形资产的存在有赖于实物载体。比如，计算机软件需要存储在磁盘中。但这并没有改变无形资产本身不具有实物形态的特性。

2. 未来效益的不确定性

无形资产能为企业带来长期效益，但它所能提供的未来经济效益具有很大的不确定性。如企业拥有一项专利权，它使企业在某项技术上拥有独占使用权，从而获得超过同类其他企业的经济利益。但是一旦有一项新的技术出现，它可以远远领先于企业的专利技术，那么企业来自该项专利的经济利益可能减少，甚至消失。无形资产的价值仅局限于特定的企业，在一个企业有用的无形资产不一定在其他企业拥有。并且也很难将无形资产的价值与特定的收入及特定的期间相联系，其不确定性远远超过其他资产。

3. 非独立性

大多数无形资产不能与企业或企业的有形资产相分离，只有与其他有形资产相结合，在企业生产经营中才能发挥作用。一个企业不可能只有无形资产，企业在未来取得的收益也很难区分是无形资产创造的还是有形资产创造的，通常是两者共同作用的结果。

4. 非流动性

无形资产能为企业连续提供一年以上的服务或利益，其成本不能在短期内得到充分补偿。企业持有无形资产不是为了出售而是为了生产经营，即利用无形资产来提供商品、提供劳务出租给他人，或为企业经营管理服务。软件公司开发的用于对外销售的计算机软件，对于购买方而言属于无形资产，而对于开发商而言却是存货。

二、无形资产的分类

无形资产可以按以下不同的标志进行分类：

1. 按可否辨认，无形资产可分为可辨认无形资产和不可辨认无形资产

可辨认无形资产是指那些具有相对独立性，可以个别地取得，或作为组成资产的一部分取得，或作为整个企业的一部分取得，可以单独转让或出售的无形资产，如特许权。但也存在特殊情况，即，虽然企业将其出售还需处置同一获利活动中的其他资产，该无形资产仍可能是可辨认的。比如，与地上附着物一同购入的土地使用权。

不可辨认无形资产是指那些不具有独立性，不能与企业整体或某项资产分离，不

能单独取得和转让或出售的无形资产，最典型的就是商誉。

2. 按不同的来源，无形资产可分为外部取得的无形资产和内部的无形资产

外部取得的无形资产是指从其他单位或个人购进的，或连同企业一并购进的，如外购的专利权、商誉等。

内部的无形资产是指企业自行研制开发并申请成功的无形资产，如自制的商标权、专利权等。

3. 按有无固定使用年限，无形资产可分为有固定使用年限的无形资产和无固定使用年限的无形资产

有固定使用年限的是指法律或合约规定有使用年限的无形资产，如特许权。无固定使用年限的是指法律和合约无法规定使用年限的无形资产，如商誉。

三、无形资产的确认

《企业会计准则——无形资产》规定：无形资产在满足以下两个条件时，企业才能加以确：

第一，该资产产生的经济利益很可能流入企业；

第二，该资产的成本能够可靠地计量。

某个项目要想确认为无形资产，首先必须符合无形资产的定义，其次还要符合以上两项条件。

1. 符合无形资产的定义

符合无形资产定义的重要表现之一，就是企业能够控制该无形资产产生的经济利益。这虽是企业一般资产所具有的特征，但对于无形资产来说，显得尤其重要。如果没有通过法定方式或合约方式认定企业所拥有的控制权，则说明相关的项目不符合无形资产的定义。比如，一支熟练的员工队伍、特定的管理或技术、一定的客户或市场份额，除非它们的利用及其未来能给企业带来的经济利益受到法定权利的保护，否则不应认为企业对其有足够的控制，因此也不能将它们认定为该企业的无形资产。

2. 产生的经济利益很可能流入企业

作为企业的无形资产，必须具备产生的经济利益很可能流入企业这项基本条件。实务中，要确定无形资产创造的经济利益是否很可能流入企业，需要实施职业判断。在判断无形资产产生的经济利益是否可能流入企业时，企业管理部门应对无形资产在预计使用年限内存在的各种因素做出稳健的估计。

3. 成本能够可靠地计量

成本能够可靠地计量是资产确认的一项基本条件。对于无形资产来说，这个条件

显得十分重要。企业自创商誉符合无形资产的定义，但自创商誉过程中发生的支出却难以计量，因而不能作为企业的无形资产予以确认。又比如，一些高科技企业的科技人才，假定其与企业签订了服务合同，且合同规定其在一定期限内不能为其他企业提供服务。在这种情况下，虽然这些科技人才的知识在规定的期限内预期能够为企业创造经济利益，但由于这些技术人才的知识难以辨认，加之为形成这些知识所发生的支出难以计量，从而不能作为企业的无形资产加以确认。

国际会计准则和其他国家或地区会计准则对无形资产确认都予以特别关注。《国际会计准则第 38 号》指出，企业将某项目确认为无形资产时，应能够证明该项目符合无形资产的定义，并同时符合以下条件：第一，归属于该资产的未来经济利益很可能流入企业；第二，该资产的成本能够可靠地计量。《国际会计准则第 38 号》特别强调，企业应使用合理并有证据的假定评价未来经济利益流入的可能性，这些假定应代表企业的管理层对资产使用寿命内将存在的一系列经济状况的最好估计。

在英国的会计实务中，对商誉和无形资产的确认所遵循的是英国会计准则委员会于 1999 年 12 月发布的原则公告。该公告指出，如果一项交易或其他事项产生了一项新资产或一项新负债，或导致一项现存资产或负债的增加，那么这种影响应在同时符合以下条件时予以确认：第一，存在表明新资产或负债已经产生的证据，或存在表明已增加现存资产或负债的证据；第二，新资产或负债或在现存资产或负债基础上增加的部分，能够以货币金额可靠地计量。

美国会计准则中没有关于专门确认无形资产的规定，相关的关于财务报表要素的确认原则如下:第一，符合定义，即要符合财务报表某一要素的定义;第二，可计量性，即具有一个相关的可计量属性，足以可靠地计量；第三，相关性，即有关信息在用户的决策中有重要作用；第四，可靠性，即信息是真实的、可核实的、无偏向的。

从形式上看，国际会计准则、英国会计准则及美国会计准则对无形资产确认条件存在一些不同，但从本质上看，它们并无实质上的区别。我国的会计准则与国际会计准则基本一致。

第二节　无形资产的核算

一、无形资产的增加

（一）无形资产的计价

企业的无形资产在取得时，应按取得时的实际成本计量。取得时的实际成本应按以下规定确定：

（1）购入的无形资产，按实际支付的价款作为实际成本。

国际会计准则、英国会计准则、美国会计准则对于购入的无形资产，都规定确认时按成本计量。但是，如果采用赊购的方法且延期支付的期限较长时，则规定对购入的无形资产通过折现的方法进行初始计量。

（2）投资者投入的无形资产，按投资各方确认的价值作为实际成本。但是，为首次发行股票而接受投资者投入的无形资产，应按该项无形资产在投资方的账面价值作为实际成本。

（3）企业接受的债务人以非现金资产抵偿债务方式取得的无形资产，或以应收债权换入无形资产的，按应收债权的账面价值加上应支付相关税费，作为实际成本。涉及补价的，按以下规定确定受让的无形资产的实际成本：①收到补价的，按应收债权的账面价值减去补价，加上应支付的相关税费，作为实际成本；②支付补价的，按应收债权的账面价值加上支付的补价和应支付的相关税费，作为实际成本。

（4）以非货币性交易换入的无形资产，按换出资产的账面价值加上应支付的相关税费，作为实际成本。涉及补价的，按以下规定确定换入无形资产的实际成本：

收到补价的，按换出资产的账面价值加上应确认的收益和应支付的相关税费减去补价后的余额，作为实际成本；

应确认的收益 = 补价 ×（换出资产的公允价值 − 换出资产的账面价值）÷ 换出资产的公允价值

支付补价的，按换出资产的账面价值加上应支付的相关税费和补价，作为实际成本。

国际会计准则和美国会计准则对于非货币性交易换入的无形资产，在进行初始计量时，都区分交易的性质，根据其是属于同类非货币性交易还是属于非同类非货币性交易，从而采取不同的处理方法。我国不做这样的区分。英国会计准则对此没有专门的规定。

（5）接受捐赠的无形资产，应按以下规定确定其实际成本：

①捐赠方提供了有关凭据的，按凭据上标明的金额加上应支付的相关税费，作为实际成本。

②捐赠方没有提供有关凭据的，按如下顺序确定其实际成本：①同类或类似无形资产存在活跃市场的，按同类或类似无形资产的市场价格估计的金额，加上应支付的相关税费，作为实际成本；同类或类似无形资产不存在活跃市场的，按该接受捐赠的无形资产的预计未来现金流量现值，作为实际成本。

（6）自行开发并按法律程序申请取得的无形资产，按依法取得时发生的注册费、聘请律师费等费用，作为无形资产的实际成本。在研究与开发过程中发生的材料费用、直接参与开发人员的工资及福利费、开发过程中发生的租金、借款费用等，直接计入当期损益。

已经计入各期费用的研究与开发费用，在该项无形资产获得成功并依法申请取得权利时，不得再将原已计入费用的研究与开发费用资本化。

（7）企业购入的土地使用权，或以支付土地出让金方式取得的土地使用权，按照实际支付的价款作为实际成本，并作为无形资产核算；待该项土地开发时再将其账面价值转入相关在建工程（房地产开发企业将需开发的土地使用权账面价值转入存货项目）。

（二）会计处理

为核算企业的无形资产，设置“无形资产”科目。本科目应按无形资产类别设置明细账，进行明细核算。本科目的期末借方余额，反映企业已入账但尚未摊销的无形资产的摊余价值。企业自创的商誉，以及未满足无形资产确认条件的其他项目，不能作为企业的无形资产，不在本科目内反映。具体的账务处理如下：

（1）购入的无形资产，按实际支付的价款，借记“无形资产”，贷记“银行存款”等。

（2）投资者投入的无形资产，按投资各方确认的价值，借记“无形资产”，贷记“实收资本”或“股本”等。为首次发行股票而接受投资者投入的无形资产，应按该项无形资产在投资方的账面价值，借记“无形资产”，贷记“实收资本”或“股本”等。

（3）企业接受的债务人以非现金资产抵偿债务方式取得的无形资产，或以应收债权换入无形资产的，按应收债权的账面价值加上应支付的相关税费，借记“无形资产”，按该项债权已计提的坏账准备，借记“坏账准备”，按应收债权的账面余额，贷记“应收账款”等，按应支付的相关税费，贷记“银行存款”“应交税金”等。涉及补价的，分别情况处理：

①收到补价的，按应收债权的账面价值减去补价，加上应支付的相关税费，借记“无

形资产”，按收到的补价，借记“银行存款”等，按该项债权已计提的坏账准备，借记“坏账准备”，按应收债权的账面余额，贷记“应收账款”等，按应支付的相关税费，贷记“银行存款”“应交税金”等。

②支付补价的，按应收债权的账面价值加上支付的补价和应支付的相关税费，借记“无形资产”，按该项债权已计提的坏账准备，借记“坏账准备”，按应收债权的账面余额，贷记“应收账款”等，按支付的补价和相关税费，贷记“银行存款”“应交税金”等。

（4）接受捐赠的无形资产，按确定的实际成本，借记“无形资产”，按未来应交的所得税，贷记“递延税款”，按确定的价值减去未来应交所得税后的差额，贷记“资本公积”，按应支付的相关税费，贷记“银行存款”“应交税金”等。

（5）自行开发并按法律程序申请取得的无形资产，按依法取得时发生的注册费、聘请律师费等费用，借记“无形资产”，贷记“银行存款”等。

企业在研究与开发过程中发生的材料费用、直接参与开发人员的工资及福利费、开发过程中发生的租金、借款费用等，直接计入当期损益，借记“管理费用”，贷记“银行存款”等。

（6）企业通过非货币性交易取得的无形资产，比照以非货币性交易取得的固定资产的相关规定进行处理。

二、无形资产的后续支出

无形资产的后续支出，是指无形资产入账后，为确保该无形资产能够给企业带来预定的经济利益而发生的支出，比如相关的宣传活动支出。由于这些支出仅是为了确保已确认的无形资产能够为企业带来预定的经济利益，因而应在发生当期确认为费用。

《国际会计准则第 38 号》指出，无形资产后续支出应在发生时确认为费用，除非满足以下条件：第一，该支出很可能使资产产生超过原来预定绩效水平的未来经济利益；第二，该支出能够可靠地计量和分摊至该资产。同时指出，商标、刊头、报刊名、客户名单和实质上类似的项目（不论是外部购入的还是内部产生的）所发生的后续支出，只能确认为费用，以避免确认自创商誉。

《英国财务报告准则第 10 号》没有特别提及无形资产后续支出。美国会计准则也没有特别就无形资产后续支出如何处理提供指南，在实务处理中，对于可辨认无形资产，允许资本化的后续支出通常仅限于那些能够延长无形资产使用寿命的支出。

三、无形资产的摊销

无形资产应当自取得当月起在预计使用年限内分期平均摊销，计入损益。如预计使用年限超过了相关合同规定的受益年限或法律规定的有效年限，该无形资产的摊销年限按如下原则确定：

（1）合同规定受益年限但法律没有规定有效年限的，摊销年限不应超过合同规定的受益年限；

（2）合同没有规定受益年限但法律规定有效年限的，摊销年限不应超过法律规定的有效年限；

（3）合同规定了受益年限，法律也规定了有效年限的，摊销年限不应超过受益年限和有效年限二者之中较短者；

（4）如果合同没有规定受益年限，法律也没有规定有效年限的，摊销年限不应超过 10 年。

摊销无形资产价值时，借记“管理费用——无形资产摊销”，贷记“无形资产”。

无形资产应否摊销以及如何摊销，在国际上素有争论。以下是国际会计准则及美国、英国的会计准则中的一些观点：

1. 无形资产应否摊销

国际会计准则要求将无形资产按系统方法予以摊销。

英国财务报告准则虽然主张对无形资产进行摊销，但同时对那些被认为具有无限使用寿命的商誉或无形资产不要求进行摊销。

美国会计准则要求对包括商誉在内的无形资产进行摊销。不过，值得注意的是，美国财务会计准则委员会正在对涉及无形资产的公认会计原则进行修订，最新的建议认为，商誉不应予以摊销，替而代之的是定期对其进行减值测试。

2. 摊销年限

《国际会计准则第 38 号》指出，无形资产的应折旧金额应在其使用寿命的最佳估计期限内系统地摊销。同时指出，只有在极少情况下，才可能存在令人信服的证据表明某项无形资产的使用寿命是长于 20 年的特定期间；一般情况下，无形资产的使用寿命不超过 20 年。

3. 摊销方法

《国际会计准则第 38 号》认为，企业用于摊销无形资产的方法应反映消耗该无形资产的方式，比如直线法、余额递减法和生产总量法等。但是，有时企业并不能很好地确定其消耗无形资产所内含的经济利益的方式。对此，国际会计准则认为，应采用直线法。英国会计准则与国际会计准则的规定基本一致。美国会计准则没有硬性地规定企业应采用直线法或是其他方法来摊销无形资产。

4. 残值

《国际会计准则第 38 号》认为，无形资产的残值应假定为零，除非其符合以下任何一项条件：第一，由第三方承诺在无形资产使用寿命结束时购买该无形资产；第二，该无形资产存在活跃市场，其残值可以根据该市场信息确定，并且这种市场在该无形资产的使用寿命末很可能存在。

《英国财务报告准则第 10 号》认为，会计实务中，无形资产的残值通常是不大的；只有出现以下情况时，残值才可能是较大的：第一，在无形资产使用期限结束时依据合约权力可以收到一定数量的金额;第二,对残值存在一项易于确定的市场价值。为此，该公告指出，在摊销无形资产时，只有当残值可以可靠地计量时，才能考虑残值因素。对商誉而言，无残值可言。

我国会计准则认为，在进行无形资产摊销时不应考虑残值因素，即认为是零。

四、无形资产的减值

企业应当定期或者至少于每年年度终了，检查各项无形资产预计给企业带来未来经济利益的能力，对预计可收回金额低于其账面价值的，应当计提减值准备。当存在下列一项或若干项情况时，应当计提无形资产减值准备：

（1）某项无形资产已被其他新技术等所替代，使其为企业创造经济利益的能力受到重大不利影响；

（2）某项无形资产的市价在当期大幅下跌，在剩余摊销年限内预期不会恢复；

（3）某项无形资产已超过法律保护期限，但仍然具有部分使用价值；

（4）其他足以证明某项无形资产实质上已经发生了减值的情形。

当存在下列一项或若干项情况时，应当将该项无形资产的账面价值全部转入当期损益，借记“管理费用”，贷记“无形资产”：

（1）某项无形资产已被其他新技术等所替代，并且该项无形资产已无使用价值和转让价值；

（2）某项无形资产已超过法律保护期限，并且已不能为企业带来经济利益；

（3）其他足以证明某项无形资产已经丧失了使用价值和转让价值的情形。

为核算企业计提的无形资产减值准备，设置“无形资产减值准备”科目，该科目应按单项无形资产计提减值准备。期末，企业所持有的无形资产的账面价值高于其可收回金额的,应按其差额,借记“营业外支出——计提的无形资产减值准备”,贷记“无形资产减值准备”；如已计提减值准备的无形资产价值又得以恢复，应按已计提减值准备的范围内转回，借记“无形资产减值准备”，贷记“营业外支出——计提的无形资产减值准备”。本科目期末贷方余额，反映企业已提取的无形资产减值准备。

《国际会计准则第 38 号》没有直接对减值进行定义，而是对减值损失做了界定，即：减值损失是指资产的账面价值超过其可收回金额的金额。其中，资产的账面价值指资产负债表内确认的资产的金额减去相关累计摊销额和累计减值损失后的余额。

《英国财务报告准则第 10 号》指出，减值指固定资产包括有形固定资产和无形固定资产或商誉的可收回金额低于其账面价值引起的价值减少。

《美国财务会计准则公告第 121 号——长期资产减值与待处置长期资产的会计处理》指出，如果企业预期从长期资产的使用和最终处置获得的未折现的未来现金流量低于其账面价值，则说明该长期资产发生了减值。

从上述内容可以看出，尽管国际会计准则和英国会计准则对资产减值现象的描述有些不同，但实质却是一样的，而美国会计准则则有些不同。

五、无形资产的处置和报废

企业出售无形资产，按实际取得的转让收入，借记“银行存款”等，按该项无形资产已计提的减值准备，借记“无形资产减值准备”，按无形资产的账面余额，贷记“无形资产”，按应支付的相关税费，贷记“银行存款”“应交税金”等，按其差额，贷记“营业外收入——出售无形资产收益”或借记“营业外支出——出售无形资产损失”。

企业出租无形资产所取得的租金收入，借记“银行存款”等，贷记“其他业务收入”等；结转出租无形资产的成本时，借记“其他业务支出”，贷记“无形资产”。

企业用无形资产向外投资，比照非货币性交易的规定处理。

若预计某项无形资产已经不能给企业带来未来经济利益，应当将该项无形资产的账面价值全部转入管理费用。

《企业会计准则——无形资产》规定，企业在判断无形资产是否预期不能为企业带来经济利益时，应根据以下几项加以判断：第一，该无形资产是否已被其他新技术等所替代，且已不能为企业带来经济利益；第二，该无形资产是否不再受法律的保护，且不能给企业带来经济利益。

第三节 可辨认无形资产

一、专利权

专利权，是指国家专利主管机关依法授予发明创造专利申请人对其发明创造在法定期限内所享有的专有权利，包括发明专利权、实用新型专利权和外观设计专利权。

专利权是人们智力劳动的结果，也是最常见的知识产权的一种。为了保护发明创造，鼓励发明创造，有利于发明创造成果的推广使用，促进科学技术的发展，加速科技成果的商品化，适应社会主义市场经济的需要，我国在 1984 年颁发了《中华人民共和国专利法》，并于 1992 年 9 月对此做了修改。该法明确规定，专利权拥有人的专利受到国家法律的保护。申请专利，应按照法律程序进行，无论申请的是发明、实用新型还是外观设计，都应当具备新颖性、创造性和实用性三个条件。

专利权是否有价值应看其是否具有降低成本，或者提高产品质量，或者可以转让出去获得转让费收入，从而能给持有者带来经济利益等特点。专利权在会计上的核算包括以下几个方面：

（一）专利权取得成本的确定与核算

无形资产的计价也应遵循历史成本原则，即按取得无形资产时所发生的实际成本计价，包括必要的注册费、手续费和法律费等。自制的专利权理论上应包括在创造专利权过程中所发生的制图费、实验费、申请专利的法律登记费以及聘请律师费等，但是，由于自己创造的专利权不一定能够成功，为了谨慎起见，在研究与开发过程中发生的材料费用、直接参与开发人员的工资及福利费、开发过程中发生的租金、借款费用等，直接计入当期损益。

已经计入各期费用的研究与开发费用，在该项无形资产获得成功并依法申请取得权利时，不得再将原已计入费用的研究与开发费用资本化。

（二）专利权的摊销及其核算

无形资产按其历史成本入账后，在其使用期限内，应遵循配比原则，将其成本在各受益期间进行分摊。无形资产的摊销期限：合同规定了受益年限的，按不超过受益年限的期限摊销；合同没有规定受益年限而法律规定了受益年限的，按不超过法律规定的有效期限摊销；经营期短于有效年限的，按不超过经营期的年限摊销；合同和法律都规定受益年限的，在两者孰短的期限内摊销；合同和法律都未规定受益年限的，按不超过 10 年的期限摊销。我国修改后的《专利法》规定，发明专利保护期限为 20 年，实用新型和外观设计专利保护期限为 10 年，均自申请日起算。专利权在摊销时，应借记“管理费用——无形资产摊销”科目，贷记“无形资产——专利权”科目。

（三）专利权的转让及其核算

专利发明创造作为一种无形资产，可以进入商品流通领域，作为买卖的标的物。当专利权人不打算利用其专利或无法利用时，就可以将其专利权转让给他人利用。专利权的转让是指专利权人将其专利权转移给受让人所有，受让人支付一定报酬或价款，成为新的专利人的行为。专利权转让必须签订转让合同，并向专利局备案。专利权转让有两种形式，一种是所有权转让，另一种是使用权转让。

1. 所有权转让

根据我国税法规定，转让专利权的所有权，应缴纳营业税，税率为 5%，计入“应交税金——应交营业税”。

企业出售无形资产，按实际取得的转让收入，借记“银行存款”等，按该项无形资产已计提的减值准备，借记“无形资产减道准备”，按无形资产的账面余额，贷记“无形资产——专利权”，按应支付的相关税费，贷记“银行存款”“应交税金”等，按其差额，贷记“营业外收入——出售无形资产收益”或借记“营业外支出——出售无形资产损失”。

2. 使用权转让

企业出租无形资产所取得的租金收入，借记“银行存款”等，贷记“其他业务收入”等；结转出租无形资产的成本时，借记“其他业务支出”，贷记“无形资产——专利权”。

（四）专利权投资及其核算

专利权人可以专利权作为投资，取得投资收益。这也可以被认为是专利权人自行实施专利的一种变通形式。

专利权如受到侵害而发生诉讼时，有可能胜诉也有可能败诉。关于诉讼费的处理一般惯例是如胜诉，应予资本化；如败诉，应计入当期费用，且注销专利权成本。

二、商标权

商标是用来辨认特定的商品或劳务的标记。商标权指专门在某类指定的商品或产品上使用特定的名称或图案的权利。商标权包括独占使用权和禁止权两个方面。独占使用权指商标权享有人在商标的注册范围内独家使用其商标的权利；禁止权指商标权享有人排除和禁止他人对商标独占使用权进行侵犯的权利。

商标权是又一种知识产权的表现形式。商标是用来辨认特定的商品或劳务的标记，其外在形态是由文字、图形、或者是文字与图形的组合构成的。在国外，也有以包装容器造型、音响、气味、颜色来构成商标的。商标权是指商标所有人依法对其注册商标所享有的权利。为了加强商标管理，保护商标专用权，促使生产者保证商品质量和维护商标信誉，以保障消费者的利益，促进我国知识经济的发展，我国在 1982 年颁布了《中华人民共和国商标法》，后又进行了修改。该法明确规定，经商标局核准注册的商标为注册商标，商标注册人享有商标专用权，受法律保护。

商标权具有专有性、地域性和时间性等法律特征。所谓专有性，是指商标注册人对注册商标享有专有使用的权利，其他任何单位或个人未经商标注册人的许可，不得使用该注册商标，专有性又可表现为商标的独占使用权和禁止权。商标注册人有权排除第三者擅自使用其注册商标，这种权利是商标权具有排他性的法律表现。地域性是指商标所有人享有的商标权，只在授予该项权利的国家有效，在其他国家内不发生法律效力。时间性是指商标权有一定的法定有效期限。有效期届满前可以申请续展注册，到期不续展则效力自行终止。

商标权之所以具有经济价值，主要是由于企业拥有某种特别商标的优质商品，成功地取得了广大消费者的信任，赢得了大量的顾客。所以它是企业的一种信誉，这种信誉能使企业高于同行业一般水平获得超额利润。

商标权的取得可能是企业自创并注册登记而得，也可能通过购买或接受投资从其他单位或个人取得。自创的商标权，其成本包括从设计至申请注册登记取得商标权的一切费用，还包括为保护商标权所发生的诉讼费、律师费以及续展登记费等。然而能够给拥有者带来获利能力的商标，常常是通过多年的广告宣传和其他传播手段，赢得客户的信赖而树立起来的。广告费一般直接作为销售费用，而不计入商标权的成本。外购的专利权成本包括购入的价款、登记费、法律费以及其他因受让而发生的支出。

商标权取得后应将其成本在其有效期内摊销，具体要求与专利权相同。我国商标法规定商标权的有效期限为 10 年，但到期还可以续展。

根据商标法规定，商标可以转让，但受让人应当保证不改变转让商标的商品质量标准，而且不可再随意转让给第三人。

商标权的会计核算也包括商标权的取得、商标权的摊销和商标权的转让等。可设“无形资产——商标权”科目进行会计处理。具体核算可比照专利法。

三、特许权

特许权，又称经营特许权、专营权，指企业在某一地区经营或销售某种特定商品的权利，或是一家企业接受另一家企业使用其商标、商号、技术秘密等的权利。前者一般是由政府机构授权，准许企业使用或在一定地区享有经营某种业务的特权，如水、电、邮电通讯等专营权，烟草专卖权等；后者指企业间依照确定的合同，有限期或无限期使用另一家企业的某些权利，如连锁企业分店使用总店的名称。

专营权的法律特征是独占性和无地域性。所谓独占性是指一旦企业从政府机构或其他企业取得某种特许权，其他企业或个人不得侵犯和享用。无地域性是指专营权可以跨国界授予，如美国的麦当劳快餐公司、肯德基炸鸡快餐公司等都是以特许经营权方式授予其在世界各地的特许人经营其快餐的特权。在我国，特许经营权也早已出现，电力公司、电话公司、煤气公司等公用事业单位，都是政府给予特定企业的特许权。近年来，我国以特许经营权方式从事的连锁超市、快餐业、出租车经营的公司也日渐增多。特许权给受让人带来的经济利益是无形的，也是很多企业生存的前提。某些特许权经过企业精心经营可以为企业创造巨大的利润。

所以，取得特许权时，受让人应付出一定的代价，有的是一次性支付一笔总金额，有的是分期支付占用费。受让人在进行会计核算时，应设“无形资产——特许权”科目，并将初始一次性支付一笔较大的数额资本化，以后在合同规定的期限内摊销；无规定期限的按不超过 10 年摊销。摊销费计入管理费用。关于分次按营业额支付的占用费，在支付时，计入当期费用。

四、土地使用权

土地使用权，指国家准许某企业在一定期间内对国有土地享有开发、利用、经营的权利。根据我国土地管理法的规定，我国土地实行公有制，任何单位和个人不得侵占买卖或者以其他形式非法转让。企业取得土地使用权的方式大致有以下几种：行政划拨取得、外购取得、投资者投入取得等。

土地是人们赖以生存与发展的物质基础，在西方国家，土地可以作为固定资产自由买卖。在我国，土地属于国家所有，任何企业或个人，只能依照法律的规定对国有土地享有开发、利用、经营的权利，而不能侵占、买卖、出租或者以其他形式非法出让土地。为了加强土地管理，维护土地的社会主义公有制，1994 年，我国对 1986 年颁布的《中华人民共和国土地管理法》继 1988 年后进行了第二次修改，明确规定了土地使用权除了国家依法划拨给某些企业使用外，还可以通过有偿出让的方式供某些企业使用或转让。国家将国有土地使用权按照地块、用途、年限和其他条件在一定期限内出让给土地使用者，由土地使用者按照合同约定向国家支付土地使用权出让金，未按照出让合同约定支付土地使用权出让金的，土地管理部门有权解除合同，并可以请求违约赔偿。土地使用权出让合同约定的使用年限届满，土地使用者需要继续使用土地的，可以申请续期。土地使用权人依法取得土地使用权后，可通过买卖、赠与或者其他合法方式将土地使用权转移给他人。土地使用权转让后，其使用年限为原土地使用权出让合同约定的使用年限减去原土地使用者已经使用年限后的剩余年限。

土地使用权的会计核算主要包括土地使用权的取得、土地使用权的摊销、土地使用权的转让、土地使用权投资、土地使用权赠与等。

企业的土地使用权不论是从国家出让取得，还是从其他单位转让取得，其成本除了企业支付的出让金或转让金外，在其开发利用之前，可能还发生一些迁移补偿费、场地平整费、丈量费和法律手续费等，这些费用应一并作为土地使用权成本。若分期支付土地使用权费用时，还应以每次应支付使用费的现值入账，借记“无形资产——土地使用权”，贷记“银行存款”。

我国房地产有关法规规定，如果土地使用权是连同土地上的附着物，如房屋、建筑物等一起购入的，土地使用权则一并作为固定资产核算，不再单独确认为无形资产。

企业会计制度规定，企业进行房地产开发时，应将相关的土地使用权予以结转；结转时，将土地使用权的账面价值一次计入房地产开发成本。

国家在出让或企业在转让土地使用权时，一般都规定土地使用权的有效使用年限，这时，企业在取得土地使用权后，应在规定的有效使用期内摊销，摊销时一般借记“管理费用”，贷记“无形资产——土地使用权”。

五、非专利技术

非专利技术，也称专有技术，是指不为外界所知，在生产经营活动中已采用的，不享有法律保护的各种技术和经验。非专利技术一般包括工业专有技术、商业贸易专有技术、管理专有技术等。非专利技术可以用蓝图、配方、技术记录、操作方法的说明等具体资料表现出来，也可以通过卖方派出技术人员进行指导，或接受买方人员进行技术实习等手段实现。非专利技术具有经济性、机密性和动态性等特点。

第四节　商誉

商誉通常是指企业由于所处的地理位置优越，或由于信誉好而获得了客户信任，或由于组织得当生产经营效益高，或由于技术先进掌握了生产诀窍等原因而形成的无形价值。这种无形价值具体表现在该企业的获利能力超过了一般企业的获利水平。商誉与整个企业密切相关，因而它不能单独存在，也不能与企业可辨认的各种资产分开出售。由于有助于形成商誉的个别因素不能单独计价，因此商誉的价值只有把企业作为一个整体看待时才能按总额加以确定。商誉可以是自创的，也可以是外购的。

一、商誉的性质

随着企业兼并收购浪潮的涌起，企业产权交易日益活跃，在产权有偿转让过程中，商誉也应运而生。对商誉概念的认识，比较一致的看法是，商誉是由于企业所处地理位置优越，或由于信誉好而获得了客户的信任，或由于组织得当、生产经营效益高，或由于技术先进、掌握了生产的诀窍等原因而形成的无形价值。这种无形价值能为企业带来超过一般盈利水平的超额利润。例如，某企业净资产的价值为1000万元，行业平均净资产报酬率为5%，而该企业平均每年可获利85万元。可见，该企业具有超过同行业平均盈利的能力，其获得的超额利润为35（85 − 1000×5%）万元。这35万元，就可认为是企业自身有隐含的商誉创造的。

商誉不同于一般的无形资产，美国财务会计委员会将其特征概括如下：（1）商誉与作为一个整体的企业密切相关，它不能单独存在，也不能与企业的可辨认的各种资产分开来出售。（2）形成商誉的各个因素，不能用任何方法或公式进行单独讨价。它的价值只有在把企业作为一个整体来看待时，才能按总额加以确定。（3）在企业合并时可确认的商誉的未来收益，可能和建立商誉过程中所发生的成本没有关系。商誉的存在，未必有为建立它而发生的各种成本。可见商誉是一种不可单独买卖、不可辨认或确指的特殊的无形资产。

二、商誉入账价值的确定

商誉可以是由企业自己建立的，也可以是向外界购入的。但是，只有外购的商誉，才能确认入账。只有在企业兼并或购买另一个企业时，才能确认商誉。商誉的计价方法很多，也很复杂。通常在一个企业购买另一个企业时，经双方协商确定买价后，买价与卖方可辨认净资产公允价值的差额即为商誉。

有人主张，那些长期具有超额收益能力、超过同行业平均利润率的企业在自创商誉过程中，为了取得超额利润，付出了一定的代价和巨额支出，应将这些费用估价入账，确认为商誉。他们认为不这样做会违背信息的相关性和重要性原则，不能充分地将信息传递给使用者。因为自创商誉是实现企业未来经济利益的承担者之一，其价值不应在企业购并时才得以实现，并且具有自创商誉的企业往往生命力很强，如果该企业没有被购并，其商誉也无法体现，即使购并时体现，也只是反映在购买企业的账上，作为购买企业的资产。而购买企业购买入账的商誉不一定能为该企业的未来带来收益，如果商誉是被购并企业的管理业绩优越而形成，若购并后企业不能发扬被购并企业的管理水平，则可能会使企业经济效益下降。

在实务中，并不确认自创商誉。不过随着预测科学的进步，可以预测企业未来每年盈利能带来的现金流量，选择合理的贴现率，确定企业的收益能力；也可以通过对上市企业的股票市价总额与其重估价后的净资产对比确定企业的收益能力，据此来确定企业的商誉。目前一些西方国家已经在探讨自创商誉的问题。

三、商誉的摊销

商誉的价值如何摊销，在理论上有以下三种方法：

（1）在取得商誉时，将其价值全部冲销所有者权益，而不作为资产处理。该种方法的理由是：商誉与其他资产不同，它无法辨认，不能与企业整体相分离，原则上来说它不是资产，它与现金不同，不能单独买卖，所以在某种意义应收账款或固定资产等资产完全不同。

有人认为，外购商誉的会计处理应与自创商誉的会计处理一致。自创商誉的有关费用在发生时全部计入费用，而不作为资产，外购商誉也应同样处理。若将外购商誉的价值摊销，可能会导致重复记账。这是因为一方面通过摊销外购商誉已使本期净利润减少；另一方面为了保持企业的超额获利能力，企业还会发生一些支出，来维持或提高外购商誉的价值，而这些支出在发生时就计入当期费用，势必会使本期收入与商誉的费用相配比时发生重复。

这种方法还有一个理由，即外购商誉为企业带来的收益期间很难确定，无法将其价值在有限的期间摊销。

（2）将外购商誉在账面上作为企业的资产，不摊销其价值，除非该资产发生减值。很多人都赞成这种观点，认为商誉具有无限的使用寿命，加上为了维护和提高该资产的价值，企业也在不断投入资源，除非有迹象表明，该企业获得超额利润的能力已下降，否则不应摊销其价值。另外，在摊销商誉时，因为期间不肯定，带有很大的主观性，势必会使本期净利润不真实。

（3）将外购商誉作为资产入账，且将其价值在有效的使用年限摊销。赞成该种观点的人认为商誉的价值最终会消失，应该将其最初取得的成本分期计入其影响的期间，只有这样才符合会计的配比原则。

在实务中，较多采用第三个观点。在摊销商誉时，应根据法律的限定、行业竞争、技术进步等选择摊销年限。在美国，商誉的摊销年限最长不得超过 40 年。我国规定商誉的摊销期不超过 10 年。摊销商誉时，借记“管理费用”，贷记“无形资产——商誉”。

四、负商誉

当企业购并另一个企业时，所支付的价款低于被购并企业可辨认净资产的公允价值时，其差额为负值，称为负商誉。

负商誉与商誉一样，只有在企业购并时才能确认。购并另一个企业发生负商誉，可能是由于被购并企业的盈利能力确实很低，低于同行业的一般盈利水平，也有可能是交易市场发生变化使企业分别出售其资产比整体出售更有利，而使整个企业的价值低于其资产的公允价值。

在会计上，负商誉作为商誉的对立面对其处理也有三种方法：

（1）作为递延收益，分期摊入各期损益。这种方法是商誉的反向处理。但这种方法的缺陷是使人难以理解。一方面，递延收益是负债，但负商誉并不具有负债的内在要求，它根本不存在债权人，企业将来也不需要付出资产或劳务去偿还；另一方面，将负商誉分期摊入各期收益，在无现金流入的情况下，使企业收益增加。

（2）在购并时，将负商誉全部增加所有者权益。这种处理实际上是将负商誉作为计价调整科目，直接调整企业的资本价值而不涉及企业的损益，避免了损益虚增的情况。

（3）按比例冲销非流动资产，直到非流动资产的账面价值为零，尚还有差额，则确认为递延贷项，分期摊入各期损益。该种方法比较谨慎，也避免了人为确定摊销期间，加大各期利润，使信息使用者难以理解的缺陷。

第五章　财务会计报告的具体内容

《企业会计准则—基本准则》第四条对财务会计报告的目标作出了规定。准则明确了财务会计报告是从企业财务状况、经营成果和现金流量三个方面提供能够反映企业管理层受托责任履行情况和有助于财务会计报告使用者作出经济决策的财务会计信息，这一目标无论是对财务会计报告编制还是注册会计师的财务会计报告鉴证，都起着核心指导作用。财务会计报告编制过程中大量的专业判断、编制形成的财务会计信息的信息质量保障以及注册会计师作为财务会计信息公允性鉴证者的鉴证风险控制，都需要以财务会计报告的目标为导向，始终不忘财务会计报告为使用者提供决策有用信息这一根本目标。

第一节　财务会计报告概述

一、会计目标及财务会计报告的作用

（一）会计及会计目标

会计是社会经济信息中一个重要的子系统，是企业经营管理的一个重要组成部分。传统会计的发展源远流长。早在原始社会就产生了会计行为，“结绳记事”“石壁刻画”就是原始会计的主要表现形式。随着人类社会的不断发展和进步，会计这门学科也逐渐发展起来，由原始会计行为发展到单式簿记；由单式簿记发展到复式记账；由生产经营过程的附带职能，逐步发展，具有了独立职能；由单一的记账、算账发展到参与内部的经营决策活动，甚至成为国民经济管理活动中一个重要的组成部分。这充分说明会计是随着社会生产的发展和经济管理的要求而产生、发展起来的。直至今日，会计的内容包括对经济活动的确认、计量、记录、报告，对企业经济活动过程的监督、控制，并参与企业的经营决策，形成一种管理活动。会计又是一个信息系统，它既包括对某一经济组织各项活动的财务信息进行观察、确认、记录、计量、计算、分类、

汇总、分析和总结评价，又包括对该组织未来和目前的经济活动进行预测和控制，帮助经济信息的用户作出明智的决策。此外，它还是社会信息科学的一个重要组成部分。

会计的目标就是会计工作所要达到的最终目的。会计目标是会计理论的重要组成部分。我国会计界对会计目标的认识是与会计本质联系在一起的。冯淑萍同志主编的《简明会计辞典》一书中讲道：会计目标主要有以下几种观点：

（1）提高经济效益说。认为会计属于经济管理的一个重要组成部分。因而会计工作的最终目标就是经济管理的目标，即提高经济效益。

（2）决策有用说。认为会计是一个经济信息系统，因而会计目标是向企业内部管理者和外部有关利益主体提供决策有用的会计信息。

（3）受托经济责任说。认为会计目标是认定和完成受托经济责任。西方会计界一般认为会计目标是提供决策有用的会计信息，并将会计目标视为决定会计假设、会计原则的会计理论体系的最高层次。

由此可见，无论是哪一种观点，会计的目标都可以表述如下：一是为国家宏观经济调控和管理提供信息。政府通过一定的宏观经济调控和管理措施对国民经济运行情况进行调节，对资源进行合理配置。国家通过对企业会计信息进行汇总分析，可以判断国民经济运行状况，从而制定合理的调控和管理措施，促进国民经济协调有序发展是为企业内部经营管理提供信息。二是有助于决策者进行合理的决策，有助于强化企业内部管理。三是更重要的一点，为企业股东、债权人等各有关方面提供信息，以便有关各方了解企业的经营情况，如：盈利能力、偿债能力以及现金流量等会计信息，为他们的决策服务，为受托经济责任者负责，为提高企业经济效益服务。

（二）财务会计报告的作用

财务会计报告是根据账簿记录和其他日常核算资料，按一定的指标体系和格式，反映会计主体一定时间的财务状况和经营成果的总结性书面文件，也是财务会计部门提供财务会计信息的重要手段。编制财务会计报告是会计工作的一项重要内容，是会计核算的一个重要环节。

编制财务会计报告是会计核算的一种专门方法。一个单位在一定时期内的财务状况及其经营成果是通过一定的经济指标揭示的。企业在日常的记账工作中，把大量经济业务分门别类地登记在会计账簿上，使之条理化、系统化。但是，这些账簿记录比较分散，不能集中地、概括地反映企业经济活动的全貌，不便于信息使用者使用。因此，有必要对账簿记录做进一步的加工、整理、综合，并结合其他日常会计核算资料，按照一定的指标体系，以报告文件的形式集中地反映出来，从而全面、系统、概括地提供会计主体一定时期的财务状况和经营成果。及时地编制财务会计报告，对满足财务会计报告使用者各种不同的需要、加强企业经营管理有着重要的意义。编制一套完整的、系统的、真实的、准确的财务会计报告其作用可以概括为如下几个方面：

1. 可以满足企业投资者、债权人等报告使用者的需要。企业的投资者不仅包括国家、银行及其他金融机构，还有其他如企业、事业单位及个人等投资者；不仅包括现有的投资者，还包括未来潜在的投资者。企业的投资者可以利用财务会计报告，分析企业的偿债能力和获利能力，了解企业的生产经营状况、信贷资金的运用情况及运用效益，考核企业信贷纪律的遵守情况，预测企业的发展前景，并据此作出正确的投资决策。

2. 可以满足企业内部管理的需要，以便加强企业经营管理，提高企业经济效益。企业可以利用财务会计报告，全面了解自身一定时期的财务状况及经营成果；了解资产、负债、所有者权益结构的合理性；了解资金、成本利润各项主要经济指标的计划完成情况；了解企业的偿债能力和资金的营运能力等，通过对其内部各责任部门的经营责任报告的分析，可以了解内部经济责任制的落实情况，据以考核、评价内部各责任部门的工作业绩，并总结经验，加强企业管理，挖掘企业内部潜力，进一步提高经济效益。

3. 可以满足财政、税务部门对企业管理的需要。财税部门可以利用财务会计报告，检查企业是否及时、足额地完成各项应交纳的税金执行情况，检查企业是否遵守国家的各项法律、法规、政策、制度，以确保国家财政收入任务的完成。同时，要宏观调控，科学调整经济结构和产业结构，以达到涵养税源的目的。

4. 可以满足国家宏观经济管理的需要。各会计主体的财务报告经过逐级汇总，可以使国家经济管理部门利用财务会计报告，了解国有资产的使用、变动情况，了解各部门、各地区的经济发展情况，并据此对国民经济运行前景作出准确的判断和决策，从而加强宏观经济管理。

二、财务会计报告体系

（一）会计要素

会计要素亦称会计对象要素或会计报告要素。《企业会计制度》规定，财务会计对象的具体内容可以通过资产、负债、所有者权益、收入、成本和费用、利润六个会计要素来表现。其中，资产、负债和所有者权益是企业财务状况的静态反映，也可视为资产负债表的构成要素；收入、成本和费用、利润从动态方面来反映企业的经营成果，也可视为利润的构成要素。前者体现的是企业基本产权关系；后者体现的是企业经营过程中发生的财务关系。

1. 资产。是指过去的交易、事项形成并由企业拥有或者控制的资源，该资源预期会给企业带来经济利益。企业的资产按流动性划分，可分为流动资产、长期投资、固定资产、无形资产和其他资产。

①流动资产。是指可以在一年或者超过一年的一个营业周期内变现或耗用的资产。它主要包括现金、银行存款、短期投资应收及预付款项、待摊费用、存货等。

②长期投资。是指除短期投资以外的投资。它包括持有时间准备超过一年（不含一年）的各种股权性投资不能变现或不准备随时变现的债券、其他债权投资和其他长期投资。

③固定资产。是指同时具有以下特征的有形资产：a. 为生产商品、提供劳务、出租或经营管理而持有的；b. 使用年限超过一年；c. 单位价值较高。

从这一定义可以看出，固定资产的最基本特征是企业持有固定资产的目的是生产商品、提供劳务、出租或经营管理，而不是直接用于出售。这一特征就使固定资产明显区别于库存商品等流动资产。企业持有无形资产也是为了生产商品、提供劳务、出租或经营管理，但是无形资产没有实物形态，而固定资产通常却表现为机器、机械、房屋建筑、运输工具等实物形态，所以无形资产不属于固定资产。固定资产准则在强调持有固定资产的目的和具有实物形态这两个特征外，还强调固定资产的使用年限超过一年和单位价值较高这两个特征。

④无形资产。是指企业为生产商品或者提供劳务、出租给他人或为管理目的而持有的、没有实物形态的非货币性长期资产。无形资产分为可辨认无形资产和不可辨认无形资产。可辨认无形资产分为专利权、非专利技术、商标权、著作权、土地使用权等；不可辨认无形资产是指商誉。企业自创的商誉，以及未满足无形资产确认条件的其他项目，不能作为无形资产。

⑤其他资产。是指除上述资产以外的其他资产。如长期待摊费用、特种储备物资、银行冻结存款、诉讼中财产等。应当由本期负担的借款利息、租金等，不得作为长期待摊费用处理。

2. 负债。是指过去的交易、事项形成的现时义务，履行该义务预期会导致经济利益流出企业。企业的负债按流动性划分，可分为流动负债和长期负债。

（1）流动负债。是指将在一年（含一年）或者超过一年的一个营业周期内偿还的债务。它包括短期借款、应付票据、应付账款、预收款项、应付工资、应付福利费、应付股利、应交税金、其他暂收应付款项、预提费用和一年内到期的长期借款等。

（2）长期负债。是指偿还期限在一年或者超过一年的一个营业周期以上的负债。它包括长期借款、应付债券、长期应付款等。

3. 所有者权益。是指所有者在企业资产中享有的经济利益，其金额为资产减去负债后的余额。所有者权益包括实收资本（或者股本）、资本公积、盈余公积和未分配利润等。企业的实收资本是指投资者按照企业章程，或合同、协议的约定，实际投入企业的资本。所有者权益表明企业的产权关系，即归谁所有。它包括以下四项内容：

（1）投入资本。投入资本是指投资者以现金、实物、无形资产等形式实际投入企业生产经营活动中的各种财产物资。

（2）资本公积。资本公积是指企业在筹集资本金活动中，投资者缴付的出资额超出资本金的差额。

资本公积包括：①资本（或股本）溢价；②接受非现金资产捐赠准备；③接受现金捐赠；④股东投资准备；⑤拨款转入；⑥外币资本折算差额；⑦其他资本公积。

（3）盈余公积。盈余公积是指按照国家有关规定从利润中提取的公积金。企业的性质不同，盈余公积包括的内容也不同，一般企业和股份有限公司的盈余公积包括：①法定盈余公积；②任意盈余公积；③法定公积金。外商投资企业的盈余公积包括：①储备基金；②企业发展基金；③利润归还投资。

（4）未分配利润。未分配利润是指企业留于以后年度分配的利润或待分配的利润等。

4. 收入。是指企业在销售商品、提供劳务及让渡资产使用权等日常活动中所形成的经济利益总的流入。它包括主营业务收入和其他业务收入。收入不包括为第三方或者客户代收的款项。企业应根据收入的性质，按照收入确认的原则，合理地确认和计量各项收入。

（1）主营业务收入。主营业务收入是企业在销售商品、提供劳务及让渡资产使用权等日常活动中所产生的收入。

（2）其他业务收入。其他业务收入是指企业除主营业务收入以外的其他销售或其他业务的收入。如材料销售代购代销、包装物出租等收入。

5. 成本和费用。费用，是指企业为销售商品、提供劳务等日常活动所发生的经济利益流出；成本，是指企业为生产产品、提供劳务而发生的各种耗费。企业应当合理划分期间费用和成本的界限。期间费用应当直接计入当期损益；成本应当计入所生产的产品、提供劳务的成本。

费用包括以下内容：（1）直接费用。直接费用是指直接为生产商品和提供劳务等发生的直接人工、直接材料、商品进价和其他直接费用。这部分费用直接计入生产经营成本。（2）间接费用。间接费用是指企业为生产产品和提供劳务而发生的各项非直接消耗的费用，如制造费用等。（3）期间费用。期间费用是指企业行政管理部门为组织和管理生产经营活动而发生的管理费用与为筹集和运用资金而发生的财务费用，以及为销售和提供劳务而发生的营业费用等。

6.利润。是指企业在一定会计期间的经营成果。它包括营业利润、利润总额和净利润。

（1）营业利润。营业利润是指主营业务收入减去主营业务成本和主营业务税金及附加，加上其他业务利润，减去营业费用、管理费用、财务费用后的金额。

（2）投资收益。投资收益是指企业对外投资所取得的收益，减去发生的投资损失和计提的投资减值准备后的净额。

（3）营业外收支净额。营业外收支净额是指企业发生的与其生产经营活动无直接关系的各项收入和各项支出。营业外收入包括固定资产盘盈、处置固定资产净收益、处置无形资产净收益、罚款净收入等。营业外支出包括固定资产盘亏、处置固定资产净损失、出售无形资产损失、债务重组损失、计提固定资产减值准备、计提无形资产减值准备、计提在建工程减值准备、罚款支出、捐赠支出、非常损失等。

（二）会计等式

会计六要素之间存在着十分密切的关系。收入减去成本和费用为利润，成本和费用是资产的转化，利润可以增加所有者权益及资产。因此，我们可以将上述六项要素用公式有机地连接起来，称为会计等式。

资产 = 负债 + 所有者权益

该公式表现为有一定的资金占用，就有一定的资金来源，即所有者投入资金和负债取得的资金。它是会计要素的静态表现形式。

收入 -（成本 + 费用）= 利润

该公式是表示企业一定时期的经营收入减去相应发生的费用和成本，即为利润。它表现为企业的经营成果，是会计要素的动态表现形式。

（三）企业会计准则

1.会计准则的概念。会计准则是社会生产力发展到一定阶段，为适应商品经济发展的需要，为规范或统一财务会计核算而产生的，是会计人员从事会计核算工作（主要是从事确认、计量、记录、报告工作）必须遵循的基本原则，是会计核算行为的规范化要求。

2.我国企业会计准则的基本内容。我国的会计准则是会计法规体系的重要组成部分。根据制定会计准则的总体设想，我国的会计准则分为基本准则和具体准则两个层次。

基本准则由基本前提（会计假设）、一般原则、会计要素准则、会计报告准则组成。

具体准则由共性业务会计准则、会计报告具体准则、特殊行业基本业务会计准则、特殊业务会计准则组成。

（1）企业会计基本准则。按照我国会计准则制定的设想，企业财务会计规范的未来应是由一系列不同性质与形式的会计法规（其中包括会计准则）所构成的体系。基本准则对各项具体准则起指导和规范作用。所谓基本准则，是为所有其他准则提供理论基础、一般原则和共同适用的基本概念的准则。或者说是准则的“准则”。在我国，企业基本会计准则还应当对行业会计制度起规范作用。

《企业会计准则）是一个基本准则。企业会计基本准则对会计核算的基本内容作出了原则性的规定。基本准则包括四部分内容：①会计核算的基本前提；②会计核算的一般原则；③对资产、负债、所有者权益、收入、费用、利润等会计要素的确认、计量所作出的规定，即会计要素准则；④会计报表的基本内容和要求。

（2）企业会计具体准则。企业会计具体准则主要是对具体会计业务的处理作出的规定。具体准则可分为四个部分：①各行业共同经济业务的会计准则。它是就各行业共同的经济业务核算作出规定。②有关财务会计报告的具体准则。它是就各种会计报告反映的内容、列示方法和报告的格式等作出规定，包括资产负债表、利润表、现金流量表、合并会计报表等。③有关特殊行业的基本业务的会计准则。它是就银行、农业、公用事业、旅游等一些特殊行业的经济业务核算作出的规定。④有关特殊业务的会计准则。

（四）会计核算的基本前提

企业会计基本准则是会计人员对企业发生的经济业务进行会计核算的规范。它包括会计假设、一般原则和会计要素准则以及财务会计报告准则四个层次。会计假设是现代会计的基石。会计工作所遵循的会计准则是建立在会计假设基础之上的，而日常会计工作中的具体程序和方法又是建立在会计准则之上的。所以说，会计假设是会计工作的基本前提。会计假设的基本内容有：会计主体、持续经营、会计分期和货币计量。

1. 会计主体。在组织会计核算之前，首先应明确会计核算的空间范围，即会计主体。会计主体可以是一个特定的企业，可以是企业的某部分（如分厂、分部、分公司等），也可以是几个企业联合起来的企业集团，还可以是非营利性质的事业单位等。

会计主体作为一个独立的核算单位，一般来说，必须具有实体、统一体和独立体这三个特点。作为一个经济实体，它有独立的财产或经费，有自己的名称、组织机构和场所等；作为一个统一体，它是由若干个内部核算单位或分厂、分公司等组成的一个经济整体；作为一个独立体，它在经济上是独立的，即与别的会计主体相区别，也与所有者相分离，在法律上依法成立，能独立地享受民事权利和承担民事责任。

需进一步指出的是，会计主体与法律主体（即法人）并不完全是一回事。如独资和合伙企业通常不具备法人资格，它们所拥有的财产和承担的债务在法律上应视为所有者（业主或合伙人）的财产和债务；但在会计核算中则通常将它们作为独立的会计主体来处理，在账务上将企业的经营活动与业主或合伙人的经济活动严格区分开。

会计主体假设规定会计工作的处理空间和范围界限，即会计活动必须在一定的实体范围内进行。《企业会计准则》第四条规定：“会计核算应当以企业发生的各项经济业务为对象，记录和反映企业本身的各项生产经营活动。”只有这样，才能正确地计量企业所有的财产和对外所承担的债务，才能正确地计量它在经营活动中所获得的收益或损失，从而为经济决策提供有用的信息。

2. 持续经营。《企业会计准则》第五条规定：“会计核算应当以企业持续正常的生产经营活动为前提。”这也就是说，若会计主体在可预见的未来不会破产清算，它所持有的资产，将按预定的目标在正常的经营过程中被耗用、出售或转让；它所承担的债务，也将在正常的经营过程中清偿。根据这条假设，建立了会计计量和确认的准则，解决了会计上许多常见的资产计价和收益确定的问题。正是在持续经营假设的前提下，固定资产的价值才有必要按使用年限分期地计入成本，从而产生了折旧的概念和会计处理。也正是在这个会计假设之下，企业在会计数据收集和处理上所使用的会计程序和方法才能保持稳定，使前后各期的会计数据具有可比性，从而作出正确的记录和报告，为信息的使用者提供可靠的会计信息。

当然。持续经营也只是一个假设，假设企业将永远持续经营下去，实际上每个企业都有终止经营的可能。在市场经济条件下，企业的关、停、并、转，甚至破产清算，将日益增多。但从整个社会总体来看，破产清算的企业毕竟是很少的一部分，对绝大多数企业而言，继续经营下去是一般正常现象，所以持续经营这一会计核算的基本前提是合理的。当然，若有证据证明一个企业财务状况极度恶化，正常生产经营活动已无法持续下去，企业濒临破产，那么，建立在这个会计假设基础上的会计准则和一系列会计核算方法将不再适用，而只能采用特定的会计准则。例如，对破产清算企业而言，历史成本原则已不适用，只能采用清算价格来计量企业财产的价值。

3. 会计分期。《企业会计准则》第六条规定：“会计核算应当划分会计期间，分期结算账目和编制会计报表。”之所以要作出这样的规定，是因为会计主体的经济活动在时间上是持续不断的，而对会计主体持续不断的经济活动不在时间上进行分割，会计人员就无法进行确认、计量、记录和报告，就无法及时满足信息使用者的需要。所以，必须人为地将持续不断的企业生产经营活动划分为一个个首尾相连，相互间隔的会计期间，以便定期地结算账目，编制会计报表。

会计期间通常是一年，称为会计年度。《中华人民共和国会计法》规定，以公历 1 月 1 日起至 12 月 31 日止为一个会计年度。《企业会计准则》规定，会计期间除划分为年度外，还划分为季度和月份，季度和月份与年度一样，起讫日期采用公历日期。

会计分期假设对制定会计准则和会计程序具有重要作用。正是因为有了会计分期的假设，才有了本期与非本期的区别，由于有了本期与非本期的区别，才产生了收付实现制和权责发生制两种记账基础；正是由于会计分期的假设，为了分清各个期间的经营成果和经营责任，在会计上才需要运用“应计”“递延”“分配”和“预提”的会计程序来处理应收、应付、预收、预付、折旧、摊销等跨期经济业务，使会计报告尽可能反映会计期间内的实际财务状况和经营成果。这样，在处理这些跨期经济业务时，会计人员必须根据会计准则的要求，选用合理的会计方法。

4. 货币计量。货币计量也是企业会计核算的基本前提之一。货币计量假设包括货币计价和币值不变两项内容。它是指企业的生产经营活动及其成果必须用同一种货币作为统一尺度来计量和综合反映，而不考虑货币价值本身的变化。

会计核算的对象是会计要素，如资产、负债、所有者权益、收入、费用、利润等。它们都代表一定的价值，它们共同的计量尺度只能是货币。只有以货币作为计量单位，才能对它们进行计算、汇总、比较、分析，最后综合成各种会计报表，向有关方面提供会计信息。这样，就决定了会计必须以货币作为统一的计量单位来反映企业的经营资金运动。

以货币作为统一计量单位，还包含一个附带的假设，即币值不变假设。也就是说，在计量各种会计要素时，可以不考虑货币购买力的波动。也只有在这个基础上，同一种会计要素在不同时期的金额才可以直接比较、增减和结算余额，编制在同一张会计报表上，与以前的会计报表进行对比分析。但实际上，综观各国经济的发展，货币价值总是随政治、经济等环境的变化而改变，经常处于变动之中，有时甚至是很剧烈的变动。所以，币值不变的假设与现实并不是完全相符的，这就使会计工作受到一定的限制，从而暴露出该假设本身的局限性。按国际会计惯例，当币值变动不大，或前后波动可以相互抵消时，会计核算将不予考虑这些波动，仍认为币值是稳定的。但当币值急剧变动，如发生恶性通货膨胀时，则需要采用特殊的会计准则来进行会计核算。

尽管货币计价有一定的局限性，但仍不失为一项重要的会计假设，货币是会计人员进行会计核算的计量工具。货币计价是会计活动区别于其他管理活动的重要标志，如果放弃这项假设，会计就失去了其基本特征。

以上我们所介绍的四个会计假设是一个相互联系的有机整体。会计主体假设是合乎逻辑的延伸，它赋予会计主体的经营活动是持续不断的；会计分期假设作为持续经营假设的补充，它们共同限定了会计核算的时间和空间界限；而货币计量假设则是联系这个时空的纽带，并决定了会计的基本特征。它们共同奠定了会计核算的基础。

（五）会计核算的一般原则

会计假设为会计核算提供了必不可少的前提条件，但还必须在此基础上建立一系列会计核算的具体原则和要求。《企业会计准则》规定，我国会计核算的一般原则包括十三项。这些会计核算的一般原则是我国会计核算工作应遵循的最基本的原则规范，是对我国会计核算工作的基本要求。会计核算的一般原则在我国会计准则体系中居于指导的地位，它为整个会计准则提供指导思想和理论依据，对具体会计核算行为发挥指导作用。

1. 客观性原则。客观性原则要求企业在会计核算中必须以实际发生的交易或事项为依据，如实反映企业的财务状况、经营成果和现金流量。这一原则具体包括如下三个方面的要求。

（1）会计记录应当真实可靠。这就需要企业会计人员在记录各项经济业务时，应当认真地审核经济业务的原始凭证，按照《中华人民共和国会计法》的要求，对于不真实、不合法的原始凭证，不予受理；对于记载不准确和不完整的原始凭证，应当退回，要求补充或更正。既不能无中生有，也不能大事化小，小事化了，而应实事求是，真实地记录每一笔经济业务的发生情况。

（2）计算应正确无误。这是指在账务处理过程中，所记录的账户、登入的账户应当无误，数字计算应正确，保证账证、账账、账表相符。

（3）会计报告的反映应是真实完整的。为了保证会计核算和反映的真实性，应定期或不定期地进行财产清查，保证账实相符；提交的会计报告，既不能夸大其词，也不能故意地歪曲，或者只报喜不报忧，这些都是不符合客观性原则要求的。

2. 实质重于形式原则。实质重于形式原则要求企业按照交易或事项的经济实质进行会计核算，而不应当仅仅按照它们的法律形式作为会计核算的依据。

例如，以融资租赁方式租入的资产，虽然从法律形式来讲企业并不拥有其所有权，但是由于租赁合同中规定的租赁期相当长，接近于该资产的使用寿命，租赁期结束时承租企业有优先购买该资产的选择权，在租赁期内承租企业有权支配资产并从中受益，所以，从其经济实质来看，企业能够控制其创造的未来经济利益。于是，会计核算上将以融资租赁方式租入的资产视为企业的资产。

例如，销售商品的售后回购，如果企业已将商品所有权上的主要风险和报酬转移给购货方，并同时满足收入确认的其他条件，则销售实现，应当确认收入；如果企业没有将商品所有权上的主要风险和报酬转移给购货方，或没有满足收入确认的其他条件，即使企业已将商品交付购货方，销售也没有实现，不应当确认收入。

如果企业的会计核算仅仅按照交易或事项的法律形式或人为形式进行，而其法律形式或人为形式又没有反映其经济实质和经济现实，那么，其最终结果将不仅不会有利于会计信息作用者的决策，反而会误导会计信息使用者的决策。

3. 相关性原则。相关性原则是指会计核算所提供的会计信息与各种经济决策具有逻辑上的内在联系，应能够满足企业内外信息使用者的具体决策需要。因此，相关性是会计信息使用价值的重要质量特征。会计信息不能仅仅局限于客观性（真实可靠）的要求，它还必须具有实际效用。不相关的信息，对信息使用者毫无用处。正因为如此，《企业会计准则》第十一条规定："会计信息应当符合国家宏观经济管理的要求，满足有关各方了解企业财务状况和经营成果的需要，满足企业加强内部经营管理的需要。"

在我国，会计信息是宏观经济管理和微观经济管理的基本信息来源。会计核算首先应向国家各职能部门如财政、税收、工商管理等部门提供相关的会计信息。随着我国经济体制改革的深入，企业同外部的联系必将越来越广泛。企业除向国家各职能部门提供信息外，还需为投资者和债权人等提供他们决策所需的信息。此外，随着社会主义市场经济的发展，为企业内部管理提供决策信息将日趋重要。

美国财务会计准则委员会将相关性原则作为会计信息最主要的质量特征之一。他们认为，会计信息必须与投资者和债权人的投资和信贷决策相关，才能保证会计信息的质量，会计信息要具备相关性，它必须具有预测价值、反馈价值和及时性等特征。

4. 一贯性原则。一贯性原则要求企业的会计核算方式前后各期保持一致，不得随意变更。如有必要变更，应当将变更的内容和理由、变更的累积影响数，以及累积影响数不能合理确定的理由等，在会计报表附注中予以说明。

一贯性原则是指每个企业在不同会计期间所使用的会计方法和程序应当相同。这是因为在会计核算中有多种方法和程序可供选择。如果存货计价的方法、折旧的方法和程序各期不同，则必然会影响会计数据的客观性，使会计报表中的有关数据前后期不致，缺乏可比性。这样，就会使会计信息的使用者产生误解，错将会计方法改变的影响当作企业正常情况或经营成果的实际变动，导致决策失误。

当然，一贯性原则并不是说企业所采用的会计方法和会计程序永远不会变动。若企业的经济环境发生了变化，为了提供更正确、有用的信息，确实需要调整会计方法和程序时，则应按规定的程序进行，并将变动情况在会计报告中加以说明。正如《企业会计准则》第十三条所规定的"会计处理方法前后各期应当一致，不得随意变更。如确有必要变更，应当将变更的情况、变更的原因及其对企业财务状况和经营成果的影响，在财务报告中说明"。

与可比性原则不同，一贯性原则要求同一的会计主体在不同时期尽可能采用相同的会计处理方法和程序，便于不同时期会计信息的纵向比较。

①可比性原则强调的是横向比较，一贯性原则强调的是纵向比较；②一贯性原则并不否认企业在必要时，对所采用的会计处理方法和程序作适当的变更。当企业的经营情况、经营范围和经营方式，或国家有关的政策规定发生重大变化时，企业可以根据实际情况，选择使用更能客观真实地反映企业经营情况的会计处理方法和程序进行会计核算。

5. 可比性原则。可比性原则要求企业的会计核算按照规定的会计处理方法进行，会计指标应当口径一致，相互可比。可比性原则要求企业在进行会计核算时使用相同的会计方法和程序，这样，不同企业所提供的会计信息才具有可比性。当然，可比性原则也并不是要求企业所采用的会计方法和程序等完全一致，但至少其会计报表的编报应基本一致。不同行业企业，也都应遵循会计准则的要求。

6. 及时性原则。及时性原则要求企业的会计核算及时进行，不得提前或延后。会计信息的价值在于帮助所有者或其他方面作出经济决策，在会计核算过程中坚持这一原则，一是要求及时收集会计信息，即在经济业务发生时，及时收集各种原始单据；二是及时处理会计信息，即在国家统一的会计制度规定的时限内，及时编制出财务会计报告；三是及时传递会计信息，即在国家统一的会计制度规定的时限内，及时将编制出的财务会计报告传递给财务会计报告使用者。如果企业的会计核算不能及时进行，会计信息不能及时提供，就无助于经济决策，就不符合及时性原则的要求。

7. 明晰性原则。明晰性原则要求企业的会计核算和编制的财务会计报告清晰明了，便于理解和利用。《企业会计准则》第十五条规定："会计记录和会计报表应当清晰明了，便于理解和利用。"按照这一原则，会计人员在进行会计核算时，各种会计记录必须清晰、简明、易懂。对复杂的经济业务应用通俗的文字加以表达，以便于理解、检查和利用；会计报表中不能说明的资料或信息要在表下作简要的注释，会计报表所用的术语要便于理解，避免产生误解，便于会计报表的使用者阅读、分析和运用。

8. 权责发生制原则。《企业会计准则》第十六条规定："会计核算应当以权责发生制为基础。"也就是说，在确认本期收入和费用时，应以权利和责任的发生与转移作为记账基础，凡是本期已经实现的收入和已经发生的费用，不论款项是否收付，都作为本期的收入和费用入账；凡是不属于本期的收入和费用，即使款项已在本期收付，也不应作为本期的收入和费用处理。

9. 配比原则。配比原则要求企业在进行会计核算时，收入与其成本、费用相互配比，同一会计期间内的各项收入和与其相关的成本、费用，应当在该会计期间确认。

配比原则是指一个会计期间的收入与取得收入所发生的成本、费用应相互配合，进行比较，以确定企业本期的经营成果。配比原则认为，企业的收入与成本、费用之间相互关联，存在着因果关系。因此，为了正确地确定本期的经营成果，《企业会计准则》第十六条规定："收入与其相关的成本、费用应当相互配比。"在同会计期间内登记入账。会计上的应计和递延账务处理程序就是建立在会计分期假设和配比原则基础上的。新制度所采用的制造成本法在一定程度上也是出于配比原则及权责发生制原则的考虑。

10. 历史成本原则。历史成本原则要求企业的各项财产在取得时按照实际成本计量。除法律、行政法规和国家统一的会计制度另有规定者外，企业一律不得自行调整其账面价值。

长期以来，不论是我国还是西方国家，计价基础都是采用历史成本（实际成本或原始成本）。这主要是因为历史成本是实际交易成本，可以验证，而且较之其他计量属性（如现行重置成本）更可信。但是，在物价变动时期，采用历史成本计价也存在资产不实、虚增盈利等缺陷。因此，世界上通货膨胀严重的国家，部分地采用了通货膨胀会计的一些处理方法，以消除物价变动对会计报表的影响，但在绝大多数国家仍然坚持采用历史成本原则。我国目前也是如此。但是，当企业存货价值发生较大变化时，也应以会计报表附注等形式补充列示。

11. 收益性支出与资本性支出划分原则。《企业会计准则》第二十条规定："会计核算应当合理划分收益性支出与资本性支出。凡支出的效益仅与本会计年度相关的，应当作为收益性支出；凡支出的效益与几个会计年度相关的，应当作为资本性支出。"收益性支出在发生时即记作当期的费用，从当期收入中即可得到补偿；而资本性支出在发生时应作为资产，在以后效益所及的各个会计年度分期转销为费用（如固定资产折旧、无形资产摊销等），并从效益所及的各期收入中得到补偿。按照权责发生制原则，应当分清这两种性质不同支出的界限。否则，若把资本性支出记为收益性支出，就会低估资产的价值和当期的收益，而夸大以后各期的收益；若把收益性支出错记为资本性支出，则会高估资产的价值和当期的收益，而虚减以后各期的收益。

当然，对于那些数额较小，或单位价值较低的资本性支出，虽然其支出的效益涉及多个会计期间，但为了简化核算程序，也可以将其作为收益性支出处理。如采用一次摊销法摊销低值易耗品的价值等。

12. 谨慎性原则。谨慎性原则又称为稳健性原则。谨慎性原则要求在进行会计核算时，不得多计资产或收益、少计负债或费用，并不得设置秘密准备。它实际上是会计对市场经济中的不确定性的风险的一种必然反映。它要求在会计核算中存在几种不同的处理方法时，应选择避免高估资产和收益的方法，使会计核算得出的经营成果尽可能建立在比较稳妥可靠的基础上。概括地讲，要考虑一切可能的损失，不要高估任何可能的收益。

在市场经济条件下，企业的经营活动必然存在市场竞争和经营风险。为了提高企业应付风险的能力，《企业会计准则》第十八条规定："会计核算应当遵循谨慎性原则和要求，合理核算可能发生的损失和费用。"考虑到我国的具体情况，再加上谨慎性原则较难把握，在一定程度上又与客观性原则相矛盾，因此，在我国会计准则和新会计制度中，有限度地采用了谨慎性原则。具体体现在允许计提坏账准备，特殊行业经财政部批准可采用加速折旧法等。

13. 重要性原则。重要性原则要求企业的会计核算过程中对交易或事项应当区别其重要程度，采用不同的核算方式。《企业会计准则》第二十一条规定：“财务报告应当全面反映企业的财务状况和经营成果。对于重要的经济业务，应当单独反映。”根据这一原则，在会计核算和会计报表中既要全面完整地记录和反映全部会计事项，同时，又应突出重点。具体地说，重要的经济业务，必须严格确认、计量、记录和报告，不能遗漏；次要的经济业务可适当地简化归并处理。这样，既可全面反映、保证会计信息的效用，又可节约会计核算的费用。这里应注意，确定是主要的还是次要的依据并不是会计处理的难易与否，而是对信息使用者决策影响的大小。为此，可从经济业务的数量和质量两个方面来考虑。一般来说，数量金额的大小是判断其重要与否的直接因素，不过它又有相对性。如相同金额的同一经济业务，对大企业而言，可能由于其影响微不足道而作为不重要项目处理，但对小企业而言，它则可能直接影响财务状况和经营成果，必须作为重要项目处理。所以，定量性的标准，应根据企业的具体情况加以确定。判断信息是否重要的另一方面是考虑经济业务的性质，分析它们是否对客观、全面地反映企业的财务状况和经营成果产生重大影响，如果是，即使数量金额较小，也必须详尽地处理反映。

另外，我国新制定的《企业会计制度》指出：企业应当按照交易或事项的经济实质进行会计核算，而不应当仅仅按照它们的法律形式作为会计核算的依据。这就是实质重于形式的原则。

（六）财务会计报告体系的构成内容

《企业财务会计报告条例》是企业编制财务会计报告的行为规范。该条例明确指出：财务会计报告是指企业对外提供的反映企业某一特定日期财务状况和某一会计期间经营成果、现金流量的文件。它主要包括对外报送的会计报表、会计报表附注和财务情况说明书。其中，财务报表又包括资产负债表、利润表和现金流量表。

1. 会计报表。

会计报表是财务会计报告编制的核心部分，是企业对外界输送会计信息的重要手段。不同经济性质，不同行业的企业、事业单位，其经济活动各有自身的特点，因而会计报表的种类和内容也有所不同。企业的会计报表根据其经济活动的特点和经营管理的需要，可从以下几个方面加以分类：

（1）会计报表按其反映的经济内容分为资产负债表、利润表和现金流量表及相关的附表。资产负债表是反映企业在某一特定日期财务状况的报表。资产负债表应当按照资产、负债和所有者权益（或者股东权益，下同）分类分项列示。利润表是反映企业在一定会计期间经营成果的报表。利润表应当按照各项收入、费用以及构成利润的各个项目分类分项列示。现金流量表是反映企业一定会计期间现金和现金等价物（以下简称现金）流入和流出的报表。现金流量表应当按照经营活动、投资活动和筹资活动的现金流量分类分项列示。

（2）会计报表按其编报的时间分为月报、季报和年报。月报于每月终了时编报一次，用来及时反映本月企业财务状况与经营成果。季报于每季度终了时编报一次，用来反映全季企业财务状况与经营成果。年报亦称年度决算报表，于每年终了时编报一次，用来全面反映企业财务状况与经营成果。以上会计报表，至于哪些报表应按月编报，哪些报表应按季编报，哪些报表按年编报，则应根据行业会计制度规定执行。如工业会计制度规定："企业向外报送的会计报表的具体格式和编制说明，由本制度规定；企业内部管理需要的会计报表由企业自行规定，企业会计报表应按月或按年报送当地财税机关、开户银行和主管部门。月份会计报表应于月份终了后 6 天内报出；年度会计报表应于年度终了后 35 天内报出，法律、法规另有规定者从其规定。

（3）会计报表按其编报的单位分类，。会计报表按其编报单位不同分为基层报表和汇总报表。基层报表是每一个独立核算的基层单位根据日常核算资料编制的会计报表。汇总报表是指上级主管部门根据单位会计报表和汇总单位本身的经济业务汇总编制而成的会计报表，汇总报表的编制，通常是指按照隶属关系，采取逐级汇总的办法编制，这样既便于各级单位使用汇总报表，又便于上级主管部门进行汇总。

（4）会计报表按其编制的用途分类。会计报表按其编制的用途不同分为内部报表和外部报表。内部报表是指企业根据其内部经营业务的需要而编制的供其内部管理人员使用的会计报表，如成本报表、责任中心的责任报告、预算执行情况报告等等。外部报表主要是为了满足国家宏观经济管理部门和投资人、债权人等会计信息的需求者而编报的一种报表。

2. 会计报表附注。

会计报表附注是为便于会计报表使用者理解会计报表的内容而对会计报表的编制基础、编制依据、编制原则和方法及主要项目等所作的解释。会计报表附注至少应当包括下列内容：

（1）不符合基本会计假设的说明；（2）重要会计政策和会计估计及其变更情况、变更原因及其对财务状况和经营成果的影响；（3）或有事项和资产负债表日后事项的说明；（4）关联方关系及其交易的说明；（5）重要资产转让及其出售情况；（6）企业合并、分立；（7）重大投资、融资活动；（8）会计报表中重要项目的明细资料；9. 有助于理解和分析会计报表需要说明的其他事项。

3. 财务情况说明书。

财务情况说明书是对一定会计期间内经营状况、经营成果进行分析总结的书面文字报告，是企业管理者、投资人及国家宏观经济管理部门了解和考核企业生产经营情况和工作业绩的重要资料。财务情况说明书主要说明企业的生产经营情况；利润实现和分配情况；资金增减和周转情况；税金缴纳情况；各项财产物资变动情况；对本期或下期财务状况发生重大影响的事项；资产负债表所列项目发生的对财务状况变动有重大影响的事项；需要说明的其他事项等。

三、财务会计报告的设计原则

财务会计报告是会计部门提供会计信息的重要手段。为了及时准确地提供会计信息，在设计财务会计报告时应遵循以下几个基本原则：

（一）全面完整性原则，充分满足各方面的需要

财务会计报告所提供的经济信息资料不仅是本企业单位内部管理人员和广大职工群众了解企业经营状况和经营成果的重要经济信息来源，而且还是投资者、债权人、国家宏观经济管理部门了解企业单位的财务状况、经营成果和经济效益，进行宏观经济决策的重要经济信息。因此，财务会计报告在设计时要满足各方面的需要，并充分反映重要的经济信息，以便财务会计报告使用者决策。

（二）重要性原则，对重要的经济业务应当单独反映

财务会计报告是会计部门向企业内外各有关方面提供会计信息的重要手段，财务会计报告的种类应根据会计对象的具体内容和经济管理的不同需要分别设置，形成完整的财务会计报告体系，以便全面反映和控制企业单位的经济活动。但同时又应突出重点，对于重要的经济业务，应当单独核算、单独反映；对于非重要的经济业务，则可简化、合并反映，以便提高财务会计报告的使用效率。

（三）清晰性原则，便于财务会计报告使用者理解和利用

财务会计报告的内容要简明概括，设置和分类以及列示方法，都应遵循清晰明了、便于理解和利用的原则。

（四）统一性原则，尽量采用国际通行的财务会计报告体系，统一和简化对外报送的财务会计报告

会计是一种国际上通用的商业语言，必须标准化，坚持指标统一、格式统一等原则，以便汇总和交流，使财务会计报告提供的资料能在更大范围内发挥作用。

四、财务会计报告的编制要求

（一）财务会计报告编制前的准备工作

财务会计报告的资料来源主要是账簿记录。为了如实地反映会计主体的财务状况

和经营成果，需要在前述会计信息确认的基础上进行再确认，即按财务会计报告的要素项目进行再确认，以期达到会计信息的实用性，在编制财务会计报告之前应做好以下准备工作：

（1）检查本期的经济业务是否全部登记入账，要进行账证、账账核对，不得为了赶编财务会计报告而提前结账，不得任意估计数字，严禁弄虚作假、篡改数字，检查账簿记录，如有不符，应查明原因，予以更正。

（2）核对账目，保证账实相符，如发现问题，要及时处理。

（3）按权责发生制原则进行期末账项调整；调整中增减应计入本期的收益或支出，正确计算本期损益。

（二）编制财务会计报告的要求

编制财务会计报告的目的，是要向财务会计报告的使用者提供会计信息。独立经济核算、独立编制财务会计报告的企业单位定期对外报送、公布的财务会计报告是一种负有法律责任的报告文件，因此，对编制财务会计报告主要有数字真实、计算准确、内容完整和报送及时等几个方面的要求。

1. 真实性。财务会计报告中的各项数字，必须以调整、核实相等后的账簿记录为依据，不能改变、增删，应列入财务会计报告而且已核实的会计信息，不能使用估计数字或推算数字，更不能弄虚作假，以保证财务会计报告数字的真实、客观。

2. 准确性。财务会计报告的各项数字主要来源于日常的账簿记录。但是，这并不是从账簿到财务会计报告数字的搬家，财务会计报告中有些项目金额是需要将有关账户的期末余额进行分析、计算整理后才能填列的，而且财务会计报告项目之间存在着一定的数字钩稽关系，各种财务会计报告之间、各个项目之间，凡有对应关系的指标，应该相互一致，指标之间应该衔接的必须衔接，以确保财务会计报告指标的正确性。

3. 完整性。财务会计报告是系统地、完整地反映会计主体的全部经济活动情况的书面文件，必须按照确定的种类、格式和内容来编制，不得漏编、漏报财务会计报告，也不得漏填、漏列财务会计报告项目。对不同会计期间应该编报的各种财务会计报告，都应该编报齐全，每种财务会计报告本身包括的各个项目及补充资料，必须详细填列齐全，不得遗漏。财务会计报告中需要加以说明的项目，应在会计报表附注中简要说明，以便财务会计报告使用者理解和利用，需要报合并会计报表的，也应完整编报。

4. 及时性。为了使财务会计报告使用者及时了解企业的会计信息，企业必须按确定的时间和程序，按时编制和报送财务会计报告，保证财务会计报告信息的时效性。

五、财务会计报告分析的目的

财务会计报告分析的总目标是要评价与研究企业的财务状况、偿债能力、营运能力和盈利能力，在总目标一致的情况下，不同的单位和个人对财务会计报告分析有着不同的要求。

（一）政府部门包括企业主管部门、财政和税务部门

他们主要关心企业是否落实了经营自主权；是否进入国际国内市场进行竞争；是否加快改革步伐，充分发挥市场机制的作用；是否推进技术进步，改进经营管理，提高企业经济效益；更关心企业的国有资产是否保值、增值以及盈利情况。所以，他们一般都要求全面地掌握财务会计报告分析的各种信息，作为代表国家指导企业经营的依据，以监督企业遵守党和国家的各项方针政策，及时掌握经济动态和全面调整行业结构。

（二）信用授予者对财务会计报告分析的目的和要求

信用授予者是指将资金授予企业的人。以一年授予期间为界限，可将信用分为短期信用和长期信用。短期信用主要是指银行和其他金融机构给予的期限在一年以内的短期融资。长期信用主要是指银行和其他金融机构给予企业的期限在一年以上的长期借款。在短期信用下，信用授予者主要考察企业短期偿债能力指标，看企业是否能按规定日期归还借款并付给利息；在长期信用下，分析范围扩大至营运资金流量、预测分析、资本结构分析、经营能力分析等。必要时，还需编制追溯以往财务报表，分析借款企业的历史财务状况和面临经济形势变化时的应变能力。

（三）赊销货物债权人对财务会计报告分析的目的和要求

赊销货物债权人主要关心负债企业资金的流动性。因为其债权具有短期性质，所以，只判断企业清偿债务的能力。

（四）债务投资人对财务会计报告分析的目的和要求

债务投资人的债务具有长期性质，因而他们主要关心发行债券的企业在一个较长时期内用现金偿付债券本息的能力如何。所以，他们一般可能通过该企业的资金结构、资金的主要来源与主要用途、企业获利能力，以及对未来获利能力的预测，来评价企业清偿债务的能力。

（五）股东对财务会计报告分析的目的和要求

股东是股份有限公司股票的投资者，是提供资金给企业的投资人，也是企业的风险承担者。主要关心企业目前收益与未来预期收益如何，收益是否稳定。因为只有收

益高，他们才能分得较高的股息和红利；只有收益高，股票才能升值，他们才能在股票交易中获得比较高的溢价收益。所以，他们分析的重点是企业的获利能力。

（六）企业管理者对财务会计报告分析的目的和要求

企业管理者包括企业厂长（经理）财会人员和其他职能部门的管理人员。他们主要关心企业当前的财务状况和资产的营运效率。因为他们只有通过分析评价企业的财务状况、经营成果和经济信息，才能随时掌握企业动态，才能应付不断变化的各种情况，据此作出合理决策，抓住各种投资机会，有效地筹集和运用资金。

（七）注册会计师对财务会计报告分析的目的和要求

注册会计师主要关心的是企业财务活动的合法性和效益性。所以，他们要求提供的财务会计报告的数据真实、准确、全面、及时。以使他们作出合理公正的判断，作出客观公正的评价。

（八）其他有关方面对财务会计报告分析的目的和要求

财务会计报告能广泛地满足社会各方面的需要。政府职能部门可以根据专题需要，运用企业财务会计报告分析的各种方法，对企业有关方面的工作进行检查或作为制订各种费用标准的依据；企业或行业工会可以利用财务会计报告，分析了解经费收支情况和实行民主理财；律师应用财务会计报告分析，主要是能发现有关问题的线索或获得有关财务案件的证据；证券交易机构的证券委员会通过审阅、分析公开发行股票的股份公司的财务会计报告，论证其可行性和可信度；专家学者通过财务会计报告分析，提高其咨询准确度，丰富教学内容，提高科研水平。

总之，不同的信息需要者对财务会计报告分析的目的和要求是不尽相同的。作为企业经营管理与分析人员，最关心的是企业财务会计报告分析。因为企业财务会计报告分析既是其他信息需求者分析的基础，又是企业经营分析的重点。所以，搞好企业财务会计报告分析对提高企业经营分析水平和为其他分析者提供及时、准确、全面的信息资料有重要作用。

六、财务会计报告分析的步骤和方法

（一）财务会计报告分析的步骤

从实际操作看，财务会计报告分析主要有如下四个步骤：

1. 确定分析标准。不同的使用者，因其立场不同，所以分析的目的也存在差异。阅读财务会计报告时，首先要清楚自己是站在何种立场上进行分析的，其次要明确以何种标准进行分析。阅读前，可以选定一个客观标准来衡量企业财务会计报告中的有关资料，从而转为客观地确定企业的财务状况和经营成果。一般可供选择的标准主要有三：一是以企业财务计划为标准；二是以企业某期历史资料为标准；三是以同行业平均数为标准。

2. 收集整理资料。财务会计报告体系是一个有机结合的整体，各报表之间相互联系，相互补充，共同表现企业的财务全貌。在正常情况下，所收集资料的覆盖期越长越好，覆盖面越广越好。因此，在考虑取得有关资料成本的前提下，尽可能地把各种财务会计报告有机地结合起来阅读。概括地说，包括：把不同主表结合起来阅读；把主表与附表结合起来阅读；把单个企业财务会计报告与合并报表以及企业外部财务会计报告与内部财务会计报告结合起来阅读。在此基础上，采用一定方法计算有关指标。

3. 解释并评价财务会计报告。这是财务会计报告分析的关键。这个阶段依照一些规律和分析者的经验，对有关资料和指标所代表的意义详细地分析解剖，得出结论。在这一步骤须选用适当的一种或多种分析方法。

4. 进行决策。企业经营管理者或其他财务会计报告使用者在明确财务会计报告所含信息后，针对自己的目的分别进行决策。例如投资者可以决定是增加持有股份数量，还是减少或完全抛售原有的股份。

（二）财务会计报告分析的方法

财务会计报告分析的具体方法是指在搜集、整理、分析企业各种资料、数据过程中所采用的方法。根据国际惯例和我国传统，这些方法主要包括比较分析法、比率分析法、趋势分析法、因素分析法、杜邦分析法、沃尔评分法等。现分别介绍如下：

1. 比较分析法。比较分析法是通过两个或两个以上相同内容的经济指标的对比，确定增减差异的一种分析方法。它是一种横向比较分析的方法。一般说来，经济指标的横向对比主要采用以下几种形式：

（1）本期实际指标和计划指标对比。通过这种对比分析，一方面可以评价企业各项计划任务的完成情况，另一方面也可用于鉴定企业本身的先进性。

（2）本期实际指标与同类先进企业实际指标对比。通过这种对比分析，可以找出本企业与先进企业的差距，从而增强企业挖潜改造的动力和参与同类先进企业竞争的能力。

（3）决策方案的收益与成本差量对比。通过决策方案的收益和成本差量对比分析，为企业决策与方案择优提供依据。

（4）本期实际指标与历史实际指标对比。通过这种对比，可以反映出该项指标的变动趋势，从动态上研究其变化特征和发展规律。

应当指出的是，运用比较法进行财务会计报告分析，必须注意以下几个问题：

第一，对比指标应具有可比性。比较分析法只适用于同质指标的数量对比。因此，对比经济指标的内容、计算方法、计价标准和时间单位等应相同或可比。另外，在比较不同企业间的相同指标时，还要注意它们之间的技术经济特点和企业所处自然条件等可比性。但可比性是相对的，不是绝对的。在进行对比分析时，为了使对比指标具有可比性，可以将某些指标做必要适当的调整换算。如对比成本费用指标，可以先将随产量变化而变化的变动费用计划指标按产量增减幅度进行调整，再同实际指标对比。

第二，对比指标在形式上一般总是相减或相除的关系。比较分析法对比确定的差异既可以是绝对数，也可以是相对数，绝对数和相对数分析可以弥补两者各自的不足。

第三，对比指标不仅要用数量差异说明，而且还要联系实际用文字分析。利用相互联系的数字对比，只能为企业经营分析提供线索和信号。真正要解决问题，必须通过实践，在充分发动群众的基础上，通过对比找出差距，算细账，挖潜力，提出改进的措施。而这些工作的最终成果则需要用文字进行综合、归纳和分析、说明。所以，完整的对比分析报告应该是数字对比和文字说明的统一。

2. 比率分析法。比率分析法是通过计算对比经济指标的比率，确定相对数差异的一种分析方法。它和比较分析法一样，都是经常使用的一种企业财务分析方法。比率分析法与比较分析法的共性在于都是采用将两数进行对比的手段来揭示经济指标之间的差异程度。两者的区别在于：一是比较分析法强调对比性，即只有同质的指标才能进行比较；而比率分析法除趋势比率要求按同质指标之间计算比率外，大多数比率是在虽不同质但相关的指标之间计算，比率是比较分析法的结果，主要是强调用绝对差异的大小表示同质指标变动的规模，辅以计算相对差异表示两同质指标变动的幅度；而比率分析法的分析结果纯粹以相对数表示，以说明两者的相互关系。

比率的形式很多，按照它们在分析中所起的作用不同，主要可以分为以下三种：

（1）相关比率。相关比率是指根据经济活动客观存在的相互依存、相互联系的关系，将两个性质不同但又相关的指标的数值相比，求出的比率。该比率便于从经营活动的客观联系中进行，便于更深入地认识企业生产经营状况，在通常情况下，也可按反映关系的不同，分以下几类：

①反映因果关系的比率，如资本金利润率等；②反映并列关系的比率，如固定资产与流动资产的比率等；③反映对应关系的比率，如流动比率等；④反映转化关系的比率，如存货周转率等。

（2）构成比率。也称结构比率。它是计算某项经济指标的各个组成部分占总体的比重，分析其构成内容的变化，从而掌握该项经济活动的特点与变化趋势。它是一种纵向比较分析的方法。例如，资产负债表上的每一项目都可以与总资产比较，计算出各个项目占总资产的比重，了解其对总资产的影响程度。通过计算连续各期资产负债表的结构比例，可以发现企业的哪些项目变得重要，哪些项目变得不重要。

构成比率也可用于利润表的分析，反映利润表上的所有项目占产品销售收入的比例，了解每一定量的销售收入中形成多少利润，成本费用占多少，税金占多少等等。

（3）趋势比率。趋势比率是将不同时期某项同类经济指标对比计算的比率。它反映了企业该项经济指标的变动趋势，从动态上研究其特征和发展变化规律。趋势比率分析的重要组成部分，与比较分析法联系最为密切。一是因为趋势比率的构成指标要求与比较分析法中不同时期比较形式相结合地运用，共同形成趋势分析法。因此，从严格意义上讲，趋势比率分析是一种用相除的形式表示的比较分析法。

3. 趋势分析法。趋势分析法是对企业不同时期经济指标进行对比，以确定其增减差异和变动趋势的一种分析方法。从一定意义上讲，它是将比较分析法和比率分析法结合起来运用的一种分析方法。在计划经济时期，财务分析着重运用实际财务指标与计划财务指标比较，以评价企业计划完成情况，为政府部门提供信息。在社会主义市场经济新形势和新的财务体系下，《企业财务通则》采用了国际通用的财务报表体系，设计了新的财务指标体系，更注重对不同时期的财务指标的比较和财务能力的变动趋势分析，从而改变了财务信息单纯为政府部门服务的做法，进而转向为企业投资者、债权人、经营者、政府管理部门以及关心企业的有关各方面服务，满足各方面的需要。因此，有必要将比较分析法中的不同对比形式与比率分析法中的趋势比率结合起来，组合成完整的趋势分析法。趋势分析法的计算指标包括差异数、差异率和趋势比率三项。

4. 因素分析法。因素分析法是用来计算几个相互联系的因素对综合经济指标影响程度和方向的一类分析方法。在企业生产经营活动中，一些综合经济指标的变动往往是由许多因素变动构成的。这些因素相互联系，按照同一方向或相反方向对综合经济指标的变动起着作用。

因此，只有从组成综合经济指标的各种原始因素去了解对综合经济指标的影响程度和方向，才能找出影响综合经济指标完成好坏的真正原因和责任所在。在此所说的综合经济指标是指由于各项相互联系的经济因素综合作用而产生的结果性经济指标；经济因素是指反映着因素关系，可采用因素分析法把各项经济因素对综合经济指标影响的程度和方向测算和分解出来。按测算的繁简程度和表现形式不同，因素分析法可分为连环替代法和差额计算法两种。

连环替代法又称连锁替代法，它是指通过逐个因素替换，计算几个相互联系的因素对综合经济指标变动影响的程度和方向的一种分析方法。它是因素分析法的一种基本形式，对说明因素分析法的基本原理具有重要作用。运用这种方法进行因素分析时，一般在测定和查明各个相互联系的因素变动对某项综合经济指标变动影响的程度和方向时，要按照各个因素影响的顺序，将其中一个因素视为可变因素，其他因素视作不变因素，逐个替代，依次计算，连环对比，联系分析，这样就可达到预期目的。连环替代法的计算分析程序如下：

（1）确定分析对象。按照各影响因素与综合经济指标之间的因果关系，列出分析计算公式，并以此计算综合经济指标实际与计划、与上期、与同类型先进企业的总差异数，确定分析对象。

（2）连环替代计算。进行连环替代计算，首先以计划数或上期数为基础，用各个因素的实际数逐次替换，有几个因素就替换几次，直到所有因素都变成实际数为止，每次替换后实际数就保留下来，每次替换后都按分析计算式求出新结果；其次将每次替换所得结果与前一次计算的结果相比较，两者的差额即为某一因素对综合经济指标变动的影响程度和方向；最后汇总各个因素的影响数额，其代数和等于综合经济指标实际数与计划、或与上期、或与同类型先进企业之间的总差异数。

（3）分析评价。利用上述计算结果，结合具体情况，即可对企业综合经济指标的变动做出正确的、切合实际的分析与评价。

采用连环替代法应注意下列问题：

第一，综合经济指标的组成因素必须与综合经济指标有内在的因果关系。影响综合经济指标的各项因素确实是能够反映形成该项综合经济指标差异的内在构成原因，否则，就失去了存在与分析的意义，也会影响分析的准确性。

第二，计算过程具有假定性。综合经济指标的变动，是由多因素变动综合影响的结果。要测定错综复杂、相互作用的各因素对综合经济指标变动的影响，就要有合理的假定。也就是说，用连环替代法测定某项因素对综合经济指标变动的影响时，是在假定其他因素不变的条件下进行的。否则不能分别测定。这种假定性尽管有一定的局限性，但它也有一定的适用性和合理性。所以，连环替代法仍不失为目前进行经营分析常采用的一种重要分析方法。

第三，因素替代的顺序性。用连环替代法测定各个因素对综合经济指标的影响程度和方向时，是按照通过影响因素与综合经济指标的因果关系分析后确定的顺序替代进行的。如果上述因素替代顺序改变了，则各个因素的影响程度也就不同。因此，在企业经营分析中，特别是在不同企业之间类比时，必须从可能替代的顺序中确定正确和一致的替代顺序，否则，各因素影响结果不具有可比性。确定替代顺序一般应遵循的原则是：如果因素分析式是相加减或相乘指标。如果因素分析式是分式，即相除关系，则应先替代分子，后替代分母。如果有几个数量指标与几个质量指标，或者是几个实物量指标与几个价值量指标影响某个综合经济指标的变动。这时要先分清基本因素和从属因素、主要因素和次要因素，然后再根据它们之间的依存关系来确定它们的替代顺序。

第四，计算程序的连环性。计算各个因素对综合经济指标总差异的影响，必须顺序连环地进行，不可采用不连环的方法计算。否则，计算出各个因素影响程度之和，就不可能等于综合经济指标的总差异数。

连环替代法是一种简单明了的因素分析法，它通过简便的计算，把较为复杂的经济指标总差异，分解为各个因素的影响份额，但如何确定正确的替代顺序，往往不易被人们所掌握。

差额计算法是利用各个因素实际数与计划数、或与上期数、或与同类型先进企业数之间的差额，来计算各个因素对综合经济指标变动的影响程度和方向的一种分析方法。它是因素分析法的一种简化形式。它与上述两种方法的区别在于此种方法替代的不是因素值，而是因素的差额值。

运用差额计算法时关键要记住一点，测定某项因素对综合经济指标差异的影响程度时，可以用那个因素的差额乘以排列在该项因素前面全部因素的本年实际数，同时要乘以排列在该因素后面的全部因素的本年计划数或上年实际数，其乘积即为该因素对综合经济指标差异的影响数。

第二节　资产负债表及其附表

一、资产负债表的内涵与结构

（一）资产负债表的含义

资产负债表是反映企业在某一特定日期（一般是月末、季末年末）财务状况的会计报表。该报表是静态报表，反映企业在某特定日期资产、负债和所有者权益及其构成情况，是依据“资产 = 负债 + 所有者权益”的会计等式，按照一定的分类标准和排列顺序，把企业在某一特定日期的资产、负债和所有者权益进行排列编制而成的。

（二）资产负债表的作用

资产负债表作为报表体系中主要会计报表之一，是通过对日常工作中形成的大量数据进行高度浓缩整理后编制而成的，它所提供的信息资料，对于企业内部管理部门、投资者、债权人、财税部门等有着重要的作用，具体表现在以下几个方面：

（1）资产负债表反映某一日期资产总额及其结构，表明企业拥有或控制的经济资源及其分布情况。例如，企业拥有多少资产？在资产总额中流动资产、长期投资、固定资产等所占比重如何？在流动资产中，流动资产和存货各占多少？在长期投资中，股权投资和债权投资各占多少？等等。通过对资产总额及其结构的了解来分析企业的资产结构是否合理，同时还可分析企业的营运能力等。

（2）资产负债表反映某一日期负债总额、所有者权益总额及其结构，便于掌握企业的负债及所有者权益的增减变动情况。

企业的资产有两个来源渠道，一个是债权人投资（即负债），另一个是所有者投资（即所有者权益），通过资产负债表，不仅可以了解企业的负债和所有者权益的多少，而且还可分析企业的资金结构是否合理，同时通过有关资产项目和负债项目、负债项目和所有者权益项目的对比，使有关方面掌握企业的偿债能力。

（3）资产负债表可以提供进行财务分析的基本资料，预测企业财务状况的发展趋势。资产负债表能够反映企业资产、负债、所有者权益的增减变化及其相互之间的对应关系，而且在该表中列示了年初数和期末数，通过同一时期相同项目的横向对比和不同时期相同项目的纵向对比，可以了解和分析企业财务状况的发展趋势，另外将该表与其他报表结合，还可以分析企业的盈利能力、营运能力等，为企业内部管理和外部有关报表使用者提供预见性信息。

（三）资产负债表的结构

资产负债表一般有三个组成部分，即表头、正表和补充资料。

1. 表头。列示报表名称、报表的编制单位、编制日期和报表中所使用的货币计量单位等内容。

2. 正表。是资产负债表所要反映的基本内容，主要包括资产、负债和所有者权益。我国资产负债表按账户式反映，分左右两方，左方列示资产各项目，右方列示负债与所有者权益各项目，资产各项目的合计等于负债和所有者权益各项目的合计。通过账户式资产负债表反映资产、负债和所有者权益之间的内在关系，并达到资产负债表左方和右方平衡。在金额栏内，设有“年初数”和“期末数”两栏，以便于报表使用者掌握和分析企业财务状况的变化及发展趋势。

3. 附注。是对正表中需要说明的事项按规定加以补充说明。

二、资产负债表的理解

资产负债表作为一种主要会计报表，是通过对日常工作中形成的大量数据进行高度浓缩整理后编制而成的，是反映某一时期企业资产、负债和所有者权益情况的报表，作为领导干部，要分析企业目前的财务状况，并对未来的发展趋势作出预测，必须正确理解资产负债表。

（一）资产负债表的三大项目

1. 资产。资产是指过去的交易、事项形成并由企业拥有或者控制的资源，该资源预期会给企业带来经济利益。按其流动性分为流动资产、长期投资、固定资产、无形资产和其他资产。

（1）流动资产。是指可以在1年或者超过1年的一个营业周期内变现或耗用的资产，主要包括现金、银行存款、短期投资、应收及预付款项、待摊费用、存货等。

（2）长期投资。是指除短期投资以外的投资，包括持有时间超过1年（不含1年）的各种股权性质的投资、不能变现或不准备随时变现的债券、其他债权投资和其他长期投资。

（3）固定资产。是指同时具有以下特征的有形资产：①为生产商品、提供劳务、出租或经营管理而持有的；②使用年限超过一年；③单位价值较高。

从这一定义可以看出，固定资产的最基本特征是，企业持有固定资产的目的是生产商品、提供劳务、出租或经营管理，而不是直接用于出售。这一特征就使固定资产明显区别于库存商品等流动资产。企业持有无形资产的目的也是生产商品、提供劳力、出租或经营管理，但是无形资产没有实物形态，而固定资产通常却表现为机器、机械、房屋建筑、运输工具等实物形态，所以无形资产不属于固定资产。固定资产准则在强调持有固定资产的目的和具有实物形态这两个特征外，还强调固定资产的使用年限超过一年和单位价值较高这两个特征。

（4）无形资产。是指企业为生产商品或者提供劳务、出租给他人、或为管理目的而持有的没有实物形态的非货币性长期资产。包括专利权、非专利技术、商标权、著作权、土地使用权、商誉等。

（5）其他资产。是指除以上资产以外的其他资产。如长期待摊费用等。

2. 负债。负债是指过去的交易、事项形成的现时义务，履行该义务预期会导致经济利益流出企业。按其流动性分为流动负债和长期负债。

（1）流动负债。是指将在1年（含1年）或者超过1年的一个营业周期内偿还的债务，包括短期借款、应付票据、应付账款、预收账款、应付工资、应付福利费、应付股利、应交税金、其他暂收应付款项、预提费用和一年内到期的长期借款等。

（2）长期负债。是指偿还期在1年或者超过1年的一个营业周期以上的负债。包括长期借款、应付债券、长期应付款等。

3. 所有者权益。所有者权益是指所有者在企业资产中享有的经济利益，其金额为资产减去负债后的余额。包括实收资本（或股本）资本公积、盈余公积和未分配利润等。

（1）实收资本（或股本）。是指投资者按照企业章程或者合同协议的约定，实际投入企业的资本。

（2）资本公积。是指由投资者投入但不能构成实收资本，或者从其他来源取得，由所有者享有的资金。包括资本溢价、接受捐赠资产、拨款转入、外币资本折算差额等。

（3）盈余公积。是指企业按照规定从净利润中提取的各种积累资金，按其用途不同分为一般盈余公积和公益金两类。

（4）未分配利润。是指企业留待以后年度进行分配的结存利润。

（二）资产负债表的具体内容

1. 资产项目。

（1）"货币资金"项目反映企业库存现金、银行结算户存款、外埠存款、银行汇票存款、银行本票存款、信用卡存款、信用证保证金存款等的合计数。本项目应根据"现金""银行存款""其他货币资金"账户的期末余额合计填列。

（2）"短期投资"项目。反映企业购入的各种能够随时变现、并准备随时变现的、持有时间不超过 1 年（含 1 年）的股票、债券和基金，以及不超过 1 年（含 1 年）的其他投资，减去已提跌价准备后的净额。本项目应根据"短期投资"账户的期末余额，减去"短期投资跌价准备"账户的期末余额后的金额填列。企业 1 年内到期的委托贷款，其本金和利息减去已计提的减值准备后的净额，也在本项目反映。

（3）"应收票据"项目。反映企业收到的未到期收款也未向银行贴现的应收票据，包括商业承兑汇票和银行承兑汇票。本项目应根据应收票据账户的期末余额填列。已向银行贴现和已背书转让的应收票据不包括在本项目内，其中已贴现的商业承兑汇票应在会计报表附注中单独披露。

（4）"应收股利"项目。反映企业因股权投资而应收取的现金股利，企业应收其他单位的利润，也包括在本项目内。本项目应根据"应收股利"账户的期末余额填列。

（5）"应收利息"项目。反映企业因债权投资而应收取的利息。企业购入到期还本付息债券应收的利息，不包括在本项目内。本项目应根据"应收利息"账户的期末余额填列。

（6）"应收账款"项目。反映企业因销售商品、产品和提供劳务等而应向购买单位收取的各种款项，减去已计提的坏账准备后的净额。本项目应根据"应收账款"账户所属各明细科目的期末借方余额合计，减去"坏账准备"账户中有关应收账款计提的坏账准备期末余额后的金额填列。如"应收账款"账户所属明细账户期末有贷方余额，应在本表"预收账款"项目内填列。

（7）"其他应收款"项目。反映企业对其他单位和个人的应收和暂付的款项，减去已计提的坏账准备后的净额。本项目应根据"其他应收款"账户的期末余额，减去"坏账准备"科目中有关其他应收款计提的坏账准备期末余额后的金额填列。

（8）"预付账款"项目。反映企业预付给供应单位的款项。本项目应根据"预付账款”账户所属各明细账户的期末借方余额合计填列。如“预付账款”账户所属有关明细账户期末有贷方余额的，应在本表“应付账款”项目内填列。如“应付账款”账户所属明细账户有借方余额的，也应包括在本项目内。

（9）“应收补贴款”项目。反映企业按规定应收的各种补贴款。本项目应根据“应收补贴款”账户的期末余额填列。

（10）“存货”项目。反映企业期末在库、在途和在加工中的各项存货的可变现净值，包括各种材料、商品、在产品、半成品、包装物、低值易耗品、分期收款发出商品、委托代销商品、受托代销商品等。本项目应根据“物资采购”“原材料”“低值易耗品”“自制半成品”“库存商品”“包装物”“分期收款发出商品”“委托加工物资”“委托代销商品”“受托代销商品”“生产成本”等账户的期末余额合计，减去“代销商品款”“存货跌价准备”账户期末余额后的金额填列。材料采用计划成本核算，以及库存商品采用计划成本或售价核算的企业，还应按加或减材料成本差异、商品进销差价后的金额填列。

（11）“待摊费用”项目。反映企业已经支出但应由以后各期分期摊销的费用。本项目应根据“待摊费用”账户的期末余额填列。“预提费用”账户期末如有借方余额，以及“长期待摊费用”账户中将于1年内到期的部分，也在本项目内反映。

（12）“其他流动资产”项目。反映企业除以上流动资产项目外的其他流动资产，本项目应根据有关账户的期末余额填列。如其他流动资产价值较大的，应在会计报表附注中披露其内容和金额。

（13）“长期股权投资”项目。反映企业不准备在1年内（含1年）变现的各种股权性质的投资的可收回金额。本项目应根据“长期股权投资”账户的期末余额，减去“长期投资减值准备”账户中有关股权投资减值准备期末余额后的金额填列。

2. 负债项目。

（1）“短期借款”项目。反映企业借入尚未归还的1年期以下（含1年）的借款。本项目应根据“短期借款”科目的期末余额填列。

（2）“应付票据”项目。反映企业为了抵付货款等而开出、承兑的尚未到期付款的应付票据，包括银行承兑汇票和商业承兑汇票。本项目应根据“应付票据”科目的期末余额填列。

（3）“应付账款”项目。反映企业购买原材料、商品和接受劳务供应等而应付给供应单位的款项。本项目应根据“应付账款”科目所属各有关明细科目的期末贷方余额合计填列。如“应付账款”科目所属各明细科目期末有借方余额，应在本表“预付账款”项目内填列。

（4）“预收账款”项目。反映企业预收购买单位的账款。本项目应根据“预收账款”

科目所属各有关明细科目的期末贷方余额合计填列。如“预收账款”科目所属有关明细科目有借方余额的，应在本表“应收账款”项目内填列。如“应收账款”科目所属明细科目有贷方余额的，也应包括在本项目内。

（5）“应付工资”项目反映企业应付未付的职工工资。本项目应根据“应付工资”科目期末贷方余额填列。如“应付工资”科目期末为借方余额，以“－”号填列。

（6）“应付福利费”项目反映企业提取的福利费的期末余额，以及外商投资企业按净利润提取的职工奖励及福利基金的期末余额。本项目应根据“应付福利费”科目的期末余额填列。

（7）“应付股利”项目反映企业尚未支付的现金股利。本项目应根据“应付股利”科目的期末余额填列。

（8）“应交税金”项目反映企业期末未交、多交或未抵扣的各种税金。本项目应根据“应交税金”科目的期末贷方余额填列；如“应交税金”科目期末为借方余额，以“－”号填列。

（9）“其他应交款”项目。反映企业应交未交的除税金、应付股利等以外的各种款项，如应交教育费附加等。本项目应根据“其他应交款”科目的期末贷方余额填列；如“其他应交款”科目期末为借方余额，以“－”号填列。

3. 所有者权益。

（1）“实收资本（或股本）”项目。反映企业各投资者实际投入的资本（或股本）总额。本项目应根据“实收资本”（或股本）科目的期末余额填列。

（2）“已归还投资”项目反映中外合作经营企业按合同规定在合作期间归还投资者的投资。本项目应根据“已归还投资”科目的期末借方余额填列。

（3）“资本公积”项目反映企业资本公积的期末余额。本项目应根据“资本公积”科目的期末余额填列。

（4）“盈余公积”项目反映企业盈余公积的期末余额。本项目应根据“盈余公积”科目的期末余额填列。其中，法定公益金期末余额，应根据“盈余公积”科目所属的“法定公益金”明细科目的期末余额填列。

（5）“未分配利润”项目反映企业尚未分配的利润。本项目应根据“本年利润”科目和“利润分配”科目的余额计算填列。未弥补的亏损，在本项目内以“－”号填列。

三、资产负债表的分析

阅读资产负债表，对表中各项目的含义有较全面的了解，对资产负债表有一个总的印象，这只是理解资产负债表的第一步，若要通过各个静止的单项数据来深入了解企业整个财务状况、存在的问题及企业发展趋势，真正掌握资产负债表，还必须根据资产负债表的资料进行分析。这里我们主要介绍短期偿债能力的指标分析和长期偿债能力的指标分析。

（一）短期偿债能力分析

在市场经济条件下，企业的债权人、投资者等报表阅读者都很关心企业的短期偿债能力，对任何一个企业来说，若短期偿债能力欠佳，则说明企业存在着资金不足的风险，同时还可能由于偿还不了短期债务而面临破产的威胁，这就会对企业的正常经营、融资等造成负面影响。

一般情况下，企业的短期债务和到期的长期债务需要用流动资产来偿还，除非破产、清算等情况发生，企业不会用固定资产等其他资产来偿还债务。因此，我们对短期偿债能力分析主要是利用流动资产、流动负债同时结合其他相关指标进行分析。评价企业短期偿债能力的财务指标有流动比率、速动比率、应收账款周转率和存货周转率等。

（二）长期偿债能力分析

长期偿债能力是指企业偿还长期债务的能力。长期偿债能力的指标分析，主要是为了确定企业偿还长期债务的本金和利息的能力。反映企业长期偿债能力的指标主要有资产负债率、产权比率、有形净值债务率等。

第三节 利润表及其附表

一、利润表的含义与结构

（一）利润表的含义

利润表是反映企业一定会计期间经营成果的动态报表。该表把一定期间的收入与其同一会计期间相关的费用进行配比，以计算出企业一定时期的净利润（或净亏损），是对企业在一定时期内经营活动成果及某些特定活动所带来的利润或损失情况的综合反映。它所提供的信息资料，对于企业的管理人员、投资者、债权人等报表使用者具有重要的作用。

（二）利润表的作用

利润表的作用主要表现在以下几个方面：

1. 利润表能够反映企业的经营成果。利润表以“收入 − 费用 = 利润”平衡式为基础，通过对企业定时期内收入和费用的反映，揭示了企业投入产出比例关系，表明了企业经营成果的大小和经济效益的高低。

2. 利润表是考核企业管理当局工作业绩的重要依据。利润表总括地反映了企业在一定期间内经营收支和经营成果情况，全面反映企业生产经营的收益情况及成本耗用情况。因此，利润表提供的资料，是考核企业管理当局工作业绩的重要依据。

3. 利润表为分析企业的盈利能力、预测企业利润的发展趋势提供了重要依据。利润表按照企业利润的形成过程，对营业利润、投资净收益和营业外收支进行分项反映，这一方面反映了企业利润的形成过程和结果，另一方面又反映了企业利润的构成情况，为企业盈利能力的分析提供了重要依据。同时通过利润表提供的不同时期的比较数字（本月数、本年累计数、上年数），可以分析企业今后利润的发展趋势和获利能力。

（三）利润表的结构

利润表由表头和正表两部分组成。

1. 表头部分。由报表名称、编制单位、报表时间和金额单位等内容组成。

2. 正表部分。采用多步式结构，分为五个部分：

第一部分是主营业务收入；

第二部分是主营业务利润，是以主营业务收入减去主营业务成本和主营业务税金及附加后的数额，用以反映主营业务成果；

第三部分是营业利润，是以主营业务利润加上其他业务利润，减去营业费用、管理费用和财务费用后的数额，用以反映企业的经营成果；

第四部分是利润总额，是以营业利润加上投资收益、补贴收入和营业外收入，减去营业外支出后的数额，用以反映企业的税前利润；

第五部分是净利润，是以利润总额减去所得税后的数额，用以反映企业的税后利润，即企业的净收益。

另外，为了不同时期利润的比较，分析企业利润的发展趋势，利润表各项目均设有“本月数”和“本年累计数”两栏，“本月数”栏内的金额主要反映当月利润实现的情况，“本年累计数”栏内的金额主要反映自年度开始起，至报告期止的累计数额。

二、利润表的理解

利润表是企业主要会计报表之一，是总括反映企业在一定时期（一般是月份、年度）内的经营成果的会计报表，它是由企业收入、费用和利润三大会计要素构成，是一种动态会计报表，作为领导干部来说，要看懂利润表，对利润表作出分析，必须正确理解利润表。

（一）利润表的三大构成要素

1. 收入。是指企业在销售商品、提供劳务及让渡资产使用权等日常活动中形成的经济利益的总流入，包括主营业务收入和其他业务收入。不包括为第三方或者客户代收的款项。

2. 费用。是指企业为销售商品、提供劳务等日常活动所发生的经济利益的流出，主要有主营业务成本、其他业务支出、营业费用、管理费用和财务费用等。

3. 利润。是指企业在一定会计期间的经营成果，其主要有营业利润、投资收益和营业外收支净额。它是评价企业经济效益最主要的依据。

（二）利润表的具体内容

1. “主营业务收入”项目。反映企业经营主要业务所取得的收入总额。本项目根据“主营业务收入”科目的发生额分析填列。

2. “主营业务成本”项目。反映企业经营主要业务发生的实际成本。本项目应根据“主营业务成本”科目的发生额分析填列。

3. “主营业务税金及附加”项目。反映企业经营主要业务应负担的营业税、消费税、城市维护建设税、资源税、土地增值税和教育费附加等。需要注意的是，该项目不包括增值税。由于增值税特殊的核算方法，企业所缴纳的增值税在利润表中反映不出来。在资产负债表附表应交增值税明细表中，将企业已交、未交增值税各方面的情况反映出来。本项目根据“主营业务税金及附加”科目的发生额分析填列。

4. “其他业务利润”项目。反映企业除主营业务以外取得的收入减去所发生的相关成本、费用，以及相关税金及附加等支出后的净额。本项目根据“其他业务收入”“其他业务支出”科目的发生额分析填列。

5. “营业费用”项目。反映企业在销售商品和商品流通企业在购入商品等过程中发生的费用。本项目根据“营业费用”科目的发生额分析填列。

6. “管理费用”项目。反映企业发生的管理费用。本项目应根据“管理费用”科目的发生额分析填列。

7. “财务费用”项目。反映企业发生的财务费用。本项目根据“财务费用”科目的发生额分析填列。

8. “投资收益”项目。反映企业以各种方式对外投资所取得的收益。本项目根据“投资收益”科目的发生额分析填列，若为投资损失，以“－”号填列。

9. “补贴收入”项目。反映企业取得的各种补贴收入以及退回的增值税等。本项目根据“补贴收入”科目的发生额分析填列。

10. “营业外收入”项目和“营业外支出”项目反映企业发生的与其生产经营无关的各项收入和支出。这两个项目分别根据“营业外收入”和“营业外支出”科目的发生额分析填列。

11. “利润总额”项目反映企业实现的利润总额。如为亏损总额，以“－”号填列。

12. “所得税”项目反映企业按规定从本期损益中减去的所得税费。本项目根据所得税”科目的发生额分析填列。

13. “净利润”项目反映企业实现的净利润。若为亏损，以“－”号填列。

三、利润表的分析

影响销售净利率的因素很多，既有销售结构、销售成本的影响，也有市场环境、管理决策等其他因素的影响，对该指标的分析，可促使领导干部更多地注意改进经营管理，降低成本，增加利润额，而不能单纯增加销售额，而且该指标剔除了对外投资和营业外收支的影响，反映企业经营业务本身的获利能力和竞争能力。

另外，由于每一行业、每一企业经营特点、经济环境、资本结构等不同，企业之间的销售利润率水平也不同，在利用该指标分析企业盈利能力时，不能简单地将不同企业的销售利润率的高低作为评估标准，应根据企业的特点结合以往会计期间的指标来进行分析评价。

四、利润分配表的理解与分析利润

（一）分配表的含义

利润分配表是反映企业一定期间对实现净利润的分配或亏损弥补情况，以及期末未分配利润结余情况的会计报表，是利润分配表的附表之一，说明利润表上反映的净利润的分配去向。

（二）利润分配表的结构

利润分配表由表头和正表两部分组成。

1. 表头部分列示报表的名称、编制单位、编制年份、报表编号、货币计量单位等。

2. 正表部分按照利润分配的顺序及内容，从上到下，依次列示净利润、可供分配的利润、可供投资者分配的利润及未分配利润等。

（三）利润分配表的项目

利润分配表是反映企业一定会计期间对实现的净利润以及以前年度未分配利润的分配或者亏损弥补的报表，是随着利润的产生而出现的，与利润表有着非常密切的因果关系，是利润表的一张附表。

1. 净利润项目。反映企业实现的净利润或净亏损。本项目的数字应与“利润表”

的“本年累计数”栏内的“净利润”项目一致。该项目把利润表和利润分配表上下连接起来。

2. 年初未分配利润反映企业年初未分配利润，若为未弥补的亏损，则以“—”列示。本项目数与上年利润分配表的“本年实际”栏内的“未分配利润”项目一致。同时，该项目与年初资产负债表的所有者权益下的“未分配利润”项目也一致。

3. 其他转入项目反映企业按规定用盈余公积弥补的亏损等转入的数额。本项目应根据“利润分配”科目下的有关明细科目分析填列。

4.“提取法定盈余公积”项目和“提取法定公益金”项目分别反映企业按照规定提取的法定盈余公积和法定公益金。这两个项目应根据“利润分配”项目下的“提取法定盈余公积”和“提取法定公益金”分析填列。

5. 提取职工奖励及福利基金项目反映外商投资企业按规定提取的职工奖励及福利基金。本项目应根据“利润分配”项目下的“提取职工奖励及福利基金”分析填列。

6. 提取储备基金项目和提取企业发展基金项目分别反映外商投资企业按规定提取的储备基金和企业发展基金。这两个项目应根据“利润分配”项目下的“提取储备基金”、“提取企业发展基金”分析填列。

7. 利润归还投资项目。反映中外合作经营企业按规定在合作期间以利润归还投资者的投资。本项目应根据“利润分配”项目下的“利润归还投资”分析填列。

8. 应付优先股股利项目。反映企业应分配给优先股股东的现金股利。本项目应根据“利润分配”项目下的“应付优先股股利”分析填列。

9. 提取任意盈余公积项目。反映企业提取的任意盈余公积。本项目应根据“利润分配”项目下的“提取任意盈余公积”分析填列。

10. 应付普通股股利项目反映企业应分配给普通股股东的现金股利。企业分配给投资者的利润，也在该项目反映。本项目应根据“利润分配”项目下的“应付普通股股利”项目分析填列。

11. 转作资本（或股本）的普通股股利项目反映企业分配给普通股股东的股票股利。企业以利润转增的资本，也在本项目反映。本项目应根据“利润分配”项目下的“转作资本（或股本）的普通股股利”分析填列。

12. 未分配利润项目反映企业年末尚未分配的利润。如为未弥补的亏损，以“－”填列。本项目与年末资产负债表的股东权益下的“未分配利润”项目一致。

（四）利润分配表的分析

利润分配是企业财务管理主要内容之一，利润分配情况与企业的经营有着密切的联系。我们知道，支付给投资者（或股东）的利润与留在企业的保留盈余，存在此消彼长的关系，股利分配既决定给投资者（或股东）分配多少红利，也决定有多少净利留在企业。当公司现金支付的压力较大时，可以不分配普通股现金股利，从而增加留存收益。反之，可通过分配现金股利，来提高企业地位，维持良好形象。另外，当企业经营成果较好时，也可分配股票股利，将利润转为资本。也就是说，利润分配情况影响着企业未来的经营活动，它预示着企业未来面临的资金压力的程度。通过对利润分配表的分析，不仅可以了解利润分配的去向，而且通过利润分配结构的变动，还可以了解和掌握企业经营的发展趋势。

第四节　现金流量表

一、现金流量表的含义与结构

（一）现金流量表的含义

现金流量表是以现金为基础编制的财务状况变动表。它反映了企业在一定期间内现金的流入和流出，表明企业获得现金和现金等价物（以下在提及现金时，除非同时提及现金等价物，均包括现金和现金等价物）的能力。

（二）现金流量表的作用

现金流量表提供了一定期间的现金流入和流出信息，汇总说明企业在一定会计期间的营业活动、投资活动和筹资活动的动态情况。其主要作用可概括为以下几点：

1. 现金流量表说明企业偿还债务及支付企业所有者的投资报酬能力。企业能否偿还到期债务，能否向投资者支付股利，不能仅以获得利润的多少作为衡量标准，利润不能代表企业真正具有偿债和支付能力。在实际经济生活中，有的企业有盈利却没有足够的现金支付工资、股利和偿付债务，有的企业没有盈利却有足够的现金偿付能力。之所以产生这种情况，最主要的是由会计核算采用的权责发生制、配比原则等所含的估计因素所致。现金流量表完全以现金的收支为基础，消除了由于会计核算采用的估计等所产生的获利能力和支付能力不确切的影响，使投资者和债权人等报表使用者真正了解企业获取现金的能力和现金偿付能力，为其决策提供更为确切有用的信息。

2. 现金流量表说明了企业现金收支产生差异的原因。通过现金流量表，能够看出企业在一定期间有多少现金流入企业，从何渠道流入，又有多少现金流出企业，用于何处以及现金流入与流出的差异。它反映了企业现金流入与流出的全貌。

3. 现金流量表能够评估企业未来获取现金的能力。现金流量表以现金的流入和流出反映企业在一定期间经营活动、投资和筹资活动的动态情况。现金流量表中反映的经营活动、投资和筹资活动中产生和获取的现金流量表明了其营业、投资和筹资活动产生和获取现金流量的能力。通过现金流量表及其他财务信息，可以评估企业未来获取现金的能力。

4. 现金流量表能够评估企业当期的现金与非现金投资和理财事项对企业财务状况的影响。资产负债表是一张静态报表，只能反映企业一定日期的财务状况，不能反映企业财务状况变动的原因，也不能反映企业的投资、筹资给企业带来多少现金，又用去多少现金。利润表虽然是一张动态报表，但其只能提供企业一定期间的利润总额及其构成情况，也不能反映其理财活动给企业带来和支付现金的多少。只有现金流量表能够反映企业现金的流入和流出信息，以及资产、负债、净资产的变动原因。

5. 现金流量表能够提供不涉及现金收支的投资和筹资活动信息。现金流量表不但反映了企业与现金有关的投资和筹资活动信息，对于不涉及当期现金收支，但影响企业财务状况，或可能在未来影响企业现金流量的重大投资活动、筹资活动也在报表附注中加以说明。如以固定资产偿还债务、以承担债务形式购置资产等。

（三）现金流量表的结构

现金流量表的结构一般采用多步式。它由以下六大部分组成：

1. 经营活动产生的现金流量。经营活动是指企业投资活动和筹资活动以外的所有交易和事项。如销售商品、提供劳务、交纳税款等，经营活动现金流量包括经营活动现金流入量和经营活动现金流出量。

2. 投资活动产生的现金流量。投资活动是指企业长期资产的购建和不包括在现金等价物范围内的投资及其处置活动。这里所指的长期资产是指固定资产在建工程、无形资产、其他资产等持有期限在一年或一个营业周期以上的资产。这里之所以将“包括在现金等价物范围内的投资”排除在外，是因为已经将包括在现金等价物范围内的投资视同现金。投资活动主要包括取得和收回投资、购建和处置固定资产、无形资产和其他长期资产等。投资活动产生的现金流量包括投资活动现金流入量和投资活动现金流出量。

3. 筹资活动产生的现金流量。筹资活动是指导致企业资本及债务规模和构成发生变化的活动，包括吸收投资、发行股票、分配利润、发行债券、借入资本、偿还债务等。筹资活动的现金流量包括筹资活动现金流入量和筹资活动现金流出量。

4. 汇率变动对现金的影响。

5. 现金及现金等价物净增加额。

6. 补充资料。

二、现金流量表的理解

（一）现金流量表的编制基础

1. 现金概念。现金流量表是以现金为基础编制的，这里的现金不是我们通常讲的现金，而是指企业库存现金、随时可用于支付的存款以及现金等价物。具体包括：

（1）库存现金。指企业持有可随时用于支付的现金限额。（2）银行存款。指企业存在银行或其他金融机构，随时可以用于支付的存款。（3）其他货币资金。指企业存在银行有特定用途的资金或在中途尚未收到的资金。如外埠存款、银行汇票存款、银行本票存款和在途货币资金等。（4）现金等价物。指企业持有的期限很短、流动性强、易于转换为已知金额的现金、价值变动风险很小的投资。

现金等价物虽然不是现金，但其支付能力与现金的差别不大，可视为现金。如，企业为保证支付能力，持有必要的现金，为了不使现金闲置，可以购买短期债券，在需要现金时，随时可以变现。

一项投资被确认为现金等价物必须同时具备四个条件：期限短、流动性强、易于转换为已知金额现金、价值变动风险很小。在实务中，一般将三个月内到期的国债投资视为现金等价物。

2. 影响现金流量的因素。现金流量是指某一时期内企业现金流入和流出的数量。企业日常经营业务是影响现金流量的重要因素，但并不是所有经营业务都影响现金流量。影响和不影响现金流量的因素主要包括：

（1）现金各项目与非现金各项目之间的增减变动，会影响现金流量净额的变动。如用现金购买固定资产、用现金对外投资、销售商品收到现金等，均涉及现金与非现金各项目的增减变动，从而使现金流入或现金流出发生变动，使现金流量净额增加或减少。

（2）现金各项目之间的增减变动，不会引起现金流量净额的变动，如将现金存入银行，从银行提取现金，用现金购买短期国库券等，均属于现金各项目之间内部资金的转换，不会使现金流量增加或减少。

（3）非现金各项目之间的增减变动，不会影响现金流量净额的变动，如以固定资产偿还债务、以固定资产对外投资和以存货偿还债务等，均属于非现金项目之间的转换，不涉及现金收支，不会使现金流量增加或减少。

（二）现金流量表编制的内容

1. 经营活动产生的现金流量。

（1）“销售商品、提供劳务收到的现金”项目，反映企业销售商品、提供劳务实际收到的现金（含销售收入和应向购买者收取的增值税额），包括本期销售商品、提供劳务收到的现金，以及前期销售和前期提供劳务本期收到的现金和本期预收的账款，减去本期退回本期销售的商品和前期销售本期退回的商品支付的现金。企业销售材料和代购代销业务收到的现金，也在本项目反映。本项目可以根据“现金”“银行存款”“应收账款”“应收票据”“预收账款”“主营业务收入”“其他业务收入”等科目的记录分析填列。

（2）“收到的税费返还”项目，反映企业收到返还的各种税费如收到的增值税、消费税、营业税、所得税、教育费附加返还等。本项目可以根据“现金”“银行存款”“主营业务税金及附加”“补贴收入”“应收补贴款”等科目的记录分析填列。

（3）“收到的其他与经营活动有关的现金”项目，反映企业除了上述各项目外，收到的其他与经营活动有关的现金流入，如罚款收入、流动资产损失中由个人赔偿的现金收入等。其他现金流入如价值较大的，应单列项目反映。本项目可以根据“现金”“银行存款”“营业外收入”等科目的记录分析填列。

（4）“购买商品、接受劳务支付的现金”项目，反映企业购买材料、商品、接受劳务支付的现金，包括本期购入材料、商品、接受劳务支付的现金（包括增值税进项税额），以及本期支付前期购入商品、接受劳务的未付款项和本期预付款项。本期发生的购货退回、收到的现金应从本项目内减去。本项目可以根据“现金”“银行存款”“应付账款”“应付票据”“主营业务成本”等科目的记录分析填列。

（5）“支付给职工以及为职工支付的现金”项目，反映企业实际支付给职工，以及为职工支付的其他费用。不包括支付的离退休人员的各项费用和支付给在建工程人员的工资等。企业支付给离退休人员的各项费用，在“支付的其他与经营活动有关的现金”项目中反映；支付的在建工程人员的工资，在“购建固定资产、无形资产和其他长期资产所支付的现金”项目中反映。本项目可以根据“应付工资”“现金”“银行存款”等科目的记录分析填列。

企业为职工支付的养老、失业等社会保险基金、补充养老保险、住房公积金、支付给职工的住房困难补助，以及企业支付给职工或为职工支付的其他福利费用等，应按职工的工作性质和服务对象，分别在本项目和在“购建固定资产、无形资产和其他长期资产所支付的现金”项目中反映。

（6）“支付的各项税费”项目，反映企业按规定支付的各种税费，包括本期发生并支付的税费，以及本期支付以前各期发生的税费和预交的税金，如支付的教育费附加、矿产资源补偿费、印花税、房产税、土地增值税、车船使用税、预交的营业税等。不包括计入固定资产价值实际支付的耕地占用税等，也不包括本期退回的增值税、所得税，本期退回的增值税、所得税在“收到的税费返还”项目中反映。本项目可以根据“应交税金”“现金”“银行存款”等科目的记录分析填列。

（7）“支付的其他与经营活动有关的现金”项目，反映企业除上述各项目外，支付的其他与经营活动有关的现金流出，如罚款支出、支付差旅费、业务招待费现金支出、支付的保险费等，其他现金流出如价值较大的，可以单列项目反映。本项目可根据有关科目的记录分析填列。

2. 投资活动产生的现金流量

（1）“收回投资所收到的现金”项目，反映企业出售、转让或到期收回除现金等价物以外的短期投资、长期股权投资而收到的现金，以及收回长期债权投资本金而收到的现金。不包括长期债权投资收回的利息，以及收回的非现金资产。本项目可以根据“短期投资”“长期股权投资”“现金”“银行存款”等科目的记录分析填列。

（2）“取得投资收益所收到的现金”项目，反映企业因股权性投资和债权性投资而取得的现金股利、利息，以及从子公司、联营企业和合营企业分回利润收到的现金。不包括股票股利。本项目可以根据“现金”“银行存款”“投资收益”等科目的记录分析填列。

（3）“处置固定资产、无形资产和其他长期资产所收回的现金净额”项目，反映企业处置固定资产、无形资产和其他长期资产所取得的现金，减去为处置这些资产而支付的有关费用后的净额。由于自然灾害所造成的固定资产等长期资产损失而收到的保险赔款收入，也在本项目反映。本项目可以根据“固定资产清理”“现金”“银行存款”等科目的记录分析填列。

（4）“收到的其他与投资活动有关的现金”项目，反映企业除了上述各项以外，收到的其他与投资活动有关的现金流入。其他现金流入如价值较大的，可以单列项目反映。本项目可以根据有关科目的记录分析填列。

（5）“购建固定资产、无形资产和其他长期资产所支付的现金”项目，反映企业购买、建造固定资产，取得无形资产和其他长期资产所支付的现金，不包括为购建固定资产而发生的借款利息资本化的部分，以及融资租入固定资产支付的租赁费。借款利息和融资租入固定资产支付的租赁费，在筹资活动产生的现金流量中反映。本项目可以根据“固定资产”“在建工程”“无形资产”“现金”“银行存款”等科目的记录分析填列。

（6）“投资所支付的现金”项目，反映企业进行权益性投资和债权性投资支付的现金，包括企业取得的除现金等价物以外的短期股票投资、短期债券投资、长期股权投资、长期债权投资支付的现金，以及支付的佣金、手续费等附加费用。本项目可以根据“长期股权投资”“长期债权投资”“短期投资”“现金”“银行存款”等科目的记录分析填列。

企业购买股票和债券时，实际支付的价款中所包含的已宣告但尚未领取的股利或已到付息期但尚未领取的债券的利息，应在投资活动的“支付的其他与投资活动有关的现金”项目反映；收回购买股票和债券时支付的已宣告但尚未领取的现金股利或已到付息期但尚未领取的债券的利息，在“收到的其他与投资活动有关的现金”项目中反映。

（7）“支付的其他与投资活动有关的现金”项目，反映企业除了上述各项外，支付的其他与投资活动有关的现金流出。其他现金流出如价值较大的，应单列项目反映。本项目可以根据有关科目的记录分析填列。

第五节　会计报表附注

一、会计报表附注的编制、理解与分析

（一）会计报表附注的作用

会计报表附注是为了便于会计报表的使用者阅读理解会计报表的内容而对会计报表的编制基础、编制依据、编制原则和方法及主要的项目所做的解释。它是对会计报表的补充说明，是财务会计报表的重要组成部分。

比如，对于一种经济业务，可能存在不同的会计原则和会计处理方法，也就是说有不同的会计政策可供选择。如果不交代会计报表中的这些项目是采用什么原则和方法确定的，就会给会计报表使用者带来一定的困难。这就需要在会计报表附注中加以说明。又如，可比性是一项重要的会计原则，它要求前后各期采用的会计政策应当保持一致，不得随意变更。由于会计法规发生变化，或者为了更加公允地反映企业的实际情况，企业有可能改变会计报表中某些项目的会计政策，由于不同期间的会计报表中对同一个项目采用了不同的会计政策，影响了不同期间会计报表的可比性，为了帮助会计报表使用者掌握会计政策的变化，也需要在会计报表附注中加以说明。再如，会计报表由于形式的限制，只能按大类设置项目，反映总括情况，至于各项目内部的情况以及项目背后的情况往往难以在表内反映，比如，资产负债表中的应收账款只是个年末余额，至于各项应收账款的账龄情况就无从得知，而这方面信息对于会计报表使用者了解企业信用资产质量却是必要的，所以往往需要在会计报表附注中提供应收账款账龄方面的信息。

（二）报表附注的编制、理解与分析

企业会计制度规定，会计报表附注至少应当包括下列内容：

1. 不符合会计核算前提的说明。

2. 重要会计政策和会计估计的说明。

3. 重要会计政策和会计估计变更的说明，以及重大会计差错更正的说明。对此，企业需要披露以下内容：

（1）会计政策变更的内容和理由，包括对会计政策变更的简要阐述、变更的日期、变更前采用的会计政策和变更后所采用的新会计政策及会计政策变更的原因。

（2）会计政策变更的影响数，包括采用追溯调整法时，计算出的会计政策变更的累积影响数；会计政策变更对本期以及比较会计报表所列其他各期净损益的影响金额；比较会计报表最早期间期初留存收益的调整金额。

（3）累积影响数不能合理确定的理由，包括在会计报表附注中披露累积影响数不能合理确定的理由以及由于会计政策变更对当期经营成果的影响金额。

（4）会计估计变更的内容和理由，包括会计估计变更的内容、变更的日期以及为什么要对会计估计进行变更。

（5）会计估计变更的影响数，包括会计估计变更对当期损益的影响金额，以及对其他各项目的影响金额。

（6）会计估计变更影响数不能合理确定的理由。

4. 或有事项的说明。对此，企业需要披露或有负债的类型及其影响；已贴现商业承兑汇票形成的或有负债；未决诉讼、仲裁形成的或有负债；为其他单位提供债务担保形成的或有负债；其他或有负债（不包括可能导致经济利益流出企业的或有负债）。对于或有负债而言，企业应披露以下内容：或有负债形成的原因；或有负债预计产生的财务影响（如无法预计，应说明理由）；或有负债获得补偿的可能性。如果或有资产很可能会给企业带来经济利益时，则应说明形成的原因及其产生的财务影响。

5. 资产负债表日后事项的说明。对此，企业应说明股票和债券的发行、对一个企业的巨额投资、自然灾害导致的资产损失以及外汇汇率发生较大变动等非调整事项的内容，估计对财务状况、经营成果的影响；如无法作出估计，应说明其原因。

6. 债务重组的说明。

（1）债务重组方式。包括以低于债务账面价值的现金清偿债务、以非现金资产清偿债务、债务转为资本、修改其他债务条件以及混合重组方式等。债务人需要披露债务重组是以哪一种方式进行的。

（2）因债务重组而确认的资本公积总额。债务人可能发生多项债务重组，并确认多项资本公积。企业会计制度仅要求披露确认的资本公积总额，不要求分别披露每项债务重组确认的资本公积。需要说明的是，并不是每项债务重组交易都会确认资本公积，有些债务重组交易可能要确认债务重组损失。

（3）将债务转为资本所导致的股本（实收资本）增加额。对于股份有限公司，是披露债务转为资本所导致的股本增加额；对于其他企业，是披露债务转为资本所导致的实收资本增加额。债务人可能有多项债务重组涉及债务转为资本，企业会计制度仅要求披露债务转为资本所导致的股本（实收资本）总增加额，不要求分别披露每项债务重组所导致的股本（实收资本）增加额。

（4）或有支出。债务人可能有多项债务重组涉及或有支出。企业会计制度仅要求汇总披露或有支出金额，不要求分别披露每项或有支出金额。

二、财务情况说明书的理解与撰写

（一）财务情况说明书的作用

财务情况说明书是对企业一定会计期间内生产经营、资金周转和利润实现及分配等情况的综合性说明，是财务会计报告的重要组成部分。它全面扼要地提供企业生产经营、财务活动情况，分析总结经营业绩和存在的不足，是财务会计报告使用者了解和考核有关单位生产经营和业务活动开展情况的重要资料。

财务情况说明书是对企业一定会计期间内的财务、成本等情况，以文字为主，结合数字指标所作的书面分析报告。企业之所以在报送会计报表的同时，还要附送财务情况说明书，乃是为了便于报表使用者更好地理解会计报表所提供的信息。会计报表所提供的信息过于综合，报表的使用人可能会感到比较抽象，不利于他们透彻地了解企业的财务状况和经营成果方面的信息。事实上，有相当多的报表使用者是从财务情况说明书得到他们所需要的信息的。

（二）财务情况说明书的撰写

企业会计制度规定，财务情况说明书至少应对下列情况作出说明：企业生产经营的基本情况；利润实现和分配情况；资金增减和周转情况；对企业财务状况、经营成果和现金流量有重大影响的其他事项。

1. 企业生产经营的基本情况。企业通常需要反映以下有关企业生产经营的基本情况：企业主营业务范围及经营情况；企业所处的行业以及在本行业中的地位，如按销售额排列的名次；企业员工的数量和专业素质情况；经营中出现的问题与困难及解决方案；对企业业务有影响的知识产权的有关情况；经营环境的变化；新年度的业务发展计划，生产经营的总目标及措施；开发、在建项目的预期进度；配套资金的筹措计划；需要披露的其他业务情况及事项。

2. 利润实现和分配情况。利润实现和分配情况，主要是指企业本年度实现的净利润及其分配情况，如，实现的净利润是多少；在利润分配中，提取法定盈余公积金和法定公益金各有多少；累计可分配利润有多少；此外企业还应反映资本公积金转增实收资本（或股本，下同）的情况；等等。如果在本年度内没有发生利润分配情况或资本公积转增实收资本情况，则企业需要在财务情况说明书中明确说明。企业利润的实现和分配情况，对于判断企业发展前景至关重要，所以，需要企业披露有关利润实现和分配情况方面的信息。

3. 资金增减和周转情况。资金增减和周转情况主要反映年度内企业各项资产、负债、所有者权益、利润构成项目的增减情况及其原因，这对于财务会计报告使用者了解企业的资金变动情况具有非常重要的意义。

4. 税金交纳情况。这一部分主要反映企业应向国家缴纳的流转税、所得税以及各种附加的缴纳情况。

5. 各项财产物资的变动情况。这一部分主要说明本期各项财产物资的增减，包括各项物资的盘亏、盘盈、毁损和报废情况，等等。

6. 对本期或者下期财务状况发生重大影响的事项。这些事项，包括将在下期对机器设备大修、偿还数额很大的负债，或接受投资等。

7. 资产负债表日后至报出财务报告前发生的对企业财务状况变动有重大影响的事项。企业结账后至报表报出前所发生的经济事项，是企业正常的生产经营活动的一部分，由于时间关系不能在报表中反映，因此，为了反映企业生产经营活动的全貌，应在财务情况说明书中作补充反映。

8. 要说明的其他事项。这一部分，主要说明除 1 到 7 项之外的其他需要说明的事项。

第六章　财务管理精细化及其风险防范

企业精细化管理是企业为适应现代企业制度的要求而建立起来的一种科学管理模式，它将企业的各个环节进行流程细分，进而实行精确计划、精确决策、精确控制、精确考核，扭转了传统集约化和购买化的生产方式。本章内容包括财务管理界定及其目标、财务管理的价值观念解读、财务管理环境与组织机构、财务管理中的精细化管理实现、财务管理风险成因与防范。

第一节　财务管理界定及其目标

财务管理是组织企业财务活动、处理财务关系的一项经济管理工作。因此，要了解什么是财务管理，必须先分析企业的财务活动和财务关系。

一、企业财务活动与财务关系

（一）企业财务活动

企业财务活动是以现金收支为主的企业资金收支活动的总称。在市场经济条件下，一切物资都具有一定的价值，它体现了耗费于物资中的社会必要劳动量，社会再生产过程中物资价值的货币表现就是资金。在市场经济条件下，资金是进行生产经营活动的必要条件。企业的生产经营过程一方面表现为物资的不断购进和售出；另一方面表现为资金的支出和收回。企业的经营活动不断进行，也就会不断产生资金的收支。企业资金的收支构成了企业经济活动的一个独立方面，这便是企业的财务活动。企业财务活动可分为以下四个方面：

1. 由企业筹资引发的财务活动

企业从事经营活动，首先必须解决的是通过什么方式、在什么时间筹集多少资金。在筹资过程中，企业通过发行股票、发行债券、吸收直接投资等方式筹集资金，表现为企业资金的收入；而企业偿还借款、支付利息和股利以及付出各种筹资费用等，则表现为企业资金的支出。这种因为资金筹集而产生的资金收支，便是由企业筹资引起的财务活动。

在进行筹资活动时，财务人员首先要预测企业需要多少资金，是通过发行股票取得资金还是向债权人借入资金，两种方式筹集的资金占总资金的比重应各为多少等。假设公司决定借入资金，那么是发行债券好还是从银行借入资金好呢？资金应该是长期的还是短期的？资金的偿付是固定的还是可变的？等等。财务人员面对这些问题时，一方面要保证筹集的资金能满足企业经营与投资的需要；另一方面还要使筹资风险在企业的掌控之中，一旦外部环境发生变化，企业不至于由于无法偿还债务而陷入破产。

2. 由企业投资引发的财务活动

企业筹集资金的目的是把资金用于生产经营活动以取得盈利，不断增加企业价值。企业把筹集到的资金用于购置自身经营所需的固定资产、无形资产等，便形成企业的对内投资；企业把筹集到的资金投资于其他企业的股票、债券，与其他企业联营进行投资以及收购另一个企业等，便形成企业的对外投资。企业无论是购买内部所需的各种资产还是购买各种证券，都需要支出资金。当企业变卖其对内投资的各种资产或收回其对外投资时，会产生资金的收入，而这种因企业投资而产生的资金收支，便是由投资引起的财务活动。

在进行投资活动时，由于企业的资金是有限的，因此应尽可能将资金投放在能带给企业最大报酬的项目上。由于投资通常在未来才能获得回报，因此，财务人员在分析投资方案时，不仅要分析投资方案的资金流入与资金流出，而且要分析公司为获得相应的报酬还需要等待多久。当然，获得回报越早的投资项目越好。另外，投资项目几乎都是有风险的，一个新的投资项目可能成功，也可能失败，因此，财务人员需要找到一种方法对这种风险因素加以计量，从而判断选择哪个方案、放弃哪个方案，或者将哪些方案进行组合。

3. 由企业经营引发的财务活动

企业在正常的经营过程中，会发生一系列的资金收支。首先，企业要采购材料或商品，以便从事生产和销售活动，同时，还要支付工资和其他营业费用；其次，当企业将产品或商品售出后，便可取得收入，收回资金；最后，如果企业现有资金不能满足企业经营的需要，还要采取短期借款方式来筹集所需资金。上述各方面都会产生资金的收支，属于企业经营引起的财务活动。

在企业经营引起的财务活动中，主要涉及的是流动资产与流动负债的管理问题，其中关键是加速资金的周转。流动资金的周转与生产经营周期具有一致性，在一定时期内，资金周转快，就可以利用相同数量的资金生产出更多的产品，取得更多的收入，获得更多的报酬。因此，如何加速资金的周转、提高资金的利用效率，是财务人员在这类财务活动中需要考虑的主要问题。

4. 由企业分配引发的财务活动

企业在经营过程中会产生利润，也可能会因对外投资而分得利润，这表明企业有了资金的增值或取得了投资报酬。企业的利润要按规定的程序进行分配：首先要依法纳税；其次要用来弥补亏损，提取盈余公积；最后要向投资者分配股利。这种因利润分配而产生的资金收支便属于由利润分配引起的财务活动。

在分配活动中，财务人员需要确定股利支付率的高低，即将多大比例的税后利润用来支付给投资人。过高的股利支付率，会使较多的资金流出企业，从而影响企业再投资的能力，一旦企业遇到较好的投资项目，将有可能因为缺少资金而错失良机；而过低的股利支付率，又有可能引起投资人的不满，对于上市公司而言，这种情况可能导致股价下跌，从而使公司价值下降。因此，财务人员要根据公司自身的具体情况确定最佳的利润分配政策。

上述财务活动的四个方面不是相互割裂、互不相关的，而是相互联系、互相依存的。正是上述四个方面构成了完整的企业财务活动，这四个方面也正是财务管理的基本内容：企业筹资管理、企业投资管理、营运资本管理、利润及其分配的管理。

（二）企业财务关系分析

企业财务关系是指企业在组织财务活动过程中与各有关方面发生的经济关系。企业的筹资活动、投资活动、经营活动、利润及其分配活动与企业内部和外部的方方面面有着广泛的联系。企业的财务关系可概括为以下几个方面：

1. 企业与其所有者的关系

这主要是指企业的所有者向企业投入资金，企业向其所有者支付投资报酬所形成的经济关系。企业所有者主要有四类：国家、法人单位、个人、外商。企业的所有者要按照投资合同、协议、章程的约定履行出资义务，以便及时形成企业的资本金。企业利用资本金进行经营，实现利润后，应按出资比例或合同、章程的规定，向其所有者分配利润。企业同其所有者之间的财务关系体现着所有权的性质，反映着经营权和所有权的关系。

2. 企业与其债权人的关系

这主要是指企业向债权人借入资金，并按借款合同的规定按时支付利息和归还本金所形成的经济关系。企业除利用资本金进行经营活动外，还要借入一定数量的资金，以降低企业资本成本，扩大企业经营规模。企业的债权人主要有债券持有人、贷款机构、商业信用提供者、其他出借资金给企业的单位或个人。企业利用债权人的资金后，要按约定的利息率及时向债权人支付利息。债务到期时，要合理调度资金，按时向债权人归还本金。企业同其债权人之间的关系体现的是债务与债权关系。

3. 企业与其被投资单位的关系

这主要是指企业将闲置资金以购买股票或直接投资的形式向其他企业投资所形成的经济关系。企业向其他单位投资，应按约定履行出资义务，参与被投资单位的利润分配。企业同被投资单位之间的关系体现的是所有权性质的投资与受资的关系。

4. 企业与其债务人的关系

这主要是指企业将资金以购买债券、提供借款或商业信用等形式出借给其他单位所形成的经济关系。企业将资金借出后，有权要求其债务人按约定的条件支付利息和归还本金。企业同其债务人的关系体现的是债权与债务关系。

5. 企业内部各单位的关系

这主要是指企业内部各单位之间在生产经营各环节相互提供产品或劳务所形成的经济关系。在实行内部责任核算制度的条件下，企业供、产、销各部门以及各生产单位之间，相互提供产品和劳务要进行计价结算。这种在企业内部形成的资金结算关系，体现了企业内部各单位之间的利益关系。

6. 企业与职工的关系

这主要是指企业在向职工支付劳动报酬的过程中形成的经济关系。企业要用自己的产品销售收入，向职工支付工资、津贴、奖金等，按照提供的劳动数量和质量支付职工的劳动报酬。这种企业与职工之间的财务关系，体现了职工和企业在劳动成果上的分配关系。

7. 企业与税务机关的关系

这主要是指企业要按税法的规定依法纳税而与国家税务机关之间形成的经济关系。任何企业都要按照国家税法的规定缴纳各种税款，以保证国家财政收入的实现，满足社会各方面的需要。及时、足额地纳税是企业对国家的贡献，也是对社会应尽的义务。因此，企业与税务机关之间的关系反映的是依法纳税和依法征税的权利和义务关系。

二、财务管理的主要特点

企业生产经营活动的复杂性，决定了企业管理必须包括多方面的内容，如生产管理、技术管理、劳动人事管理、设备管理、销售管理、财务管理等。各项工作是互相联系、紧密配合的，同时又有科学的分工，具有各自的特点，其中财务管理的特点体现在以下方面。

首先，财务管理是一项综合性的管理工作。企业在实行分工、分权的过程中形成了一系列专业管理工作，有的侧重于使用价值的管理，有的侧重于价值的管理，有的侧重于劳动要素的管理，有的侧重于信息的管理。社会经济的发展要求财务管理主要运用价值形式对经营活动实施管理。通过价值形式，把企业的一切物质条件、经营过程和经营结果都合理地加以规划和控制，达到企业效益不断提高、财富不断增加的目的。因此，财务管理既是企业管理的一个独立方面，又是一项综合性的管理工作。

其次，财务管理与企业各方面联系广泛。在企业的日常经营活动中，一切涉及资金的收支活动都与财务管理有关。事实上，企业内部各部门与资金不发生联系的情况是很少见的。因此，财务管理的触角常常伸向企业经营的各个角落。企业每一个部门都会通过资金的使用与财务部门发生联系，每一个部门也都要在合理使用资金、节约资金支出等方面接受财务部门的指导，受到财务制度的约束，以此来保证企业经济效益的提高。

最后，财务管理能快速反映企业生产经营状况。在企业管理中，决策是否恰当、经营是否合理、技术是否先进、产销是否顺畅，都可以迅速地在企业财务指标中得到反映。例如，如果企业生产的产品适销对路，质量优良可靠，则可带动生产发展，实现产销两旺，资金周转加快，营利能力增强，这一切都可以通过各种财务指标迅速地反映出来。这也说明，财务管理工作既有其独立性，又受整个企业管理工作的制约。财务部门应通过自己的工作，向企业领导及时通报有关财务指标的变化情况，以便把各部门的工作都纳入提高经济效益的轨道上，努力实现财务管理的目标。

综上所述，财务管理的概念可以概括为：企业财务管理是企业管理的一个组成部分，它是根据财经法规制度，按照财务管理的原则，组织企业财务活动，处理财务关系的一项经济管理工作。

三、财务管理的目标分析

目标是系统所要达到的目的。不同的系统所研究和解决的问题不同，所要达到的目的不同，即不同的系统有不同的目标。财务管理的目标是企业财务管理活动所要达到的目的，是财务管理工作所希望实现的结果，是评价财务管理行为是否合理的基本标准。

（一）财务管理目标的内涵诠释

财务管理目标是财务管理理论的基本构成要素，它决定财务管理的内容、职能、使用的概念和方法，是财务管理实践中进行财务决策的出发点和归宿。财务管理目标制约着财务运行的基本特征和发展方向，是财务运行的驱动力。研究设置财务管理目标，既是建立科学的财务管理理论结构的需要，也是优化财务管理行为的需要。

财务管理目标具有相对稳定性和层次性特征。相对稳定性是指财务管理目标在一定时期内应保持相对稳定。尽管随着一定的政治、经济环境的变化，财务管理目标可能发生变化，人们对财务管理目标的认识也会不断深化，但财务管理目标是财务管理的根本目的，必须与企业整体发展战略相一致，符合企业长期发展战略的需要，体现企业发展战略的意图，因此在一定时期内应保持稳定。层次性是指总目标分解到企业的各个部门甚至班组岗位，形成企业、部门、班组岗位等多层次目标，财务管理目标的分解应该与企业战略目标的分解同时进行，以保证财务管理目标的落实与企业战略目标的落实相一致。

（二）财务管理目标的理论基础

1. 利润最大化目标理论

利润最大化目标是指企业财务管理活动以实现最大的利润为目标。

以利润最大化作为财务管理目标，是因为利润可以衡量创造财富的多少。企业从事生产经营活动的目的就是创造更多的财富，而财富的多少可用利润衡量。利润是企业补充资本、扩大经营规模的源泉，只有每个企业都最大限度地获得利润，整个社会的财富才可能实现最大化，从而带来社会的进步和发展。

利润最大化目标的弊端主要有：①没有考虑利润实现时间和时间价值。例如，今年获利 100 万元和 3 年后获利 100 万元，其实际价值是不同的。如果不考虑利润实现时间和时间价值，很难作出正确判断。②没有考虑所获利润与投入资本额的关系。例如，同样是获利 100 万元的两个方案，一个投入资本 500 万元，一个投入资本 300 万元，两个方案的投资效率是不同的。如果不考虑所获利润与投入资本额的关系，很难作出正确的选择。③没有考虑获取利润和所承担风险的关系。例如，两个方案投放的资本额相同，所获利润也相同，只是利润的存在形态不同——一个是现金，一个是应收账款，且存在坏账的可能。这两个方案利润的期望值是不同的，如果不考虑风险因素，很难作出正确的判断。④容易产生短期化行为。

2. 股东财富最大化目标理论

股东财富最大化目标是指企业财务管理活动以实现股东财富最大为目标。

在股份公司中，股东财富是由其所拥有的股票数量和股票市场价格决定的。在股票数量一定时，当股票价格达到最高时，股东财富也达到最大。所以，股东财富最大化，又演变为股票价格最大化。股东财富最大化目标可以理解为最大限度地提高现在的股票价格。股价的升降，代表了投资大众对公司股权价值的客观评价。它以每股的价格表示，反映了资本和获利之间的关系；它受预期每股盈余的影响，反映了每股盈余大小和取得的时间；它受企业风险大小的影响，可以反映每股盈余的风险。

股东财富最大化目标的优点：①股东财富最大化目标考虑了风险和时间价值因素，反映了资本和获利之间的关系；②股东财富最大化在一定程度上能够克服企业在追求利润上的短期行为；③股东财富最大化目标比较容易量化，便于考核和奖惩。

股东财富最大化目标的缺点：①它只适用于上市公司，对非上市公司很难适用；②它只强调股东的利益，而对企业其他关系人的利益重视不够；③股票价格受多种因素影响，并非都是公司所能控制的，把不可控因素引入理财目标是不合理的。

尽管股东财富最大化存在上述缺点，如果证券市场高度发达，市场效率高，上市公司可以把股东财富最大化作为财务管理的目标。

3. 相关者利益最大化目标理论

相关者利益最大化就是指企业的财务活动必须兼顾和均衡各个利益相关者的利益，使所有利益相关者的利益尽可能最大化。股东作为企业所有者，在企业中承担着最大的权利、义务、风险和报酬。但在市场经济中，债权人、员工、企业经营者、客户、供应商和政府也为企业承担着风险。在确定企业财务管理目标时，不能忽视这些相关利益群体的利益。

相关者利益最大化目标的好处：①有利于企业长期稳定发展；②体现了合作共赢的价值理念；③较好地兼顾了各利益主体的利益；④体现了前瞻性和现实性的统一。

企业价值最大化是目前企业财务管理最理想的目标。

4. 企业价值最大化目标理论

企业价值最大化目标是指企业财务管理活动以实现企业价值最大为目标。

企业价值是指企业整体的经济价值，企业整体的经济价值是指企业作为一个整体的公平市场价值，通常用企业所产生的未来现金流量的现值来计量。

企业价值最大化目标的好处：①企业价值最大化目标考虑了取得报酬的时间和时间价值；②企业价值最大化目标考虑了风险与报酬的联系；③企业价值最大化目标考虑了获得的报酬与投入资本额之间的关系；④企业价值最大化目标能克服短期行为。

企业价值最大化目标的弊端是计量困难。

第二节　财务管理的价值观念解读

一、财务管理中的价值

财务管理目标是企业价值最大化，这就需要使每一项决策都有助于增加企业价值。为了判断每项决策对企业价值的影响，必须计量价值。为了正确计量价值，必须正确理解财务管理中的价值概念。

价值是人类对于自我发展的本质发现、创造与创新的要素本体，包括任意的物质形态。价值在很多领域都有特定的形态，如社会价值、个人价值、经济价值、法律价值等。财务管理中的价值是指经济价值，或称内在价值，是指用适当的折现率计算的资产预期未来现金流量的现值。这里的“资产”可能是股票、债券等金融资产，也可能是一条生产线等实物资产，甚至可能是一个企业。

（一）内在价值和账面价值

账面价值是指资产负债表上列示的资产价值。它以交易为基础，主要使用历史成本计量。财务报表上列示的资产，不包括没有交易基础的资产价值，如自创商誉、良好的管理等，也不包括资产的预期未来收益，如未实现的收益等。因此，资产的账面价值经常与其市场价值相去甚远，决策的相关性不好。不过，账面价值具有良好的客观性，可以重复验证。虽然会计界引入了现行价值计量，以求改善会计信息的相关性，但是仅限于在市场上交易活跃的资产。这种渐进的、有争议的变化并没有改变历史成本计量的主导地位。如果会计不断扩大现行价值计量的范围，并把表外资产和负债纳入报表，则账面价值将会接近内在价值。但是，如果会计放弃历史成本计量，审计将变得非常困难。

（二）内在价值和市场价值

市场价值是指一项资产在交易市场上的价格，它是买卖双方竞价后产生的双方都能接受的价格。内在价值与市场价值有密切关系。如果市场是有效的，即所有资产在任何时候的价格都反映了公开可得的信息，则内在价值与市场价值应当相等。如果市场不是完全有效的，一项资产的内在价值与市场价值会在一段时间里不相等。投资者估计了一种资产的内在价值并与其市场价值进行比较，如果内在价值高于市场价值则认为资产被市场低估了，他会决定买进。投资者购进被低估的资产，会使资产价格上升，回归到资产的内在价值。市场越有效，市场价值向内在价值的回归越迅速。

（三）内在价值和清算价值

清算价值是指企业清算时一项资产单独拍卖产生的价格。清算价值以将进行清算为假设情景，而内在价值以继续经营为假设情景，这是二者的主要区别。清算价值是在“迫售”状态下预计的现金流入，由于不一定会找到最需要它的买主，通常会低于正常交易的价格；而内在价值是在正常交易状态下预计的现金流入。清算价值的估计，总是针对每一项资产单独进行的，即使涉及多项资产也要分别进行估价；而内在价值的估计，在涉及相互关联的多项资产时，需要从整体上估计其现金流量并进行估价。二者的类似性在于它们都以未来现金流入为基础。

在财务管理中，价值的估计方法主要是折现现金流量法。

二、资金时间价值的产生和表示

资金时间价值，也称货币时间价值，是指一定量资金在不同时点上价值量的差异。资金在使用过程中随时间推移发生增值的现象，称为资金具有时间价值的属性。货币资金的本质是资本，资本既有保值的要求，也有内在增值的要求，并将在流转中完成增值的过程。货币资金的时间价值是资金使用者为使用资金所有者提供的资金而必须向其支付的报酬，这也是资金所有者放弃使用所拥有资金的投资机会所要求的最低报酬。货币资金的时间价值，对于借贷来说就是利息，对于投资过程来说就是利润。

（一）资金时间价值的产生

资金有很多用途，但它的两个最基本用途是消费与投资。各年代的各种货币资金，在考虑其使用时，都体现了上消费和投资这两个固有的用途。尤其重要的是，其作用是在不同时刻（现在与未来）表现出来的，因此必须充分注意到时间上的差异——现在的一元钱与一年后的一元钱在价值上是不等的，二者之间的价值差额是由于利息或利润而产生的（这里没有考虑通货膨胀）。

投资是基本的财务活动，也是财务学中最基本的概念。投资本身就包含着现在与未来两方面的含义。企业投资从财务意义上来说，就是为了在未来获得更大的回报而对目前的资金进行的某种安排。显然，未来的回报应当超过现在的投资，正是这种预期的价值增长刺激着企业从事投资活动。这种由于时间差而产生的价值增长就是利润，其最低标准是利息。

当把资金投入生产或流通领域中后，经过物化劳动和活劳动，会产生一个增值，这个增值来源于剩余价值，但由于它取得了时间的外在表现，故称之为货币时间价值（资金时间价值）。

资金时间价值具有三方面特点：①资金时间价值是在周转使用中才能产生的；②资金时间价值是资金所有者让渡资金使用权而获取的一项收入；③从分配角度上看，资金时间价值是参与社会财富分配的一种形式。

（二）资金时间价值的表示方法

资金时间价值是指资金经过一段时间的使用后产生的差异。这个差异可以用一段时间前后的两个价值量的绝对差额来体现。但是在投资活动中，如果初始资金不相同，一般而言，经过相等时间间隔后，价值量的差额也会不一样，这个差额的“不一样”无法体现单位投资的效果，故而在实际计算资金时间价值时，就存在两种不同的表示方法。

1. 用绝对数表示

例如，现在的 1000 元存在银行，在 1 年后本利和为 1030 元，其中（1030-1000）=30（元）即为资金时间价值。这是资金时间价值最直接的表示方法。

2. 用相对数表示

例如，现在的 1000 元存在银行，在 1 年后本利和为 1030 元，其中（1030-1000）=30（元），30 ÷ 100=3%，增值率 3% 即为资金时间价值。

这是在财务管理理论与实务中经常会用到的表达方式。

资金时间价值是由于时间变化而引起的资金价值的变化。无论是在借贷、投资还是在经济方案的比较上，资金时间价值都是客观存在的。在实际经济活动中，货币资金的流动一般不在同一时刻发生（通常以年计），不同年份的资金数流入或者流出由于价值不等而不能简单地相加减。所以，如何使不同时间点上的现金流量变为可比值，是现代企业财务经常遇到的问题。从数学计算上看，由于资金随着时间的增加过程与利息的增值过程相似，所以资金时间价值的计算方法与利息的计算方法相同。

第三节　财务管理环境与组织机构

一、财务管理环境分析

财务管理环境，也称理财环境，是指对企业财务活动和财务管理产生影响的企业内、外部的各种客观条件和影响因素的总和。财务管理以外，对财务管理系统有影响作用的一切系统的总和构成了财务管理的环境，如国家政治、经济形势，法律法规的完善程度，企业面临的市场状况，企业的生产条件等，这些都会对财务管理产生重要影响，都是财务管理环境的组成部分。

（一）财务管理环境的主要特征

1. 复杂性和不确定性

财务管理活动总是在一定的时间和空间进行。它要受多种环境因素的影响和制约，这些因素共同构成了一个多层次的综合系统。正是在这种综合系统作用下，财务管理活动才呈现复杂性和不确定性的特征。未来是不确定的，而人们的决策都是面向未来的。在这种背景下，人们把那些无法预料的和难以测度的变化定义为不确定性。财务管理环境复杂性和不确定性的特征带给人们财务行为的困境，使人们行动的结果常处于一种未知的状态。并且，随着信息技术和信息社会的进一步发展，财务管理环境的复杂性和不确定性将日趋增加。

2. 差异性

财务管理环境的差异性特点主要表现在两个方面：一方面，财务管理环境天然地具有因国家不同、地域不同、行业不同、制度不同而产生的差异性。这种差异性主要体现在政治因素、市场因素、法律因素、文化因素等方面。另一方面，即使面对相同的财务管理环境，其对不同财务管理主体的影响也会千差万别。这种差异性主要是由于财务管理环境本身所具有的复杂性、不确定性、动态性，给不同的财务管理主体形成对环境因素的不同认知而产生的。财务管理环境的差异性要求不同的财务管理主体在分析、利用财务管理环境时，要立足于自身的特点，扬长避短，充分利用有利的环境因素，避免不利的环境因素，有重点、有针对性地开展财务管理活动。

3. 动态性

财务管理环境具有稳定与变动的双重特性。在某一静止的时间点，财务管理环境是相对稳定的，但随着时间的推移，加之环境本身是瞬息万变的，有些环境因素渐变，但其变化过程因缓慢而不易被人们感知，如社会文化环境、自然地理环境等；还有些因素的变化是突然产生的，其变化过程因剧烈而容易被人们所直接感知，如国家政策、经济法规的变化等。

无论是渐变的因素还是突变的因素，其对财务管理活动的影响都是不容小觑的。这就要求财务管理的主体在进行财务管理活动时，应当注意观察和预测相关环境因素的变动及其变化趋势，采取及时有效的措施对企业的财务管理活动给予调整，以充分利用环境因素变化所带来的机遇或有效应对因环境因素变化所产生的挑战。

（二）研究财务管理环境的意义

企业的财务管理与其环境是相互依存、相互制约的。任何一个财务管理主体都处于各种既定的财务管理环境中。一方面，财务管理环境决定企业的财务管理，不同的财务管理环境有不同的财务管理目标、手段和效率，从而要求有不同的财务管理活动；另一方面，企业财务管理对环境具有反作用，甚至在一定条件下，财务管理有能力改变其环境。因此，正确认识和评价财务管理与环境的关系具有重要意义。

第一，有利于认识财务管理的历史规律。通过对财务管理环境的研究，可以使人们正确、全面地认识财务管理的历史规律，预测并顺应财务管理的未来发展趋势。财务管理的发展是各种环境因素综合作用的结果。由于受多种因素的作用，财务管理的发展变化具有两面性：当各种因素的变化比较平稳时，财务管理处于稳定发展阶段；当某地环境因素发生重大变化时，便出现财务管理内容和方法的革新，带来财务管理的迅速发展，这就是财务管理发展过程的浪潮。因此，只有认真研究财务环境，才能对财务管理的历史作出正确、全面的评价，才能对各国财务管理的发展状况有清楚的认识和合理的解释，也才有可能对财务管理的发展趋势作出合理的判断。

第二，有利于指导财务管理的实践工作。通过对财务管理环境的研究，可以使人们正确认识影响财务管理的各种因素，从而不断增强财务管理工作的适应性和灵活性，指导财务管理的实践工作取得成功。财务管理工作是在一定环境条件下进行的实践活动。人们只有通过对财务管理环境进行研究，才能够充分了解、适应和利用财务管理环境，从而作出正确的财务决策。在市场经济条件下，财务管理环境具有构成复杂、变化快速等诸多特点，对财务管理工作会产生重大影响。财务管理人员必须对环境进行认真的调查分析，预测财务管理环境的发展变化趋势，采取相应的财务策略，才能保证企业的长久发展。正确地认识和利用财务管理环境，无疑可以使财务管理人员的实践工作更具针对性，更适应企业生存发展的需要。

第三，有利于推动财务管理理论的研究。通过对财务管理环境的研究，可以推动财务管理理论研究的进一步发展，建立起适应市场经济发展需要的财务管理体系。财务管理理论研究的目的不应仅限于正确地反映财务管理实践，更为重要的是，应能正确地指导实践。没有人类的财务管理实践，自然就没有财务管理理论；然而，财务管理实践如果缺乏系统的理论指导，那也是盲目的。

因此，应将对财务管理环境的研究作为一个重要的财务管理理论课题来进行研究，同时，对这一课题的研究又必将推动整个财务管理理论的研究朝着更深层次发展，将财务管理理论的研究提升到一个全新的高度。当前，应重点研究社会主义市场经济条件下，财务环境的变化对财务管理工作的影响，以便尽快建立起一个适应社会主义市场经济发展要求的财务管理体系。

（三）财务管理环境的主要类型

财务管理环境是一个多层次、多方位的复杂系统，它纵横交错、相互制约，对企业财务管理具有重要影响。因而，从不同角度、不同层次对财务环境进行分类，可以帮助企业更好地根据身边环境的特点，把握其当前的特征、未来的可能变化以及它们给企业财务管理带来的影响。根据环境与企业的关系，可以将财务环境划分为企业外部环境和企业内部环境。企业外部环境是指企业外部影响财务管理的各种因素，如国家政治、经济形势、法律制度、企业所面临的市场状况以及国际财务管理环境等。外部环境的稳定与否、完善与否会对理财活动产生重大影响。企业内部财务管理环境是指企业内部的影响财务管理的各种因素，如企业的生产情况、技术情况、经营规模、资产结构、生产经营周期等。

下面围绕企业外部影响财务管理的各种因素展开论述。

1. 政治环境

政治环境是指国家法治、社会制度、政治形势、方针政策等条件和因素的统称。

政治环境是企业财务管理的大环境，具有引导性、超经济性和强制性的特点，从整体上影响着企业财务管理活动的策划和进行。企业要认真学习有关方针政策，预测未来发展的趋势，以便及时把握有利时机，在保证国家宏观调控目标实现的前提下，为企业自身创造有利的发展环境。

2. 法律环境

国家管理经济活动和经济关系的手段包括行政手段、经济手段和法律手段三种。市场经济是法治经济，企业的一切经济活动总是在一定法律规定的范围内进行的。法律既对企业的经济行为进行约束，又为企业从事各种合法经济活动提供保护。法律环境主要包括企业组织法规、税务法规、财务会计法规等，是指企业所处社会的法治建设及其完善程度。企业和外部发生经济关系时必须遵守这些法律、法规和规章制度，它们通过规范市场经济主体而使市场经济的微观基础得以规范化。法律在市场经济中的重大作用表现在：维护市场主体的平等地位、意志自由和正当权益，规范市场主体的行为和企业所有者、债权人和经营者的权利和义务，维护社会经济秩序，国家的各项方针政策得到贯彻实施。

企业财务管理中应遵循的法律法规主要包括：

（1）企业组织法。企业是市场经济的主体，不同组织形式的企业所适用的法律不同。按照国际惯例，企业划分为独资企业、合伙企业和公司制企业，各国均有相应的法律来规范这三类企业的行为，因此不同组织形式的企业在进行财务管理时，必须熟悉其企业组织形式对财务管理的影响，从而作出相应的财务决策。

（2）税收法规。税法是税收法律制度的总称，是调整税收征纳关系的法规规范。与企业相关的税种主要有以下五种：

①所得税类：包括企业所得税、个人所得税。

②流转税类：包括增值税、消费税、营业税、城市维护建设税。

③资源税类：包括资源税、土地使用税、土地增值税。

④财产税类：财产税。

⑤行为税类：印花税、车船使用税、屠宰税。

（3）财务法规。企业财务法规制度是规范企业财务活动，协调企业财务关系的法令文件。我国目前企业财务管理法规制度有企业财务通则、行业财务制度和企业内部财务制度三个层次。

（4）其他法规。如《中华人民共和国证券法》《中华人民共和国票据法》《中华人民共和国中国人民银行法》等。

从整体上说，法律环境对企业财务管理的影响和制约主要表现在以下方面：

在筹资活动中，国家通过法律规定了筹资的前提条件和基本程序，如《中华人民共和国公司法》就对公司发行债券和股票的条件作出了严格的规定。

在投资活动中，国家通过法律规定了投资的方式和条件，如《中华人民共和国公司法》规定股份公司的发起人可以用货币资金出资，也可以用实物、工业产权、非专利技术、土地使用权作价出资；规定了投资的基本程序、投资方向和投资者的出资期限及违约责任，如企业进行证券投资必须按照《中华人民共和国证券法》所规定的程序来进行，企业投资必须符合国家的产业政策，符合公平竞争的原则。

在分配活动中，国家通过法律，如《中华人民共和国税法》《中华人民共和国公司法》《企业财务通则》及《企业财务制度》等规定了企业成本开支的范围和标准，企业应缴纳的税种及计算方法，利润分配的前提条件、利润分配的去向、一般程序及重大比例。在生产经营活动中，国家规定的各项法律也会引起财务安排的变动或者说在财务活动中必须予以考虑。

3. 经济环境

经济环境是指影响企业财务管理的各种经济因素，如经济周期、经济发展水平、通货膨胀状况、政府的经济政策等。在影响财务管理的各种外部环境中，经济环境是最为重要的。

（1）经济周期。在市场经济条件下，经济发展与运行带有一定的波动性，大体上经历复苏、繁荣、衰退和萧条几个阶段的循环，这种循环叫作经济周期。在不同的经济周期，企业应采用不同的财务管理战略。

（2）经济发展水平。财务管理的发展水平是和经济发展水平密切相关的，经济发展水平越高，财务管理水平越高。财务管理水平的提高，将推动企业降低成本、改进效率、提高效益，从而促进经济发展水平的提高；而经济发展水平的提高，将改变企业的财务战略、财务理念、财务管理模式和财务管理的方法手段，从而促进企业财务管理水平的提高。财务管理应当以经济发展水平为基础，以宏观经济发展目标为导向，从业务工作角度保证企业经营目标和经营战略的实现。

（3）宏观经济政策。一个国家的经济政策，如国家的产业政策、财税政策、金融政策、外汇政策、外贸政策、货币政策等，对企业的财务管理活动都有重要影响。例如，金融政策中的货币发行量、信贷规模会影响企业投资的资金来源和投资的预期收益；财税政策会影响企业的资金结构和投资项目的选择等；价格政策会影响资金的投向和投资的回收期及预期收益；会计制度的改革会影响会计要素的确认和计量，进而对企业财务活动的事前预测、决策及事后的评价产生影响；等等。

（4）通货膨胀水平。通货膨胀对企业财务活动的影响是多方面的。主要表现在：①引起资金占用的大量增加，从而增加企业的资金需求；②引起企业利润虚增，造成企业资金由于利润分配而流失；③引起利润上升，加大企业的权益资金成本；④引起有价证券价格下降，增加企业的筹资难度；⑤引起资金供应紧张，增加企业的筹资困难。

为了减轻通货膨胀对企业造成的不利影响，企业应当采取措施予以防范。在通货膨胀初期，货币面临着贬值的风险，这时企业进行投资可以避免风险，实现资本保值；与客户应签订长期购货合同，以减少物价上涨造成的损失；取得长期负债，保持资本成本的稳定。在通货膨胀持续期，企业可以采用比较严格的信用条件，减少企业债权；调整财务政策，防止和减少企业资本流失；等等。

4. 金融环境

金融环境是企业财务管理最主要的环境因素。财务管理的金融环境主要包括金融机构、金融工具、金融市场和利率四个方面。

（1）金融机构。金融机构包括银行金融机构和非银行金融机构两部分。银行金融机构主要包括中国人民银行、各种商业银行以及政策性银行等。非银行金融机构包括金融资产管理公司、信托投资公司、财务公司和金融租赁公司等。

（2）金融工具。金融工具是指在信用活动中产生的、能够证明债权债务关系并据以进行货币资金交易的合法凭证，它对于债权债务双方所应承担的义务与享有的权利均具有法律效力。金融工具一般具有期限性、流动性、风险性和收益性四个基本特征。金融工具按其期限，可分为货币市场工具和资本市场工具两类。货币市场工具主要包括商业票据、国库券（国债）、可转让大额定期存单、回购协议等；资本市场工具主要包括股票和债券等。

（3）金融市场。金融市场是由个人、组织机构以及把资金需求者和供给者联系在一起的金融工具和程序所组成的一个系统。任何需要货币和提供货币的个人和组织都能在金融市场这个系统中进行交易。与那些实物产品交易市场（如农产品、设备、物资、汽车等市场）不同，金融市场交易的对象是股票、债券、抵押品和其他能在未来产生现金流量的实物资产要求权，交易活动包括货币的借贷、外汇的买卖、证券的发行与流通、黄金价格的确定与买卖等。

（4）利率。利率也称利息率，是利息占本金的百分比。从资金的借贷关系看，利率是一定时期运用资金资源的交易价格。如同任何商品的价格是由供应和需求两方面来决定的一样，利率主要由资金的供给和需求来决定。特殊的是，除此之外，经济周期、通货膨胀、国家货币政策和财政政策、国际经济政治关系、国家利率管制程度等，对利率的变动都有不同程度的影响。利率通常由三部分组成：纯利率、通货膨胀补偿率（或称通货膨胀贴水）和风险收益率。这样，利率的一般计算公式为：

利率 = 纯利率 + 通货膨胀补偿率 + 风险收益率

纯利率，是指没有风险和通货膨胀情况下的均衡利率。影响纯利率的基本因素是资金供应量和需求量，因而纯利率不是一成不变的，它随资金供求的变化而不断变化。

精确测定纯利率是非常困难的，在实际工作中，通常以无通货膨胀情况下无风险证券利率来代表纯利率。

通货膨胀补偿率，是指由于通货膨胀会降低货币的实际购买力，为弥补其购买力损失而在纯利率的基础上加上通货膨胀补偿率。资金的供应者在通货膨胀的情况下，必然要求提高利率以补偿其购买力损失，所以无风险证券的利率，除纯利率之外还应加上通货膨胀因素，以补偿通货膨胀所遭受的损失。例如，政府发行的短期无风险证券（如国库券）的利率就是由这两部分内容组成的。其公式为：

短期无风险证券利率＝纯利率＋通货膨胀补偿率

风险收益率，包括违约风险收益率、流动性风险收益率和期限风险收益率等。其中，违约风险收益率是指为了弥补因债务人无法按时还本付息而带来的风险，由债权人要求提高的利率；流动性风险收益率是指为了弥补因债务人资产流动性不好而带来的风险，由债权人要求提高的利率；期限风险收益率是指为了弥补因偿债期长而带来的风险，由债权人要求提高的利率。

二、财务管理组织机构

不同的机构由于自身的特点、目标、职能等不同，其财务组织机构与职责也各不相同。下面将分别阐述一般工商企业、金融机构和其他组织三类机构的财务组织机构与职责。

（一）一般工商企业组织机构

1. 一般工商企业中的财务组织机构设置

财务管理组织机构和人员是实施财务管理活动的主体，因此，财务管理组织机构的设置以及人员配备是财务管理的基础工作。企业财务管理组织机构的设置应综合考虑企业的经营性质与规模、行业特点、业务类型以及企业总体组织形式等多方面因素，机构内部的设置要体现分工明确、职权到位、责任清晰的要求，以保证企业财务工作顺利进行。小企业的财务机构和会计机构可以设在一起，财务人员兼做会计业务。对于规模较大的企业来说，二者应当分开设置，即分别设置财务部和会计部，财务机构负责组织财务活动和处理财务关系，会计机构负责会计核算与报告财务信息。

财务机构和岗位设置应当符合分级和归口管理原则。分级管理是指在企业组织内部按从上到下的顺序分解职责和权力的管理制度。企业根据自身的特点优化配置机构和人力资源，形成科学、合理的管理层面，自上而下，层次要尽可能少，以减少管理环节，对内提高工作效率，对外贴近市场，以形成灵活、快速的市场反应能力。归口管理是指业务活动在企业组织内同一层级的不同部门以及同一部门的不同岗位和员工之间进行分派，明确责任，便于执行和考核。

财务机构和岗位设置应当符合内部控制的基本原则。例如，岗位设置要符合职务分离原则，也就是说，同一业务过程需要由不同的人员共同执行、相互监督，尽量避免由同一个人独自负责同一业务的全过程，尤其是款项的收付与记账必须分别由不同的人执行，经营方案的提出、审批、责任考核要由不同的人员分别执行。

为了组织和实施财务管理工作，企业需要设置财务部和会计部两个部门，分别负责财务管理工作和会计信息处理工作。

（1）财务部的主要职责是组织财务活动和处理财务关系，即负责资本筹集、资本运用、财务运营、收益分配等财务活动的计划与实施，以及协调和维护企业与股东、债权人、被投资企业、债务人企业、供应商、客户、政府税务部门等之间的关系，通过计划、组织、控制以及激励等环节实现财务管理活动目标，促进企业提高经营效率，实现资本的保值和增值。在设计财务部门的组织机构时，企业通常会根据具体情况，将相对重要的职能进行相应的拆分——有的由不同部门行使不同的职能，有的由同一部门行使所有的职能。为了实现这些职能，财务部要设置相应的下属机构，分别负责筹资、投资、运营、分配等活动的决策、计划、组织、控制、分析、考核以及战略规划等财务管理工作。

（2）会计部的主要职责是通过确认业务、填制会计凭证、过账、结账、编制会计报表等活动收集、处理和报告财务会计信息及管理会计信息，通过对账和盘存等活动保障企业财产物资的安全和完整，保证企业经营活动的合法性和合规性，通过制定合理的税务政策和税务程序合法避税，降低企业的税负。为了实现这些职能，会计部也要设置相应的下属机构，分别负责信息与电子数据的处理、财务会计信息的归集与报告、税务会计业务和货币资金管理等。

2. 一般工商企业中财务机构的工作职责

鉴于本书主要讲述财务管理相关内容，故这一部分仅就财务部相关的岗位与职责进行论述，而不涉及会计部的相关岗位与职责。财务部应设置财务部经理、筹资管理员、投资管理员、分配管理员、存货管理员、成本分析员、销售与信用分析员、预算管理员、财务分析员、工资考核员以及战略管理员等岗位，分别负责相应的财务管理工作。

（1）财务部经理具体负责协调和管理财务部的工作，主持公司财务预决算、财务核算、会计监督和财务管理工作；组织协调、指导监督财务部的日常管理工作，监督执行财务计划，完成公司财务目标。财务部经理自身要有良好的专业素养、丰富的工作经验，熟悉各种财务相关知识，具有良好的职业道德。

（2）筹资管理岗的主要职责是根据企业的生产经营、对外投资和调整资本结构的需要，通过筹资渠道和资本市场，运用适当的筹资方式，经济有效地筹集企业所需的资本。筹资管理岗应当了解企业自身的特点，熟悉各种筹资方式的特点，以便为企业选择最为适当的资金筹集方式。

（3）投资管理岗主要负责企业投资管理工作，制定投资策略和战略资产配置，为了企业的利益，采取资产组合方式对企业资产进行投资管理。由于投资可以分为金融投资和实物投资，因此，投资管理岗也可以分为金融投资管理岗和实物投资管理岗，前者主要负责金融资产的投资管理，后者则主要负责实物资产的投资管理。

（4）分配管理岗主要负责与企业收益分配相关的管理工作，既包括股利的分配，又包括债务利息的分配，因此其工作与股权筹资和债务筹资过程都具有一定的交叉性。

（5）存货管理岗的主要职责就是对企业的存货进行管理，主要包括存货的信息管理和在此基础上的决策分析，最后进行有效控制，达到存货管理的最终目的——提高经济效益。存货管理岗具体职责包括分析原材料的购买需求并测算相应的资金需求，管理物料和产品存货的余额等。

（6）成本分析岗主要负责企业生产成本的核算和分析。因此，成本分析岗应当对企业的产品生产过程、技术工艺、组成结构等相当熟悉，并熟练地掌握各种成本计算及分析方法，能根据企业自身的特点灵活运用。

（7）销售与信用分析岗的主要职责是根据产品销售情况，拟定和修订企业的信用政策，分析客户的信用，拟订和修订收款方案，使企业更好地利用信用政策来增加收益。

（8）预算管理岗的主要负责企业全面预算编制中的协调与汇总工作，拟定公司财务预算管理制度，加强预算管理，协助总经理室编制年度经营预算，组织实施全面预算管理，实现年度经营目标。

（9）财务分析岗主要负责企业的财务分析工作，对企业的各项财务指标进行分析，评价企业的财务状况和经营成果，为企业的财务决策提供服务。财务分析岗应当熟悉各项财务指标的计算方法及其意义，具有扎实的财务基础，能对企业的财务状况作出准确的判断。

（10）工资考核岗主要负责对各个部门及个人的绩效进行考核。工资考核岗应该熟悉各种不同的业绩考核评价方法，制定适合公司的考核系统，对业绩作出准确的评价。

（11）战略管理岗主要负责企业的战略管理工作，以及改制、重组、并购等重大事项的分析、规划和决策参谋工作。战略管理岗应当熟悉企业的战略管理程序与方法，熟练掌握战略分析与决策的技巧与方法，熟悉公司的业务以及各种战略方案的内涵。

（二）金融机构

1. 金融机构中的财务组织机构设置

金融机构是指从事金融服务业有关的金融中介机构，为金融体系的一部分。金融服务业包括银行和非银行金融机构。非银行金融机构包括证券、保险、信托、基金等。

随着金融业的发展以及金融业自身的行业特点，财务人员在金融业中占据着越来越重要的地位。

金融机构作为特殊的企业，其经营内容、风险和影响程度与一般企业是不同的。因此，金融机构中的财务组织与一般的工商企业有一定的区别。金融机构本身的经营对象为金融资产，因而在其业务中也涉及大量的财务知识，而一般工商企业的核心业务涉及的是实物资产，导致二者的财务组织的不同。金融机构中的财务组织与整个企业的组织结构密切相关，因为金融机构除了本身作为一个组织实体有其财务和会计的工作要求外，其业务过程中涉及的财务知识也要求财务人员渗透到各个具体岗位。

2. 金融机构中财务机构的工作职责

（1）存款性金融机构。存款性金融机构的核心业务主要有吸收储户存款、发放贷款、现金资产管理，因此主要设置银行业务主管、出纳、外币交易、信贷、信用分析、贷款规划、财务分析、证券投资与交易等岗位。银行业务主管的职责是对业务人员进行管理，负责处理支票，代理顾客结算其他现金项目，改进银行计算机设施及电子网络等。银行主管应该了解及评估客户需求，洞察客户信息，熟悉行业资讯，掌握企业财务知识。与吸收储户存款相关的岗位主要是出纳和外币交易员，他们负责接受存款、支付现金并向储户传递各种相关信息。与贷款业务相关的岗位主要有信贷员、贷款规划员和信用分析员，他们负责企业信贷相关的业务，必须对企业的信贷政策相当熟悉。与现金资产业务相关的岗位有财务分析员和证券投资分析员，他们主要负责现金资产投资分析等业务，必须熟悉各种财务理论，掌握各种分析技术和方法。

（2）证券中介机构。证券中介机构包括证券公司和证券服务机构。证券公司是从事证券承销、证券自营和证券经纪等业务的金融机构。证券服务机构包括证券登记结算公司、证券投资咨询公司、会计师事务所、资产评估机构和信用评级机构等。与证券交易和经纪业务相关的岗位有证券分析员和证券交易员，他们主要对与证券市场相关的各种因素进行研究和分析，包括对证券市场、证券价值及变动趋势进行分析、预测，并向投资者发布投资价值报告等，根据客户投资指令迅速有效地执行交易，进行风险控制。与证券承销业务相关的岗位主要是投资银行家，其专门负责为企业发行股票、债券等。与投资咨询业务相关的岗位有证券分析师、长期规划兼并专家、全球融资和发展专家等，主要负责与投资相关的咨询业务。这些岗位的人员务必具有相当扎实的金融和财务知识，熟悉各种投资专业技术。与服务中介相关的岗位有注册会计师、资产评估师、信用评估人员等，这些岗位的人员主要为企业提供审计、资产评估和信用评估等服务。

（3）保险公司。保险公司是专门从事经营商业保险业务的金融机构。保险公司一般设有保险代理人和经纪人、核保员、损失理算员、精算师、投资专家等岗位人员。

保险代理人和经纪人的主要职责是为公司招揽保险业务，代表公司签署保险合同，因此必须相当熟悉公司的业务流程和业务内容。核保员主要负责承保新业务，检查保单，决定保单业务的接受与否，在执行业务时常常以个人的经验作为参考，因此需要熟悉各种保险业务、相关风险并有丰富的工作经验。损失理算员就是大家经常听说的理赔员，负责理赔调查相关事宜。精算师主要从事保险费、赔付准备金、分红、保险额、退休金、年金等的计算，工作中需要深厚的数学功底、保险专业知识和丰富的经验。投资专家负责保险公司的财务管理相关工作。由于保险公司的现金流入与流出比一般工商企业更难预测，因此对投资专家岗位的能力要求也更高。

除上述几种金融机构之外，金融市场上还有许多其他金融机构，如投资基金、金融资产管理公司、信托投资公司、金融租赁公司等。这些金融机构会设基金管理专家、信托专家、信用分析员、融资规划专家等职位。基金管理专家是对向公众募集的资金进行管理的人，需要具有丰富的证券投资经验。基金管理专家所具有的专业知识水平是一般投资者所达不到的，而且他们有能力及时获得各种必要的资料和信息，并且在投资决策中采用最先进的证券分析和各种专门方法，从而最大限度地保证投资决策的正确性。信托专家基于委托人的信任为委托人提供多种服务，帮助其进行资金的管理投资等。信用分析员在金融租赁公司中是一个非常重要的职位，负责对公司的信用状况进行分析，需要掌握各种专业知识和分析技术。财务咨询机构和财务公司中的融资规划专家负责帮助企业进行融资分析、评价和选择融资方案。

为了保障金融市场正常有序地运行，需要对金融活动实施监督和管理，因此需要相关的金融监管机构，并形成完整的监管体系。这些机构也有其自身的财务组织形式，具有各种各样的财务人员，负责对金融市场进行监督和管理。

（三）其他组织机构

1. 其他组织中的财务机构设置

其他组织主要是指政府与非营利组织。这些组织是不以营利为目的的组织，但其正常运行中也需要进行各种财务活动，也需要设置一定的财务组织。

（1）政府机构中的财务组织主要是指各级政府下属的，负责进行财政预算编制与实施，管理财政资金收支，管理国库，并向所属政府机构提供财政预算执行情况报告的各级财政机关。另外，各级税务机关、海关和中央银行也是政府机构中的财务组织，履行与税收和货币相关的职能。

（2）非营利组织主要是指一些不以营利为目的的公益性组织。这类组织最大的特点是“非营利”性，因此不存在营利组织中的所有者权益问题。非营利性组织有其不同于一般营利性组织的财务特征，顾客并不是其资金的主要来源，也不存在利润指标。非营利组织财务管理在资金管理上的作用主要体现在两个方面：①有助于降低动作的成本，提高组织动作效率，使有限的动作资金发挥最大的社会效用；②有助于非营利组织对外树立形象，提高组织公众信度，使组织的筹资管理更顺利有效。非营利性组织与营利性组织在组织和管理方面也有一些相似之处，在建立财务组织的时候也可以适当参考一般营利组织的财务组织形式。

2. 其他组织中财务机构的工作职责

（1）各级财政机关由本级政府领导。财政部是中央财政机关，对国务院负责。政府财政机关通常会设置预算管理员、国库管理员、经济建设管理员、监督检查员等岗位。预算管理员主要负责编制、落实政府机构的预算工作；考核各部门的预算执行情况；指导下一级财政机关的预算管理工作等。国库管理员的职责主要是贯彻落实财政国库管理制度改革工作，办理预算单位用款计划的编制、批复和管理工作等。经济建设管理员主要负责与有关部门合作，共同制定、实施财政基本建设投资政策；负责城市维护建设资金与财务管理等。监督检查员的职责是依法对其他组织执行财税法律、法规和国有资产管理、财务管理情况进行监督检查等。监督检查员应当熟悉相关法律，掌握会计、审计知识与技术。

（2）税务机关主要负责国内的税收管理工作，一般设有税务管理、税收征管、财务管理等岗位。税务管理员是税务机关及其税源管理部门中负责分片、分类管理税源，负有管户责任的工作人员，是随着我国税制变革和经济的发展，由税收专管员演化而来的。税收征管员主要负责组织实施综合性税收征管法律、法规和规章制度并制定综合性税收征管制度和办法；负责税务登记等税收资料的管理；指导个体工商户和集贸市场税收征管；负责税款缓缴、呆账税金、死欠税款核销管理工作等。财务管理员主要负责贯彻执行所辖行政区域税收计划及会计、统计制度，编制税收收入长远规划和近期计划等相关的财务管理工作。

（3）海关是负责进出口税收管理工作的，一般设置通关管理员、关税征收与管理员、商品价格管理员等职位。通关管理员主要负责进出口货物和运输工具的通关管理和业务运行，监控海关作业单证的流转，指导、检查和监督关区审单作业。关税征收与管理员的主要职责是组织实施税收计划，对税收征管工作进行检查、监督和评估，提供相关税收信息等。商品价格管理员的主要职责是对进出口商品价格信息进行跟踪、收集、分析、筛选、整理等，为审价布控和风险布控提供帮助等。

（4）中国人民银行，即中央银行，是负责金银、货币和财政金库管理的机构，设有支付结算管理和国库资金管理等岗位。支付结算相关业务的人员负责组织中国人民银行的会计核算工作，组织建设现代化的支付系统，制定相关的支付结算规则等。国库资金管理员负责管理国家金库业务，拟定并组织实施国库资金管理制度，进行日常的核算、反映和监督工作，国库资金管理员必须加强对财政、金融形势的分析、判断，提高国库资金管理、运用、决策水平。

（5）非营利组织涉及的领域非常广泛，如教育、科研、慈善、公共设施等，为社会的发展作出了重大贡献，其财务相关的岗位主要有预算管理、收入管理、支出管理和工资与福利支出管理等。预算管理人员主要负责相关的预算编制实施，对执行情况进行分析，编制内部管理报告等。收入管理人员的职责是对组织的各项收入进行预测、核算和分析等。支出管理人员则负责对各部门的费用支出情况进行预算、监督、核算、分析等。工资与福利支出管理人员的职责是对职工的工资和福利支出进行管理，如编制职工工资册和工资汇总表，发放工资福利，进行相关会计核算工作等。

第四节　财务管理中的精细化管理实现

一、财务管理中精细化管理存在的问题

1. 财务管理中基础工作执行力度有待加强。为了加强财务管理，目前大多数的企业已经采取了较为先进的管理方式，整体财务情况也良好，但是在细节上仍然存在一些不足。财务管理要想实现精细化管理，需要依靠规范的财务相关制度和科学的流程，虽然企业确实制定了制度与流程，但在实际的管理工作中，经常会出现管理实施细节与规章制度不符合的情况，这种情况就会导致财务管理容易出现问题。同时，财务部门对于日常的资金支付和相关费用报销等各类业务方面的规定，在实际的执行过程中，也与制度存在一定的偏差。例如在费用报销方面，理应经过财务部门的审批，再执行之后的报销流程，但在实际的执行中，部分人员却跳过财务部门直接找经理批准，虽然已超过报销上限的部分，依旧给予了报销。这一问题充分体现出公司在财务监管方面执行力度有待提高，切实保证企业财务活动的规范性。

2. 缺乏合理的预算编制内容。企业在预算编制内容方面的主要问题表现在三个方面：一是企业过多看重短期利益，在预算编制方面只是突出了短期预算，预算编制的主要依据是企业领导对于年度营利的预期，各个部门将营利目标通过分阶段实现，而制定了对应的预算方式。二是预算编制的方法有待完善。当前很多企业采用的是增量预算法，是通过对基期成本的分析而制定的，然而，这种方法的缺点是默认了上一年度企业的各项开支是合理的，无法有效地控制企业所产生的无效费用。如果企业在以往的开支中存在不合理的项目，就会一直在财务支出中保留，而无法及时地通过有效的财务管理进行剔除，浪费企业的资金，给企业的经济效益带来不利的影响。三是预

算编制的内容还不够全面精细。预算内容的全面性主要体现在预算管理的主体和涉及的各项费用要素都必须全面，相应的管理手段也要全面，但实际的预算内容方面还远远达不到全面性的要求。另外，对于预算编制涉及的费用支出计划的分解也不够精细，还达不到精细化管理的要求。

3. 缺乏完善的成本管理体系。目前企业在成本管理方面，对于成本的分析还不够精细化，未能从多个角度、多个方面深入分析产品成本中存在的问题，只是将当前成本与历史成本进行对比，却忽略了企业自身与其他竞争对手的对比，其成本分析的深度和广度还不足，不能从源头上解决生产成本过高的问题，成本管理达不到预期的效果。

4. 资金使用效率管理水平较低。影响资金使用效率的主要项目就是应收账款，当前很多企业为了迅速扩张，忽略了应收账款的回收，如果处理不及时，就有可能会出现坏账，不仅无法帮助企业进一步发展，还会对企业的进步造成不利的影响。另外，企业的负债率较低反映出企业并没有充分发挥自身的优势来进行融资，从而提高资金的使用效率。当前国家为了支持企业的大力发展，在银行贷款等方面的融资都出台了一系列的优惠政策，但企业未能紧紧抓住这些良好的契机，积极地进行融资，失去了扩大生产规模的好时机，让企业资金运作没有理想中那样达到更高的效率。

5. 缺乏完善的保障措施。当前企业的财务信息化程度还远远不够，财务管理未能充分发挥其监管职能，对企业各方面的业务进行全面的监督，企业在运作中出现的财务问题也未能及时发现和解决。同时，公司各个部门之间未能通过紧密的联系来共同加强财务监管力度。除此之外，财务的专业化程度还不够，财务管理人员在开展财务管理工作时，所要做的并非只是会计核算，要想实现精细化管理在财务管理中发挥更大的作用，财务人员就必须把目光放得更为长远，对企业的财务管理进行长期的规划，尽可能规避企业在生产发展中的风险，如果只是着眼于当前，缺乏长久的发展计划，那么企业的财务管理就得不到有效的保障。

二、精细化管理在财务管理中运用的优化

（一）积极转变精细化管理观念，强化财务管理基础工作

要实现财务管理的精细化，就必须要在管理的过程中严抓管理细节，对企业生产中的各个环节都要进行细致的管理，并且精细化的财务管理，并非只是依靠财务部门就能独立完成的工作，而是需要企业中各个部门、各个岗位的工作人员共同配合。一方面，企业要根据自身发展精英的情况，制定更为科学的财务管理制度，保障制度的全面性、科学性和可执行性；并且要在精细化的财务管理中，体现出企业未来发展的

总体方向，将精细化管理观念在财务管理中体现出来。另一方面，要在企业的财务管理中，体现出精细化的真实含义，对于企业中各项收支要进行详细的规定，严格地按照标准来执行，以标准化的预算管理，加强财务收支的控制。同时，还要建立一套完整的会计数据系统，对企业各项经营活动所产生的财务数据进行详细的记录，并且进行归纳和分析，从而根据企业中财务的变动情况，掌握企业发展的规律，及时找出财务管理中的问题，并进行改正和优化。

（二）制定预算目标，运用科学的预算管理方式

预算目标是企业发展战略目标的反映，企业应当根据实际的发展需求，制定合理的预算目标。预算目标充分展示了企业管理者对于财务数据的要求，也是对企业经营生产中各个环节进行规范的主要依据。同时，预算管理模式也应当反映出预算目标的要求，从而保障其能够具体落实，并且预算目标也能够发挥其引导的作用，实现预算模式的快速建立。

为了让预算目标发挥其应有的作用，企业应当做到两点：一是要通过科学的预算编制达到控制的有效性。公司高层对预算提出要求，各个部门通过有效的沟通来具体执行，严格地按照企业的财务控制制度来开展预算管理工作。二是要在事前做好分析，事后严格考核。在进行相应的生产经营活动之前，进行合理科学的预算分析，预估所产生的预算成本；而在事后，要比对前期预算和实际产生的成本之间的差异，从而找出相应的问题并进行及时纠正。

（三）健全成本管理体系

第一，要执行全员参与成本管理的方案。在企业的生产经营过程中，成本的产生涉及各个环节，从生产工艺的研发、原材料的采购、产品的生产到销售以及售后服务，都需要付出相应的成本，因此，要想实现高效的成本管理，就必须调动企业全体员工的积极性。通过制定合理的成本管理考核机制，激励员工自觉控制成本，从而降低成本支出，为企业带来更多的经济效益。

第二，加强价值链各个环节的成本管理。不只是企业内部价值链要实现成本管理，与企业进行合作的上游供应商和下游销售商等，都需要加强成本管理控制。

第三，要制定严格的成本标准。企业逐步地在生产经营活动中总结出规律，对于各个环节所需要的成本有了一定的把控，就可以根据具体经营生产中分析而来的数据，制定标准化的成本，为以后的成本支出提供一定的参考依据。

（四）增强财务控制，优化资金管理

企业管理者应当意识到，财务控制并非只是财务部门的工作，也关系到企业的各个部门，只有各个部门共同协作，共同加强财务控制，才能帮助企业优化资金管理。

首先，要对资金的使用进行合理的规划，使各项资金都能够用到必要的地方。其次，要结合预算中资金的支出和回笼，实现资金收支对等。而对于企业中存在的应收账款问题，企业应当对客户进行严格的信用评定，避免客户失信而导致企业的经济损失。

此外，企业还应当合理地利用自身的优势，积极地开展融资活动，让企业能够有更多的资金用于经营周转。

（五）完善精细化管理保障措施

第一，企业应当将现代化信息技术与财务管理中精细化管理的应用结合起来，通过财务数据的收集、分析，加强财务信息的监管。先进的财务管理信息系统的应用，可以大大地提升财务管理的效率，突出财务管理中精细特性。

第二，要加强内部控制，让企业的财务管理制度落到实处，降低企业在发展中的风险，提高企业竞争力。

第三，要提升财务管理人员的素质，保障其能够以专业化的财务管理能力和职业道德素养，做好财务管理工作。

总之，在对企业财务管理中的精细化管理现状进行分析的过程中，也看到了我国企业财务精细化管理存在的诸多问题和不足之处。在今后的工作中，我们的企业财务人员要结合自身工作实际，在国家相关财务管理政策的导向下，不断完善自身财务管理工作质量，在优化管理观念、调整预算目标、完善管理体系、加强财务控制、完善保障措施等策略的实施作用下，将企业财务精细化管理推向更高处，促进企业财务管理目标的实现，为企业未来的良好发展奠定坚实的财务保障基础。

第五节　财务管理风险成因与防范

一、财务风险及其成因

财务风险是指企业在筹资、投资、资金回收及收益分配等各项财务活动过程中，由于各种无法预料、不可控因素的作用，使企业的实际财务收益与预期财务收益发生偏差，因而使企业蒙受经济损失的可能性。具体而言，财务风险是由于融资方式不当、财务结构不合理、资本资产管理不善以及投资方式不科学等诸多因素，从而使公司可能丧失偿债能力，进而导致投资者预期收益下降的风险。

（一）财务风险认知

1. 财务风险的特征

（1）客观性。财务风险是企业生产营运过程的产物，并不以人们的意志为转移，是客观存在的，可以说财务风险的多样性也奠定了财务风险的客观性。例如，外部宏观环境的变化、市场调整、企业经营战略的转换、竞争对手战略转换或新替代品出现等因素都可能引发企业财务风险的出现，因此企业无法完全规避财务风险，只能通过一定的措施来减弱其影响，降低其发生的概率，但不可能完全避免。

（2）损益性。企业的投资收益与其风险成正比关系，对企业投资者而言，收益大则风险大，风险小则收益也少。企业要想获得一定的利润就必须承担与利润成正比的风险。尽管如此，企业也不能盲目去冒险，要使其风险的承受程度和自身的抵御能力相匹配。

（3）突发性。企业财务风险的发生并不是有章可循的，风险的产生有突然的特点。这是因为企业所处的外部环境瞬息万变，在不断变化的环境中，有的风险可能发生，有的可能不发生。风险对企业的影响也具有偶然性，影响可能很大，也可能很小。尽管财务风险具有突发性，企业也要采取措施提前预防风险的发生，以达到效益最大化的经营目标。

（4）复杂性。财务风险的复杂性有直接因素也有间接因素；有的因素可以提前预测，有的则无法预测；有些是外部因素，有些是企业内部因素。财务风险对企业造成的影响也是不确定的，它表现在影响范围上不确定、影响时间上不确定、影响深度上也不确定。所以财务风险是极其复杂的。

（5）激励性。财务风险是客观存在的，企业为了经济效益最大化，必须制定相应的措施来规避或减弱财务风险对企业的影响。企业只有完善内部管理尤其是内控制度，才能把财务风险控制在一定范围以内，这样就促使企业完善内部管理，对企业状态进行实时监督，改进企业内控管理系统中存在的问题，使内控制度更加合理化、规范化和科学化，使企业能更快更好地适应时代竞争的需要。

2. 财务风险的主要类型

（1）筹资风险。筹资风险是指由于资金供需市场、宏观经济环境的变化，企业筹集资金给财务成果带来的不确定性。筹资风险主要包括利率风险、再融资风险、财务杠杆效应、汇率风险、购买力风险等。利率风险是指由于金融市场金融资产的波动而导致筹资成本的变动。再融资风险是指由于金融市场上金融工具品种、融资方式的变动，导致企业再次融资产生不确定性；或企业本身筹资结构的不合理，导致再融资产生困难。财务杠杆效应是指由于企业使用杠杆融资给利益相关者的利益带来不确定性。汇率风险是指由于汇率变动引起的企业外汇业务成果的不确定性。购买力风险是指由于币值的变动给筹资带来的影响。

（2）投资风险。投资风险是指企业投入一定资金后，因市场需求变化而影响最终收益与预期收益偏离的风险。企业对外投资主要有直接投资和证券投资两种形式。在中国，根据《中华人民共和国公司法》的规定，股东拥有企业股权的 25% 以上应该视为直接投资。证券投资主要有股票投资和债券投资两种形式。股票投资是风险共担、利益共享的投资形式；债券投资与被投资企业的财务活动没有直接关系，只是定期收取固定的利息，所面临的是被投资者无力偿还债务的风险。投资风险主要包括利率风险、再投资风险、汇率风险、通货膨胀风险、金融衍生工具风险、道德风险、违约风险等。

（3）经营风险。经营风险又称为营业风险，是指在企业的生产经营过程中，供、产、销各个环节不确定性因素的影响所导致企业资金运动的迟滞，产生企业价值的变动。经营风险主要包括采购风险、生产风险、存货变现风险、应收账款变现风险等。采购风险是指由于原材料市场供应商的变动而产生的供应不足的可能，以及由于信用条件与付款方式的变动而导致实际付款期限与平均付款期的偏离。生产风险是指由于信息、能源、技术及人员的变动而导致生产工艺流程的变化，以及由于库存不足所导致的停工待料或销售迟滞的可能。存货变现风险是指由于产品市场变动而导致产品销售受阻的可能。应收账款变现风险是指由于赊销业务过多导致应收账款管理成本增大的可能性，以及由于赊销政策的改变导致实际回收期与预期回收的偏离等。

（4）存货管理风险。企业保持一定量的存货对于其进行正常生产来说是至关重要的，但如何确定最优库存量是一个比较棘手的问题。存货太多会导致产品积压，占用企业资金，风险较高；存货太少又可能导致原料供应不及时，影响企业的正常生产，严重时可能造成对客户的违约，影响企业的信誉。

（5）流动性风险。流动性风险是指企业资产不能正常和确定性地转移现金或企业债务和付现责任不能正常履行的可能性。从这个意义上来说，可以从企业的变现力和偿付能力两方面对企业的流动性风险进行分析与评价。由于企业支付能力和偿债能力发生的问题，称为现金不足及现金不能清偿风险。由于企业资产不能确定性地转移为现金而发生的问题，则称为变现力风险。

（二）财务风险产生的成因

企业财务风险产生的原因很多，不仅有企业外部的原因，也有企业自身的内部原因，而且不同的财务风险形成的原因也不尽相同。具体可分为以下几点：

1. 外部原因

（1）企业财务管理宏观环境的复杂性是企业产生财务风险的首要外部原因。企业财务管理的宏观环境复杂多变，使一些企业的管理系统不能与之相适应，因而无法根据国家宏观环境的变化而对自身的财务管理进行适当的改革。财务管理的宏观环境包括经济环境、法律环境、市场环境、社会文化环境、资源环境等因素，这些因素存在于企业的外部，但对企业财务管理会产生重大的影响，并且其中的任何一个环境因素的突变都有可能造成巨大的财务风险，比如说一些法律文件的变更以及相关财务政策的制定等。

（2）商品市场供求状况变化和单位经济行为的时间差异。众所周知，市场的供求变化是无法确定的，企业决策在调整力度以及时间上都和它有着比较大的差异，它是按照市场整体变化的实际情况或者自己判断的发展趋势来确定自己的下一步行动方向，因此，由于时间上的差异性以及变化的无规律性等都将导致一些财务风险的出现。

（3）资本结构的不合理。一些企业在筹资的过程中，为了更多地减少资本成本，大多数都倾向于采取债务融资的方式，因此造成债务资本在总资本中占据着很高的比例，一旦其资金链断裂，企业无法按时偿还到期的债务，那么将会面临着巨大的财务风险。从我国现有企业的资本结构来看，都或多或少地存在着较高的资产负债率问题，因为企业在进行生产规模的扩张以及发生流动资金不足的情况下时，首先想到的就是向银行贷款，所以很容易导致其资产负债率居高不下。

（4）利率水平以及外汇汇率水平的影响。首先，当企业通过负债的方式来筹措资金时，如果合同的利率固定，一旦市场利率下降，那么企业就必须按照合同的水平来支付较高的利息；而如果合同的利率是浮动的，则利率的上升会加大付息压力。总而言之，负债融通资金在一定程度上会加大财务风险。其次，如果企业用外币融资来代替负债筹资，那么财务风险也会随着浮动利率的变化而加剧。再次，汇率的变动还将对进出口企业的收益情况造成很大的影响。

2. 内部原因

（1）企业自身的管理体制不健全，有少部分特别是缺乏一整套科学合理的财务管理内部控制制度。督促各项资金的合理使用，使其产生最大的经济效益是一个企业建立内部控制制度的最终目的。然而，一些企业的内部控制制度和财务管理制度融合在一起，以致不能够有效地监督财务资金的投资以及收回情况，内部控制制度没有达到预期的效果，从而加剧了财务风险的发生。

（2）财务决策缺乏科学性导致决策失误。一些企业在进行财务决策时，经验决策以及主观决策的现象依然非常普遍。特别是进行固定资产投资时，在分析投资项目的可行性过程中，对于投资的内外部环境和未来现金流量产生的影响无法作出科学合理的判断，导致投资失误屡屡发生，项目的预期收益也不能够如期地完成，由此产生了无法估量的财务风险。

（3）企业内部财务关系不明。这是企业产生财务风险的又一重要原因，企业与内部各部门之间及企业与上级企业之间，在资金管理及使用、利益分配等方面存在权责不明、管理不力的现象，造成资金使用效率低下，资金流失严重，资金的安全性、完整性无法得到保证。例如，在一些上市公司的财务关系中，个别集团公司母公司与子公司的财务关系不清晰，资金使用缺乏有效的监督与控制。

（4）资产流动性不强以及现金流量状况不佳的现象亟须改善。现金流量多少以及资产流动性的强弱对其偿债能力有着最直接的影响，而且企业有多少债务以及有多少可以变现偿债的流动资产决定着其是否能够顺利地偿还债务。一方面，如果偿债的流动资产越多，债务越少，那么偿债能力也就越强，反之则越弱；另一方面，如果用流动资产偿还负债后企业剩下的是营运资金，那么营运资金越少，表明企业的风险就越大，就算整体的盈利状况比较好，一旦现金流量不足，资产变现能力差，企业也同样会深陷困境。

（5）企业财务管理人员的素质有待提升，缺乏对财务风险的客观性认识。实际上，只要有财务活动，就必然存在着一定的财务风险。而部分企业的财务风险产生的重要原因之一，就是其管理人员自身素养不高，风险意识淡薄，无法在第一时间准确判断在财务活动中隐藏着的财务风险。

二、财务风险防范的程序

企业财务风险防范，是指企业为应对和改变所面临的各种财务风险状况而事先采取的一系列管理措施和行为。企业应在充分认识其所面临的财务风险的基础上，采取各种科学、有效的手段和方法，对各类风险加以预测、识别、评价和控制，以最低成本确保企业资金运动的连续性、稳定性和效益性。企业对财务风险防范的能力与企业的兴衰息息相关。

财务风险防范的基本程序体现了管理工作的内在联系和运行规则，它包括风险管理目标、风险识别、风险估计与评价、风险决策、风险处理五个基本步骤。

企业在确定财务风险防范目标后，进行财务风险防范的基本程序主要包括两大部分，即财务风险分析和财务风险控制。

（一）财务风险防范目标的确定

确定财务风险防范目标是整个财务风险防范过程的起点，无论是财务风险分析还是财务风险控制都要围绕着风险防范目标来进行。财务风险防范目标对整个财务风险防范过程起着根本性的决定作用。因此，在制定财务风险防范目标时要格外谨慎。在此提出的确定财务管理目标的基本原则是确定财务风险防范目标的指导思想，其主要内容包括以下四个方面。

第一，企业财务风险防范目标应与企业总体目标相一致。企业是以营利为目的的从事生产经营活动的社会经济组织，进行财务风险防范就是要使风险不影响企业的生产经营活动，不影响企业的收益。因此，企业进行财务风险防范，必须符合企业整体战略，与企业的总体目标一致，在实现企业价值最大化的同时，力求实现股东价值最大化与相关者利益最大化。

第二，企业财务风险防范目标应具有层次性。企业在保证财务风险防范目标与企业总体目标一致的情况下，还要根据目标的重要程度，区分风险防范目标的主次，确保各层次目标的实现具备客观可能性，以利于提高风险防范的综合效果。

第三，企业财务风险防范目标应具有明确性。企业在分层次制定财务风险防范目标的同时，必须注意各层次目标的明确性，以便正确选择和实施各种方案，并对其效果进行客观评价。

第四，企业应处理好成本与收益之间的关系。企业进行财务风险防范的目标主要是维护企业的收益和安全，因此，企业应从最经济、最合理的角度来处置风险，制定风险防范策略，以最低的成本实现最大的利益与安全保障。例如，建立风险预警系统，是企业进行财务风险防范的有效措施之一，但应根据企业具体的硬件设施、相关人员的现有技术水平来制定，因为对物理设备、网络的利用，本身也会增大企业发生财务风险的可能性，为此，企业需增加人力、财力加以管理。财务风险防范成本过高，以致超过了风险防范所带来的收益，就偏离了企业财务风险防范的总体目标。

企业可以在把握以上原则的基础上，根据企业实际情况，制定具体的财务风险防范目标。比如，对于存货风险、应收账款风险的管理，企业要在风险发生以前采取各种措施，最大限度地防止风险的发生或者把风险控制到最低程度；而对于有些财务风险的发生，企业若无能为力，不能预防，就要采取措施，力求在风险发生之后把损失降低到最小，通过其他途径把风险损失弥补过来，或者尽可能地恢复正常的生产经营活动，缩小风险损失。

（二）财务风险分析

企业财务风险分析是企业进行财务风险防范的首要环节。通过准确地发现和判断企业所面临的各种财务风险，确定风险发生的概率及损失程度，可为进行风险防范决策及选择有效的风险防范技术提供可靠的依据。财务风险分析包括财务风险识别、财务风险的估计与评价两个步骤。

1. 财务风险识别

财务风险识别是指在风险事故发生之前运用各种方法和工具，找出研究对象所面临的各种潜在风险以及风险事故可能发生的原因。对企业风险防范者来说，就是要识别在一定的市场、法律和政治环境下，企业在财务和生产经营过程中面临的所有潜在风险，以及辨认造成各种潜在损失的来源。此外，还要注意有待识别的风险，不仅包括已暴露出来的风险因素，还包括那些潜在的风险因素。一般来说，对后者的识别往往要比对前者的识别更为困难，而且通常更为重要。

风险识别是风险防范的第一步，企业只有对其所处的内外环境进行深入调查研究后，才能判断其生产经营活动及财务活动将会呈现何种状态，或者将会发生哪些风险及潜在损失，在此基础上，为下一步进行财务风险的测量、评估及实施风险控制措施提供必要的准备。对于一个企业来说，风险识别应是一项制度性和连续性的工作，是整个财务风险防范中的基础性阶段。

由于影响企业财务风险的因素众多且错综复杂，一般主要采用定性分析的方法来识别具体的财务风险。定性分析的方法主要是从定性的概念来判断企业经营过程中所面临的各种风险因素，以及这些风险因素的结构和未来发展的性质。定性分析的方法，首先采用所谓的“环境分析法”，即通过对各种客观的经营管理资料（如统计、会计、计划、总结等）和风险事故记录进行分析、归纳和整理;然后采用“类推比较”等方法，即通过感性认识和历史经验来判断，从而对风险进行识别。财务风险识别可以利用的方法和技术有很多，例如，风险清单分析法、财务报表分析法、流程图、因果图和事故树等。

通常，企业使用较多的方法是专家调查法。专家调查法是指借助专家的智慧去识别企业的风险，各领域的专家利用专业方面的理论与丰富的实践经验，找出各种潜在的风险并对其后果作出分析与估计。这种方法的优点是，在缺乏足够统计数据和原始资料的情况下，可以做出定量的估计；缺点是易受心理因素的影响。但由于专家的视野开阔、见解独到精辟，此类方法易被企业所采用。到目前为止，专家调查法已发展到十余种，其中，以专家个人判断法、头脑风暴法与德尔菲法用途最广泛、最具代表性。

财务风险识别是财务风险防范的前提，不论企业特性如何，进行风险识别时都要关注几个方面：①检视运营过程或管理过程的纯熟度；②检视相关风险管理人员接受的训练与相关资源是否充足；③注意经营业务的范围与项目，尤其是正在进行的工作与新的业务项目，如公司正对某公司进行并购，在此过程中存在的风险就应引起相关人员的特别关注。

2. 财务风险的估计与评价

企业进行财务风险防范，应在充分识别和评估风险的基础上，采取相应的控制和管理措施，维护企业的收益和安全。企业财务风险的估计与评价是在风险识别的基础上，对财务风险发生的可能性及其造成损失的程度进行估计和计算，并揭示财务风险发生的可能性和破坏程度的过程。

财务风险的估计与评价是财务风险防范的核心，直接决定了财务风险防范有效性。在现实经济活动中，企业财务风险因素是多种多样的，其发生的时间及风险损失的严重程度都具有不确定性，但通过对企业生产经营活动中大量事件的观察后发现，财务风险事件的发生呈现出某种统计规律性。因此，可以采用数学方法及相应的财务风险管理信息系统对各类财务风险的大小进行具体量化处理，找出财务风险事件出现的各种概率，从而达到对某类财务风险因素及风险事件进行定量预测的目的。对财务风险的估计与评价有以下三种方式：

（1）根据财务指标估测。这种估测方法主要适用于可借助财务指标衡量其水平的风险资产或风险活动。在利用该方法进行财务风险水平的估测时，应遵循五个步骤：①选择适当的财务指标；②确定财务指标基准；③利用现有的资料对财务指标进行测算；④与财务指标基准进行比较；⑤对财务风险进行量化描述。

企业筹资活动、投资活动、资金回收活动等都适合采用财务指标估测其财务风险。在实际应用中，在明确财务指标后，企业可根据历史数据和同行业水平等确定财务风险的基准水平，然后将测得数据与之对比，大致确定目前企业该项资产或财务活动可能面临的风险。

（2）概率估测法。概率估测法是指利用概率分析法，通过计算相关收益的期望值及其标准差和变异系数来衡量财务风险的方法。此方法更适用于对项目风险等的估测，不过主要是用来估测非系统风险，不能反映系统风险的大小。概率估测法的具体评价程序分为五步：

第一步，预测各种可能的结果（随机变量）及其相应的概率。

第二步，计算期望收益率。期望收益率是各种可能收益率按概率加权平均得到的收益率，是反映集中趋势的一种量度。

第三步，计算标准离差。标准离差是各种可能收益率偏离期望收益率的综合差异，是反映离散程度的一种量度。

第四步，计算标准离差率。标准离差率是资产收益率的标准差与期望值之比，也称为变异系数。它是一个相对指标，表示某资产每单位预期收益中所包含的风险大小。一般情况下，标准离差率越大，资产的相对风险越大；标准离差率越小，资产的相对风险越小。标准离差率指标可以用来比较预期收益率不同的资产之间的风险大小。

第五步，评价。如果两个不同方案的期望收益率相同，则标准离差大者投资风险大，标准离差小者投资风险小。如果两个不同方案的期望收益率不同，则需要用标准离差率进行比较。其中，标准离差率大的项目，其财务风险相对大；标准离差率小的项目，其财务风险相对小。通过比较，企业可以选出财务风险小的项目进行投资开发。

（3）财务诊断法。财务诊断法是指利用企业的经验数据，得到反映企业财务风险的经验模型，来对企业的财务风险情况进行诊断的方法。该方法一般选择一些比较敏感的财务指标建立预警模型来对公司面临的财务风险进行预警分析，进而进行有效的管理和化解。财务诊断方法的种类很多，如单变量分析、双变量分析等。

综上所述，风险识别和风险的估计与评价具有不同的功能，是相互独立的两个步骤，但在应用中，它们在时间上存在一定的重叠。事实上，从风险识别到风险的估计与评价，甚至再到风险控制，都是交织在一起的。有些数据分析活动是在风险识别的过程中就已经开始了，有些风险处理措施则是在风险估计与评价阶段就开始采取了。比如，在访问某位专家的过程中，某种风险得以识别，与此同时，专家会提出风险损失程度方面的估计，提出相应的处理建议。这两项行为一般被视为后续风险管理部分，但它们都是在风险识别过程中就发生了。

第七章　财务会计创新的路径分析

第一节　财务会计创新的理论基础

知识经济、信息时代、网络技术和全球一体化的发展，引发了企业经营模式和管理理念变革，催生了诸多会计创新理论。其中，关于会计国际化、管理一体化、网络化，以及价值链会计的理论研究，使我们看到了会计创新和发展的广阔空间与美好前景。

这些会计创新理论，尤其是网络会计和价值链会计共同的特点集中体现在：应用计算机网络技术，实现会计处理与经营业务协同；通过开放信息系统促进企业内、外部的信息资源共享；会计系统能够实时、全面地提供信息，信息使用者可以主动地从系统中获取所需信息。

就数据处理手段和网络技术因素分析，目前，关于实时会计和信息系统开放（即会计信息系统远程支持、在线反馈和跨越时空的信息共享）的理论完全可行。然而，会计作为一门具有技术和社会双重属性的学科，其创新和发展除技术上可行之外，还应解决深层次的相关问题。

一、建立实时会计中信息真实性保障机制

实时会计是会计处理与经营业务流程的协同。通过这种协同一方面向有关人士提供实时的经济信息，另一方面实现对企业经营活动的实时控制。在日益加快的社会节奏中，实时会计既是企业深化经营管理，提高竞争力之客观需要，同时也是税收征管、银行信贷以及投资者等相关人士准确、及时评价企业经营状况，科学进行决策的客观需要。

会计创新之基本目的在于提高会计信息的质量，更有效地发挥会计职能，因而，实时会计的发展，除数据处理技术可行之外，还必须使实时会计信息的质量得到保证。而评价会计信息质量的首要标准是真实性，所以，实时会计赖以生存、得以发挥作用

之前提条件，是会计信息的真实、可信。可见，实时会计应用不仅要解决技术问题，更重要的是建立相应的信息真实性保障机制。

就会计信息真实性保障机制分析，发展实时会计至少会面临以下两个环节的问题。

第一，原始凭证是保证会计信息真实性之基础，而实时会计伴随着企业经营活动过程和会计核算的协同，这意味着“办公无纸化”，意味着以电子化的原始凭证取代纸介质的原始凭证。这样，实时会计面临的问题：首先是电子文档作为原始凭证必须有明确法律依据，其次，电子文档作为原始凭证时，还需哪些法规确保其真实、有效。对此，尽管我国已经颁布了《中华人民共和国电子签名法》等相应的法规，但仍需要更为完备、具体的会计法规。

第二，注册会计师鉴证是保证会计信息真实性的另一重要环节，但要求企业实时披露的所有会计信息全部接受鉴证并不现实。可行之举，是建立实时披露信息与接受鉴证信息的关联机制，并对现行会计信息鉴证机制进行扩展、完善，确保实时披露会计信息真实性处于监控之中。

二、建立开放会计信息系统的分级授权控制机制

会计信息系统由封闭转换为开放是发展趋向。这种开放性，不仅是通过网络从企业内外有关系统直接采集数据，更重要的是开放和公开会计数据库，以便企业内外的各个部门、机构可以根据授权，通过网络直接获取相应信息。开放会计信息系统是企业生存环境和经营模式变化的客观需要。

信息化社会要求企业开放会计信息系统。信息化不单是企业信息化，而是整个社会信息化，亦即，税收征管、银行借贷管理及其他与企业有关的组织和个人也在信息化。而电子政务、电子税务、电子商务发展的结果，使这些机构和个人对企业会计信息之需求提出了更高要求。它们不仅要求及时得到企业信息，而且要求得到能够满足决策需要的信息，要求变被动地接收信息为主动从企业获取信息。

企业同盟间信息资源共享要求开放会计信息系统。因为价值链、供应链管理之核心是企业同盟内资源优化配置，这首先要求信息资源共享。所以，作为企业信息内核的会计信息必须成为企业同盟内共享之资源，当今这种共享只有通过开放信息系统实现。

信息化社会和企业竞争模式转换引发了开放会计信息系统的客观需要，但这一需要能否转化现实需要，能否得到满足首先取决于企业开放信息系统的收益与付出之比值。向企业同盟开放信息系统之收益在于巩固企业同盟，通过同盟在竞争中居于优势地位使企业获得更大价值增殖，向银行开放信息系统，有利于企业顺利解决资金问题，

向税务征管等机构开放信息系统有利于取得它们必要的信任。而企业开放信息系统之最大付出是由此引发的商业秘密泄露风险。

只要有市场经济，就有企业间之竞争；只要有竞争，就不能忽略企业保护商业秘密之必要性，显然，会计信息开放是有条件开放，是分级、分层开放。所以，建立企业新的商业秘密保障机制，是开放会计信息系统先决条件。解决会计系统开放与信息保密之间矛盾的有效方案，是为开放系统建立分级授权控制机制。

三、会计创新以继承为基础

时代背景和企业经营管理之需求变化不断推动着会计创新和发展。正是基于这一事实，我国的会计专家、学者在进行着不懈的努力从事会计创新之研究，并提出了价值链会计、实时会计、网络会计、三维会计、会计再造等诸多创新理论。这充分说明了会计创新和发展是不可逆转之趋势。

然而，会计的创新和继承是一个问题的两个方面，对立的统一。这一矛盾特性由以下几个方面决定：

会计环境二重性。会计环境是会计理论、会计方法、会计实践所赖以生存的境况。它左右着特定历史条件下会计理论演变、会计方法变革、会计法规制定、会计组织建立、会计工作水平等情况。其中，对会计产生影响的主要因素有政治环境、法律环境、经济环境、科技环境和管理环境等。我们在会计创新时不仅要关注这些因素变化的一面，更不能忽视其稳定、延续的一面。

会计理论形成二重性。会计理论体系之起点或出发点包括会计主体、会计目标、会计假设、会计本质、会计对象、会计确认与计量、会计环境等。影响会计理论体系购建之诸多因素存在着共性，即，各种因素都具有双重性：一方面，这些要素的含义在当今社会分别有了不同程度扩展，另一方面，这些因素原有含义在扩展中得到了继承和包含，而并非完全消失。如，会计主体，原本含义是单一主体，即，独立核算之企业；而今认为会计主体具有层次性，第一层主体是企业，第二层是企业同盟（价值链、供应链或虚拟企业）。

会计方法变革二重性。当会计数据处理技术由手工转向电子、网络后，会计方法已产生了显著变化，而未来的变化将更为突出。但我们不应以此否认会计方法的继承性，全盘否定原有的会计方法。如，会计账簿是会计科目设置的延伸和实现方式，在手工会计中其存在意义有二：一是分类提供会计信息的一种形式；二是通过存储会计信息均衡账簿处理和信息汇总工作，化解手工会计工作效率低下之矛盾的有效方法。在当今电算化下，账簿作为存储信息方法的意义正在逐步淡化，随着会计档案管理法规的变革必将最终消失；然而，只要我们需要“分类管理”，账簿作为提供分类信息的一种形式必将继承下去。可见，会计创新和发展难于通过突变之方式实现，而是一个循序渐进、不断完善的过程。在这个过程中，既需要我们致力于会计创新，同时需要关注我们会计继承。只有解决好会计创新和继承之间的矛盾，才能顺利推动会计创新、发展。

总而言之，本文关于会计创新中深层次问题的探讨，只是极其粗浅的梳理；即使触及的内容也只是阐明矛盾和问题所在，以及相应之应对思路。在会计创新中，许多深层次的问题有待我们进行更为深入的研究。

三、会计目标创新

财务会计目标是财务会计基本理论的重要组成部分，是财务会计理论体系的基础，即期望会计达到的目的或境界。会计目标既是一个理论问题，又是一个实践问题。

（一）我国企业财务会计目标定位现状

财务会计目标应分为两个层次：基本财务会计目标和具体财务会计目标。基本财务会计目标是财务会计研究的出发点，是财务会计系统运行的最终目的，它在财务会计目标体系中占主导地位并直接制约着具体财务会计目标，同时也体现经济管理的客观要求。具体财务会计目标是对基本财务会计目标的具体表达和实现，是在基本目标的指导下，从事财务会计管理活动所要达到的目标，以求达到对财务会计实践的规范，满足社会对财务会计信息质量的需求。基本财务会计目标适用于一切历史发展阶段，是从不同历史环境下具体财务会计目标抽象出来的共性；具体财务会计目标则因历史背景、时代特征不同而不同。

财务会计基本目标应为提供信息以满足对财务会计信息的需求，受托责任观和决策有用规则是两个具体财务会计目标。基本财务会计目标适用于一切历史发展阶段，是从不同历史环境下具体财务会计目标抽象出来的共性——提供信息以满足对财务会计信息需求。受托责任观认为提供信息是为委托人（已经的投资者）评价受托责任的履行情况，从而做出是否继续维持委托——受托责任关系的决策；决策有用观认为提供信息是为了满足投资者、债权人等（包括现有的和潜在的）进行投资、信贷等决策的需要。可见，二者是有共性的。即都是提供信息以满足信息需求者的需求。二者的区别是主要的信息需求者有所不同。受托责任观的主要信息需求者为已经的投资者——受托人；决策有用观的信息需求者为现有和潜在的投资者。

（二）财务会计目标的创新

随着信息化社会的发展，企业财务会计目标越来越具有技术性和社会性，因此，在探讨企业财务会计目标时，应结合信息全球化，现代科技发展的本质来作出分析，故可以从以下方面着手对企业财务会计的目标进行创新。

1. 会计环境变化推动会计创新

会计系统的发展是一个由低到高、由简单到复杂的过程。在这一过程中，它不仅有自身内在的发展动力和轨迹，而且“遵从”“趋同”环境的发展变化，以便和所处环境保持“协调”。

会计环境“是指会计所处的具体时空的情况和条件”。而这些具体时空下的“情况和条件”又可从“宏观”和“微观”两个方面进行分析，即会计环境具体可分为宏观环境和微观环境。“宏观环境”影响会计系统的主要因素包括科学技术水平、社会经济发展状况、国家法规及人文意识等;“微观环境”影响会计的主要因素有企业经营规模、管理水平、组织形式等。

2. 会计目标变化拉动会计创新

“会计目标是会计理论体系的基石”，发挥着连接会计理论和会计实务的纽带作用。会计目标的变化左右着会计理论和会计方法。而会计目标与会计环境协同，随社会发展而变化。

关于“决策有用观”的会计目标，多数是从“所有权和经营权分离”“社会资源的优化配置”角度，通过企业信息和企业外部信息使用者的关系来进行探讨的。这一思维定式研究的是财务会计的目标，不包含管理会计的目标，所以不能称其为完整的会计目标。

其次，在准确把握管理会计的基础上，研究会计目标。管理会计是会计方法和科学管理结合的产物，“是在追求组织机构的目标中辨认、计量、分析、解释和交流信息的过程。管理会计是管理过程的整体组成部分之一”，其中“会计”是方法，“管理”是核心。管理会计的管理活动需要企业许多职能部门共同参与，相互合作，并非会计部门能够独立完成的。这是探讨会计目标不容忽视的客观现实。

再次，对会计目标的研究，应超越“会计信息系统论”。会计不仅是一个信息系统，更是企业管理中量化管理子系统。会计“信息系统论”的观点无法得到“管理系统论”“控制系统论”认可的事实，就说明会计信息系统仅是会计的一个重要方面，而不能涵盖“会计”的全部。

如果能够拓展思维空间，从不同角度来研究会计目标将会使结论更接近客观实际，也将对会计发展、创新产生重大影响。

四、会计创新的途径

（一）会计方法的创新

现有的会计软件基本上是按照传统的会计方法来处理会计事务，并没有突破性的改造。如:（1）会计科目级别的命名：由总账—二级科目（子目）—明细账，明细账后则不好命名了。而电算化则把总账作为一级科目、一级以下作为二级科目，以此类推，达到上下级账目关系明确，表达方便，使用灵活。（2）会计科目代码的统一：会计科目代码长度的统一及与对应科目的名称的统一，将为上级企业和政府部门的数据采集与共享带来极大的方便。（3）记账凭证种类的统一：实现电算化后，检索财务信息的方法增加了很多，传统记账凭证的分类方法就相对非常落后了，只用一种统一的记账凭证（不分业务种类），不但能做到检索查找方便、迅速，而且提高了准确度。（4）三大会计报表的统一。（5）账簿形式的改造：首先是账簿载体的改造，确立电子账簿在会计电算化中的主导地位；其次是账簿格式的改造，用无格式但能进行任意分类、组合、汇总的形式代替传统的账簿格式。（6）取消中间过程表式的输出，即科目汇总表、汇总记账凭证、总账科目试算平衡表等，可简化工作程序。

（二）会计观念的创新

首先，会计工作应树立增值的观念。将增值作为企业经营的主要目的，定期编制增值表，反映企业增值的情况及其在企业内外各受益主体之间的分配情况；其次，树立全新的资产观念。人力资源、智力资源将成为资产的重要组成部分，并为企业所拥有、所控制，为企业提供未来经济效益。知识经济是以知识、智力为资本来发展经济的，对知识型企业来说，最重要的资源不再是物力资源而是知识资源。因此，在知识经济时代下，资产应当是包括人力资产和物力资产两部分；最后，会计工作还要树立风险观念。由于信息和技术科学的迅猛发展，信息传播、处理和反馈的速度大大加快，产品寿命周期不断缩短，市场竞争日趋激烈，企业的经营风险明显加大，特别是高科技企业面临的风险更大。

（三）会计环境的创新

创新环境对于创新人才的培养具有重要影响。从创新过程看，会计创新环境是指在会计领域内影响创新主体进行创新的各种外部因素，即创新环境是“外因”，而创新人才是“内因”。“外因”通过“内因”而起作用，也即创新环境必须通过创新人才而起作用。如果没有良好的创新环境，人才的积极作用就不能很好地发挥，其结果很可能被浪费或者流失掉。我们主张建立良好的创新环境，其根本目的就是要形成一个在创新面前人人平等、鼓励自由思考的社会环境。良好的创新环境并不是自然形成的，需要国家的引导和政策支持。同时，还要营造鼓励创新、支持创新、宽容创新的文化氛围。

对企业来说，企业财务会计目标的创新是一个任重道远的过程，是多种因素综合作用的结果。因此，在研究企业财务会计目标时，应该结合现实环境做出具体的分析和总结。在这个基础上，更需要具备前瞻性的眼光进行创新，让企业的财务会计发展充满活力。随着现代经济社会和科技社会的进一步发展，对企业财务会计目标进行变革性的创新更是时代之必然需要。

第二节　财务会计创新的动因与途径

会计创新是指根据会计环境变化的要求，在传统的会计理论、制度和方法的基础上，对原有的理论、制度和方法进行调整、补充和拓展，从而形成新的、符合新的会计环境变化要求的会计理论、制度和方法体系。

一、会计创新的定义

会计创新是指根据会计环境变化的要求，在传统的会计理论、制度和方法的基础上，对原有的理论、制度和方法进行调整、补充和拓展，从而形成新的、符合新的会计环境变化要求的会计理论、制度和方法体系。

会记创新包括会计理论创新和会计规范创新。会计规范的创新是会计理论创新的具体化，它是将会计理论创新的精神运用于会计实践的指导。会计规范本身是会计理论与会计实务的“桥梁”和“纽带”，是会计理论的体现。

二、会计创新的动因

1. 会计环境变化

会计环境“是指会计所处的具体时空的情况和条件”。而这些具体时空下的“情况和条件”又可从“宏观”和“微观”两个方面进行分析，即会计环境具体可分为宏观环境和微观环境。“宏观环境”影响会计系统的主要因素包括科学技术水平、社会经济发展状况、国家法规及人文意识等；“微观环境”影响会计的主要因素有企业经营规模、管理水平、组织形式等。会计系统的发展是一个由低到高、由简单到复杂的过程，它不仅有自身内在的发展动力和轨迹，而且“遵从”“趋同”环境的发展变化，以便与所处环境保持“协调”。

2. 会计目标变化

“会计目标是会计理论体系的基石”，发挥着连接会计理论和会计实务的纽带作用。会计目标的变化左右着会计理论和会计方法。而会计目标与会计环境协同，随社会发展而变化。会计目标由“受托责任观”到“决策有用观”，再到“目标体系观”，直至现在，仍然在求索之中。从不同角度来研究会计目标将会使结论更接近客观实际，也将对会计发展、创新产生重大影响。

3. 会计对象变化

人们关于会计对象的认识，由“财产”“劳动量”，到“资金运动”，以至现在的“资源运动”等各种学说的变化，不仅体现出“认识”的变化和会计理论的发展，而且体现出会计对象具体内容的变化。会计对象变化，会拉动会计的创新。

三、会计创新的影响因素

1. 会计环境变化推动会计创新

会计系统的发展是一个由低到高、由简单到复杂的过程。在这一过程中，它不仅有自身内在的发展动力和轨迹，而且“遵从”“趋同”环境的发展变化，以便和所处环境保持“协调”。

会计环境“是指会计所处的具体时空的情况和条件”。而这些具体时空下的“情况和条件”又可从“宏观”和“微观”两个方面进行分析，即会计环境具体可分为宏观环境和微观环境。“宏观环境”影响会计系统的主要因素包括科学技术水平、社会经济发展状况、国家法规及人文意识等；“微观环境”影响会计系统的主要因素有企业经营规模、管理水平、组织形式等。

目前会计划分为财务会计和管理会计两大领域。就财务会计而言，其原则、假设、方法，以及凭证、账簿和报表的模式成熟于“工业时代”；就管理会计而言，产生于20世纪初期，是会计方法与“科学管理”结合的产物，随着“量化管理”的发展而不断完善。而当今社会已步入“后工业时代”，这种时代背景变迁，使会计的“宏观环境”“微观环境”无不发生跨越式的变革。

如今会计的宏观环境与“工业时代”相比，呈现出“知识经济”“全球经济”和“信息经济”等多元化的特征。这种变化至少在3个方面推动会计创新。第一，会计与企业以外其他单位进行“资金”和“信息”交流的方式发生变化，如电子商务、电子税务、电子政务等方面的变化，要求改变会计现有的数据采集、存储、加工、传递和输出模式，以适应社会信息化发展的需要。第二，当今社会引发了会计对象的内在结构发生变化、对会计提出了更为精准的目标、产生了全新的会计信息技术（电子信息技术），所有这些，要求突破现有的会计原则、假设，创新会计计量、确认和会计报告模式，构建全新的会计信息机制，以便在经营管理和社会发展中发挥更大的作用。第三，当今社会会计工作者规模扩大，素质提高，尤其是会计研究工作者的变化，将助推会计创新。

会计微观环境的变化，有两个方面较为突出。首先，国际市场的发展，引发企业生存、竞争的模式变化，促使企业不断兼并扩张，刺激了价值链企业同盟及“虚拟企业”的出现。这些新的趋向，给企业组织和管理带来了诸多新的情况，引发了一系列新的会计问题。其次，自动化、信息化的发展刺激了企业流程再造，推动以部门职能分工为基础的管理转化为面向流程的管理；促使企业通过信息技术将流程中各项具体分工集成为有机的系统，以达到提高管理效率之目的。

2. 会计目标变化拉动会计创新

“会计目标是会计理论体系的基石”，发挥着连接会计理论和会计实务的纽带作用。会计目标的变化左右着会计理论和会计方法。而会计目标与会计环境协同，随社会发展而变化。会计目标由“受托责任观”，到“决策有用观”，再到“目标体系观”，直至现在，仍然在求索之中。

就“决策有用观”而论，如今对决策的认知和理解也发生了显著的变化。

“决策有用观”研究的出发点是财务会计。财务会计遵循“公认会计”原则向企业外部相关的组织和个人提供会计报表。“公认会计”原则在确保会计信息的真实性、可比性方面发挥着重要作用，但由此产生的负面效应是形成了“死板”的标准化信息提供模式。

标准化的会计报告模式，忽略了不同决策的差异性，反映了在特定技术条件下不能顾及决策个性的思维定式。而如今，决策的非结构性、不同决策的差异性得到更多的关注；为不同会计信息使用者提供不同信息，为不同决策提供不同信息，成为会计的主要目标之一。从信息技术发展迅速，信息处理能力不断提高，传输速度不断加快的趋势分析，有能力也有必要突破现有的标准化会计报告模式，而依据不同决策需要不同会计信息的客观事实来构建全新的会计信息报告机制。

尽管“决策有用观”的理念有所突破，但关于“决策有用观”质疑仍然不断，说明这一观点尚存纰漏，仍然无法准确表达现代会计的目标，需要进一步丰富和完善。对于会计目标认识至少应该从 3 个方面超越思维定式。

首先，超越会计仅向企业外部提供信息的思维定式，正视管理会计是企业经营管理的有机组成部分的客观现实。关于“决策有用观”的会计目标，多数是从“所有权和经营权分离”“社会资源的优化配置”角度，通过企业信息和企业外部信息使用者的关系来进行探讨的。这一思维定式研究的是财务会计的目标，不包含管理会计的目标，所以，不能称其为完整的会计目标。

其次，在准确把握管理会计的基础上，研究会计目标。管理会计是会计方法和科学管理结合的产物，“是在追求组织机构的目标中辨认、计量、分析、解释和交流信息的过程。管理会计是管理过程的整体组成部分之一”，其中“会计”是方法，“管理”是核心。管理会计的管理活动需要企业许多职能部门共同参与，相互合作，并非会计部门能够独立完成。这是探讨会计目标不容忽视的客观现实。

再次，对会计目标的研究，应超越“会计信息系统论”。会计不仅是一个信息系统，更是企业管理中量化管理子系统。会计“信息系统论”的观点无法得到“管理系统论”“控制系统论”认可的事实，就说明会计信息系统仅是会计的一个重要方面，而不能涵盖“会计”的全部。

如果能够拓展思维空间，从不同角度来研究会计目标将会使结论更接近客观实际，也将对会计发展、创新产生重大影响。

3. 会计对象变化需要会计创新

会计对象与会计学科密切相关，在一定程度上左右会计理论和会计方法的发展和演变，不少学者认为会计对象是会计学的理论逻辑起点。人们关于会计对象的认识，由“财产”“劳动量”，到“资金运动”，以至现在的“资源运动”等各种学说的变化，不仅体现出“认识”的变化和会计理论的发展，而且体现出会计对象具体内容的变化。

由“会计对象—会计对象要素—会计报表项目”的会计对象观分析，会计对象要素包括资产、负债、所有者权益、收入、费用和利润 6 方面。社会经济环境的变化使会计对象要素的变化错综复杂，相互影响，主要表现在 3 个方面。

第一，知识经济改变了“经济资源”实际意义，对传统意义上的会计要素产生重要影响。目前，企业拥有“人力资源”的优劣成为企业成败的关键，“先进技术”成为企业获取超额垄断利润的重要手段，“信息资源”的价值备受关注。如此等等的变化不仅对“资产”要素产生影响，而且间接影响其他会计要素。

第二，资本市场、金融市场的发展、成熟，以及商业信用形式多样化，为企业融资提供了便利，缓解了企业的各种责权、债务之间的矛盾，但也使企业与所有者的关系，企业与债权、债务人的关系复杂化，直接引发企业相关费用、利润的确认和计量等问题。

第三，市场经济的发展和国际化，使企业的筹资、投资、生产、经营与市场呈多环节、多渠道的复杂连接状态。企业全方位受市场左右，放大了企业经营的风险，使企业经营风险估计成为重要课题。此外企业内部物资存储和生产管理的诸多变化，也产生了一系列的会计问题。

尽管从上述 3 个方面分析，可以认识会计对象的变化。然而这种会计对象研究出发点，仍然仅只是停留在“会计对象—会计对象要素—会计报表项目”思维模式，仍然局限在财务会计的“确认、计量、记录”的职能范围之内。

关于会计对象的研究至少应作 3 个方面的超越思维定式。

首先，从财务会计和管理会计统一体的角度研究会计对象。会计对象是会计实践活动中的完整对象，既包括财务会计处理的业务对象，又包括管理会计处理的业务对象。会计对象应是会计预测、决策、预算、反映、分析、评价整个过程中所涉及对象，而不应只是财务会计的对象，仅局限于当前的“会计要素”。

其次，把会计作为企业管理的一个有机组成子系统，从企业管理的角度研究会计对象，从企业管理需求以及发展变化的趋势来研究会计对象，而不是仅就会计实践活动探讨会计对象。

再次，超越以营利评价企业经营成败的思维定式，从企业经营所肩负全部责任的角度研究会计对象。企业要向所有者负责，但也应对社会负责，对员工负责。因此，单以“利润”或“现金净流量”来评判企业经营就很有局限性，因而，会计需要提供更为丰富的信息，“会计对象”有更丰富的内容。

一旦拓宽了会计对象的研究视野，改变了会计的空间观、时间观，关于会计对象认识将会产生突破性的变化，会计的发展将会有更为广阔的空间。

4. 会计信息新技术加速会计创新

电子化会计信息技术相对于传统财务会计和管理会计而言，是全新的会计信息技术。

电子化会计信息技术在实际工作的应用、完善和创新，是众多科研工作者艰辛劳动的成果。电子信息技术对会计理论和会计实践活动的影响，也不言而喻。但在理论上，更多的表述是“会计电算化对会计的影响”，专项研究会计信息技术与会计理论体系之间关系的理论相对较少。

在此，笔者就会计信息技术对会计理论体系的影响作简要梳理。

首先，电子化会计信息技术应用、发展，催生了新的会计学科（会计信息技术学），改变了会计学的学科体系结构。当前，关于这一新学科的命名，有的称之为“会计电算化”，有的称之为“会计信息系统”，有的称之为“计算机会计学”，但各自研究的内容大同小异，没有本质差别，其实质研究的是电子化会计信息技术。形成这种同一学科、多种命名的现象的原因众多，但根本原因是忽略了这一新学科本质。

其次，对会计方法、技术理论产生重要影响。会计从某种意义上讲，可称之为方法学、技术学。技术手段由手工转向电子化后，财务会计的技术理论已经发生重要变化。第一，凭证、账簿的作用和意义发生变化，如，记账凭证信息得以扩充、明细账不再依据原始凭证登记、凭证和账簿作为存储会计数据的手段和方法的意义正逐渐消失。第二，淘汰与新技术不相容的理论，如，“账务处理程序”为“数据处理流程模式”取代。第三，派生电子化会计信息技术所需要的新技术、新方法，如，会计数据备份、数据恢复技术。

再次，引发会计数据处理机制发生革命性的改变。关于会计数据处理机制可以理解为会计数据处理定式。据此而论会计数据处理机制，将会在多方面发生变化。第一，会计数据处理将突破单独由会计部门处理定式，代之以企业内多部门参与会计数据处理，即，会计数据库与企业信息数据库集成，成为“共享数据库”，网络成为各部门参与数据处理纽带。第二，“原始凭证—记账凭证—会计账簿—会计报表”信息机制受到挑战，“数据源—会计信息加工方法—适合个性需要的信息”将成为构建会计信息系统的基本构架。

可见，电子化会计信息技术的发展是会计重构的动力，也是会计创新的技术支撑。

四、会计创新的途径

（一）会计观念的创新

首先，会计工作应树立增值的观念。将增值作为企业经营的主要目的，定期编制增值表，反映企业增值的情况及其在企业内外各受益主体之间的分配情况；其次，树立全新的资产观念。知识经济拓展了企业经济资源的范围，使企业资源趋于多元化。人力资源、智力资源将成为资产的重要组成部分，并为企业所拥有、所控制，为企业提供未来经济效益。知识经济是以知识、智力为资本来发展经济的，对知识型企业来说，最重要的资源不再是物力资源而是知识资源。这些新型资源予以资本化，作为会计学上的资产，在理论上是必要的，在实践中是可行的。同时，与之相适应的是企业剩余收益的索取权，也将由出资者独享转变为企业出资者、经营者、管理者、劳动者等共同分享。因此，在知识经济时代下，资产应当是包括人力资产和物力资产两部分；第三，会计工作还要树立风险观念。由于信息和技术科学的迅猛发展，信息传播、处理和反馈的速度大大加快，产品寿命周期不断缩短，市场竞争日趋激烈，企业的经营风险明显加大，特别是高科技企业面临的风险更大。因此，会计工作者必须强化风险意识，注意将各种重要的资源以适当的方法列入会计系统，并尽可能地反映会计事项中的内在风险，提高会计信息的使用价值，降低会计风险。

（二）会计环境的创新

创新环境对于创新人才的培养具有重要影响。从创新过程看，会计创新环境是指在会计领域内影响创新主体进行创新的各种外部因素，即创新环境是“外因”，而创新人才是“内因”。“外因”通过“内因”而起作用，也即创新环境必须通过创新人才而起作用。如果没有良好的创新环境，人才的积极作用就不能很好地发挥，其结果很可能被浪费或者流失掉。我们主张建立良好的创新环境，其根本目的就是要形成一个在创新面前人人平等、鼓励自由思考的社会环境。良好的创新环境并不是自然形成的，需要国家的引导和政策支持。同时，还要营造鼓励创新、支持创新、宽容创新的文化氛围。

（三）会计教育模式的创新

再好的理论、模式，如果不能正确有效地实施，不能在实践中取得应有的效果，就只能称其为设想。管理信息化环境下会计教育新模式的实施是一个涉及理论、技术、操作、管理、教师、学生等各个层次和方面的系统工程，需要认真对待。在实施整合的过程中，始终要全方位地关注学生的观念、知识、能力、操作等各个方面的培养和提高，教师要始终参与整合的实施与指导，教育教学管理系统也要针对整合实施科学管理，只有各要素协调配合，才能确保整合的顺利进行。会计教育的新模式是对传统教学在理念、内容、方法、手段诸多方面的全面改革。如果孤立地去进行这项改革，往往会使改革夭折或变得面目全非。笔者认为，在会计教育新模式的实施过程中，应该从树立新的教育观念、掌握新的教育技术、培养新的社会人才等方面要求和考察教师。

（四）会计方法的创新

现有的会计软件基本上是按照传统的会计方法来处理会计事务，并没有突破性的改造。如:（1）会计科目级别的命名：由总账—二级科目（子目）—明细账，明细账后则不好命名了。而电算化则把总账作为一级科目、一级以下作为二级科目，以此类推，达到上下级账目关系明确，表达方便，使用灵活;（2）会计科目代码的统一：会计科目代码长度的统一及与对应科目的名称的统一，将为上级企业和政府部门的数据采集与共享带来极大的方便;（3）记账凭证种类的统一：实现电算化后，检索财务信息的方法增加了很多，传统记账凭证的分类方法就相对非常落后了，只用一种统一的记账凭证（不分业务种类），不但能做到检索查找方便、迅速，而且提高了准确度;（4）三大会计报表的统一;（5）账簿形式的改造：首先是账簿载体的改造，确立电子账簿在会计电算化中的主导地位；其次是账簿格式的改造，用无格式但能进行任意分类、组合、汇总的形式代替传统的账簿格式;（6）取消中间过程表式的输出，即科目汇总表、汇总记账凭证、总账科目试算平衡表等，可简化工作程序。

（五）会计确认、计量的创新

知识经济的无形化既表现为投入资产的无形化，也表现为知识产品和企业资产的无形化。它首先是对会计确认的挑战；其次使会计计量难度加大。在知识经济形态中，构成微观经济主体的无形资产是一种动态资产。如人力资产可以在利益机制的驱动下自主发生转移而无须借助任何外界力量。这种转移不仅使原企业资产减少，还可能造成企业的损失。因此，人力资源本身不仅有知识资产的转移，而且还有由知识资产产生的商业秘密。

（六）会计内容的创新

建立在知识和信息的生产、分配与使用上的知识经济，将以人的创造性知识作为最重要的生产要素，使经济的发展主要依赖于知识资源而不是物质资源，主要依赖于无形资产而不是有形资产。因此，人力资产和无形资产将是为企业带来经济利益的主要资源，人力资源会计将形成完善的理论和方法体系，同时应重点加强社会责任会计、无形资产会计、环境会计、会计规范体系、会计计量模式、内部会计控制理论等理论的研究与创新。

第三节　知识经济时代财务会计创新的思考

会计模式主要就是利用手工和电算化等工具的模式是以资金与资产与工作的重点，目的就是利用科学的管理促进资金效率的提高，它是站在所有资产相关人的利益为出发点，准确地反映企业的各种经济发展状况。会计工作的性质就是保证财务的效果最大化，控制企业的资本投资风险。现代会计的核算对象也主要集中在有形资产之中，他们注重于企业的资金货币以及固定资产等。但是对于具有知识价值的人力资本等资产会计核算没有进行过于细致的规定，可以说目前我国会计模式已经出现了与知识经济时代发展相适应的一些因素，比如我国法律对于企业无形资产等作出了明确的限制条件，无形资产投资不得超过 20%，可见为了及时的创造会计创新模式必须建立在适应经济发展阶段的层次上来，对于新的会计模式积极地进行体制性质的创新。

一、知识经济对会计的影响

1. 对无形资产会计的影响

（1）对无形资产计量的冲击。会计工作的性质就是对企业的资金进行规范化管理，目前我国会计对于企业的固定资产的规定具有明智化规定，它完善企业的固定资产问题，但是对于无形资产的规定就过于严格，尤其是对于企业的无形资产项目具有仅仅的几个项目，它主要是对于企业的具有相对价值的无形资产具有实务性，而知识时代经济发展需要的就是利用知识进行生产，知识的价值可以等同于它可以创造的相同的价值或者更高的价值，目前我国会计运行中对于企业的荣誉、企业品牌等没有明确的规定，它对于这些问题没有计入合理的会计价值。在具有重视知识时代的国外企业的经营需要通过企业的财务进行企业经营。在这样的企业模式下，企业需要通过知识价值进行资产结构经营。高科技的企业的知识价值具有极大的投资动力，比如美国企业资产的无形资产主要包括：企业无形资产价值、企业管理经验和人力资源。我国企业的无形资产具有很多的方面。

（2）对无形资产计量基础的影响。目前我国会计一直以投入价值为无形资产手段为基础，企业现在的无形资产计算方式主要通过购买企业无形价值，企业进行科研进行技术创新和企业实际投入进行的无形资产进行会计无形资产计算。这样的无形资产计算方法可以说与我国传统的市场经济时代具有相关的影响基础适应。企业设置的无形资产计算方式与有形资产的计算方式基本是一致的，但是知识经济时代的到来使得知识价值得以大大地提高，企业的生存主要是以具有的无形资产价值实力为基础的，企业的发展潜力主要就是依靠企业的生产技术，当前我国的无形资产与有形资产的计量方式科学度与目前的制度已经不同，因为在具有知识价值的企业，无形资产对于企业的贡献具有很重要的作用，这样无形资产与固定资产的地位变化导致企业的无形资产对于企业的计量产生了积极的作用。

2. 知识经济对财务管理的影响

（1）对风险理财观的强化。知识时代的经济发展，大大地增加了企业之间的交易机会，尤其是计算机时代的发展带动电子商务的发展，这样企业的经济发展效益与风险就会共存，目前我国企业的会计风险主要有：企业会计信息传播速度快、不能及时地发现问题并及时地进行处理。在知识时代的经济发展中如何快速地进行企业会计信息的处理、及时地规避企业的风险就成为企业在知识时代对于会计的影响。对其企业要在进一步扩大企业发展的过程中，企业在处理其发展中的问题时，提高企业的技术的同时还要具有应对风险观念的意识，因为企业的风险意识对于企业的风险具有重要的意义。

（2）对会计披露及时性与充分性的影响。企业的财务会计是企业进行理论分析的基础，企业的财务报表的目的就是指导企业的财务发展方面，提供财务信息公布，对于基于知识经济发展的特点需要及时的对于企业的财务报表进行适当的改革，尤其是对于会计披露的时间限制要求具有更新速度的及时性，这就需要企业在时间、空间以及地域等方式上进行改革。可以说知识时代的经济发展就是要求会计披露及时性与充分性进行系统的分析，而且知识的发展也会大大地增强信息披露方式方法的进步，这样有利于增强企业的成本的减少。

（3）对收益处理方法的影响。知识经济产品具有较高的增值，资产的高速增值必然会产生收益的非稳定性。在传统物质经济形态中，受自然资源的有限性和可占有性以及获取交易成本的制约，企业收益呈有限性和稳定性。在知识经济形态中，知识产品资源限制约束消失以及可重复使用的特征，使成本约束的限制不再起作用。在收益递增和成本递减规律的支配下，企业收益必然会出现较大的变动，产品市场份额越高，企业收益越大，反之收益越小。加之企业收益产生基础的模糊性，给会计处理收益的方法增加了难度。因为收益分配是在所有者、投资者、生产者之间进行的，由于收益产生基础的模糊性和非稳定性，使收益分配的合理程度难以界定，而收益分配的结果将直接影响到各分配主体的利益。

3. 现行会计信息的局限性

（1）知识时代的发展，出现了形式多样的企业，而传统的会计信息没有及时地进行改正。随着知识经济时代的到来，大量“虚拟公司”“虚拟市场”的出现，动摇了现行会计信息产生的基本前提条件。首先，知识经济时代改变了工业经济时代市场主体相对稳定的态势，各种市场主体更替更加频繁，因此，会计主体假设需要创新。其次，知识经济时代，知识更新速度大大提高，企业经济活动的周期大大缩短，企业创新能力受到更严峻的考验；同时由于计算机的广泛应用，信息技术的飞速发展，经济活动既可以使用原始成本又可使用现行成本进行计量，一旦企业破产，可以马上从非清算价格转为清算价格进行计算。最后，为了满足知识经济时代企业内、外部会计信息使用者的广泛、及时需要，会计报告既可以是分期报告，又可以是实时报告，既可以用货币计量，又可以用非货币计量，不同币种之间还可以自由换算，从而直接冲击着会计分期假设和货币计量假设。

（2）现行会计信息注重的会计基本原则适用面过窄，内涵单薄。在以知识为主要资源的知识经济时代，发达的科学技术是企业生存发展的决定条件。按现行会计处理方法，能够被企业控制并为企业带来超额经济利益的“软资产”不能得到确认和计量，显示了单一采用原始成本计价的缺陷。包括知识、品牌、信息和创新能力等没有实物形态的“软资产”在企业整个发展过程中所起的作用越来越大，类型日益增多，但在企业资产负债表等财务会计报告中却没有反映。权责发生制原则又称应收应付制原则，权责发生制在影响收入和费用确认的同时，也影响到资产和负债的确认，权责发生制不利于反映现金流量信息，因为收入确认实现原则和费用配比原则的实施，使企业的现金流量和经营业绩脱节，而且忽视了在现代财务管理中需要着重考虑的货币时间价值和风险价值等因素。

二、知识经济条件下会计创新的构想

根据目前我国知识时代经济发展的特点，我们要积极建立与知识时代相应的会计创新制度，对此我们应该主要从以下几个方面着手：

1. 完善会计构建体系，建立创新性会计制度

现在我国的会计模式主要还是依据改革开放初期的市场经济发展特点制定的，它的很多方面已经不能适应知识时代经济发展的步伐，尤其是对于企业的无形资产等方面的建设的滞后，不利于我国经济的发展，因此要完善会计构建体系，会计模式是与时代经济发展密切相关的，在法律层次上强化对于无形资产等知识价值的法律规定与内容完善；在会计建设方面要建立多方位的互动实现会计模式的立体发展；要积极地根据知识经济发展的规律进行会计模式的构建，最终完善企业会计的创新发展。

2. 积极地改进会计模式的计量手段

知识时代经济发展的重要特征就是会计的计量方面，由过去的注重有形资产到无形资产的重视，对此我们要积极地改进无形资产的计量措施，合理积极引进国内外的先进经验，对于对改进我国会计计量改革有利的我们要积极地参与；大力营造重视企业无形资产价值的氛围。

3. 尽快将人力资源会计纳入财务会计系统

财务会计管理是关系多个部门的学科，但是目前由于人力资源等具有的某些局限性以及它在某些区域不能与市场经济发展相适应，没有对人力资源学科纳入财务管理体系，对此要积极地采取有效的措施把人力资源纳入财务管理中来，人力资源涉及的人力知识具有很高的价值，尤其是脑力资源的技术创新，它是企业发展的潜在发展技术支持。同时企业也要积极地与多个学科进行联系，建立适合企业会计发展的制度，实现企业会计模式的创新。

4. 进行会计观念创新

（1）树立以人为本的理财观念。企业要想发展首先就要具备一定拥有人力资源的会计人员，只有具有强有力的人力资源资本才能实现企业发展的目的，对此企业的人力资源重要性是不可言喻的，它是企业内在发展的动力，尤其是在知识竞争的企业模式下，谁拥有强大的人力资源，企业就能得以长远的发展。为此企业要积极地建立以人为本的观念，强化企业员工的思想观念，对此企业要积极地采取措施建立利于企业会计人员发展的环境，积极引导企业会计人员增强他们的工作积极性。利用制度化的措施实现企业的会计理念的完善。

（2）树立利用先进工具的观念。知识时代的经济发展离不开具有高科技含量的技

术工具，目前全球是一个网络系统联系的全球整体，网络化的发展是社会发展的趋势，因此企业的所有发展离不开网络，会计的基础工作也就是建立在网络化基础的实践上。因此会计创新也应该建立在网络发展的基础上，建立网络化的会计体系，实现会计工作的实现依据网络技术工具。

（3）树立动态时点观念。知识经济时代要树立动态的会计观念，从动态角度对会计环境及会计要素项目进行评判，建立与之相适应的会计理论体系和方法体系。

（4）树立积极的风险观念。知识时代的社会是一个充满利益与风险的时代，企业的发展离不开与外部进行积极的交易，但是在企业进行交易的时候它的风险意识也在逐渐地增加，企业的财务会计要具备一定的措施应对企业的风险，把企业的风险控制在企业合理的范围，以此提高企业的经济效率。

总之，知识时代的经济发展需要会计进行创新，只有创新才会促进企业持续发展。会计创新是基于传统会计上，因此会计创新在给予传统的会计进行更新的同时我们要深化改革，与时俱进，不断学习，勇于开拓，创造出知识经济时代会计更灿烂的明天。

参考文献

[1] 安玉琴，孙秀杰，宋丽萍作 . 财务管理模式与会计审计工作实践 [M]. 北京：中国纺织出版社 , 2023.03.

[2] 尚玉霞，侯建云，罗雅兰 . 财务会计 [M]. 北京：中国经济出版社 , 2022.08.

[3] 迟甜甜，张志国 . 财务会计实训 [M]. 上海：立信会计出版社 , 2022.08.

[4] 王媛媛，葛运红编 . 高级财务会计实务 [M]. 上海：立信会计出版社 , 2022.08.

[5] 张远录，张建芳编 . 高级财务会计 [M]. 上海：上海交通大学出版社 , 2022.08.

[6] 师韵，王颖，高慧敏作 . 会计教育与财务管理研究 [M]. 长春：吉林科学技术出版社 , 2022.08.

[7] 贾军华，李曙丽，许晓琳著 . 会计理论与财务管理信息化 [M]. 重庆：重庆出版社，2022.08.

[8] 周晓惠，聂顺江 . 高级财务会计 [M]. 北京：经济科学出版社 , 2022.07.

[9] 仇娴，仇亚琴 . 财务会计基础 [M]. 上海：上海交通大学出版社 , 2022.07.

[10] 姜小花，崔改，刘玉松 . 互联网时代的企业财务会计实践发展研究 [M]. 北京：中国商业出版社 , 2022.06.

[11] 吴国强著 . 财务管理与金融会计理论运用 [M]. 长春：吉林出版集团股份有限公司 , 2022.06.

[12] 毛新述 . 财务会计理论与实务 [M]. 北京：中国人民大学出版社 , 2022.05.

[13] 张艳梅 . 我国财务会计理论框架构建的分析 [J]. 科技创新与应用 , 2013(17):1. DOI:CNKI:SUN:CXYY.0.2013-17-269.

[14] 薛立凤 . 企业财务会计向管理会计转型的措施分析 [J]. 市场周刊 · 理论版 , 2023(8):4.

[15] 吴军蓉 . 探究企业财务会计管理模式的创新与思考 [J]. 大众商务 , 2022(13):0016-0018.

[16] 李彬铖 . 新时代管理会计创新与价值创造 [J]. 商场现代化 , 2022(4):3.

[17] 马锋 . “互联网 +” 视野下行政单位财务会计创新 [J]. 2021.DOI:10.12229/j.issn.1672-5719.2021.12.107.

[18] 黄慧萍 . 完善公司治理与管理会计创新关系初探 [J]. 中文科技期刊数据库 (文摘版) 经济管理 , 2021(2012-22):103-104.

[19] 赵新磊 . 信息时代下财务会计工作的创新管理研究 [J]. 经济管理研究 , 2021, 3(6):123-124.DOI:10.12346/emr.v3i6.4849.

[20] 单婵君 . 财务信息化背景下财务会计转型趋势分析 [J]. 质量与市场 , 2023(5):3.

[21] 徐俊峰 . 会计环境变化背景下的财务会计理论创新 [J]. 理财周刊 , 2023(6):3.

[22] 王晓丹 , 王若茜 , 胡嘉画 . 管理会计创新与企业竞争力提升 [J]. 中国乡镇企业会计 , 2023(1):3.

[23] 于洪艳 . 探讨大数据时代企业财务会计向管理会计的转型 [J]. 中国集体经济 , 2023(6):4.

[24] 朱杰 . 新形势下财务会计和管理会计的有机融合和创新发展 [J]. 行政事业资产与财务 , 2023(6):3.

[25] 黎黎 . 国有企业财务会计数字化转型应用探索 [J]. 质量与市场 , 2023(4):3.

[26] 杨艳霞 , 吕永健 ."互联网 +" 背景下财务会计实践教学创新研究 [J]. 福建轻纺 , 2023(3):4.

[27] 周明 . 新时代企业管理会计与财务会计的融合发展路径探索 [J]. 今商圈 , 2023(4):4.

[28] 刘娇 . 大数据视野下企业财务会计与管理会计融合的创新型发展探讨 [J]. 中文科技期刊数据库 (全文版) 经济管理 , 2023(3):4.

[29] 王桂香 . 新经济背景下财务会计与管理会计的有机融合与创新发展 [J]. 经济技术协作信息 , 2023(2):3.

[30] 董欣然 . 网络经济背景下财务会计发展问题探析 [J]. 现代营销 : 信息版 , 2023(1):3.

[31] 杜晓坤 . 人工智能下财务会计向管理会计转型 [J]. 质量与市场 , 2023(4):3.

[32] 王姝月 . 会计环境变革和财务会计理论的创新思考 [J]. 时代经贸 , 2022, 19(8):60-62.

[33] 李梦汝 . 企业财务会计与管理会计的融合探索 [J]. 市场周刊 · 理论版 , 2022(2):0017-0020.